「企業と社会」論とは何か

――CSR論の進化と現代的展開――

松野 弘
［著］

The Essence of
THE THEORIES OF BUSINESS & SOCIETY

ミネルヴァ書房

推薦の言葉

日本経営学会理事長　百田義治（駒澤大学経済学部・教授）

今日、「企業と社会」論を抜きに経営学を語ることはできない。また、ＣＳＲ、ＣＳＶを抜きにビジネスを語ることもできない。しかし、「企業と社会」論にもＣＳＲ論にも本格的な研究書はほとんどなく、本書は待望の書である。ＣＳＲ、企業倫理からソーシャル・マネジメントまで「企業と社会」の関係性を歴史的、理論的に分析・検討した労作であり、研究者だけでなく「企業と社会」に関心をもつ多くのビジネスパースン、学生にも読んでいただきたい好書である。

アジア経営学会会長　小阪隆秀（日本大学商学部・教授）

本書は、ＣＳＲ論、「企業と社会」論、そしてソーシャル・イノベーション論について著者がこれまで発表してきた数多くの論文を踏まえて、これらの理論相互の関係を歴史的かつ体系的に整理したまさに時宜に適った好著である。著者は、それぞれの理論が世に問われだした初期のころからその内容を深く検討し、クリティカルな分析視点によってそれらの社会的意義を析出してきた。その分析方法としては社会学的アプローチとしての一貫性を持つとともに、経営実践への活用としての検討を加えることで経営学的な内容と拡がりを持つものとなっている。内容的には、産業発展の歴史から説き起こし、産業化とそれを推し進めた産業主義という広い意味でのイデオロギーとの関係を分析することで、経済と社会の原初的関係およびそれにともなう諸問題が生まれてきた経緯を論じている。そして、そこでの基本的な特質と問題点からCSR論が展開されてきた経緯、さらに「企業と社会」論やソーシャル・イノベーション論へと発展してきた経緯が深く検討されている。

本書の他の特質としては、これまでの諸理論の系譜を細大漏らさず、かつ筋道立って体系的に検討されているところにある。その意味から、本書はCSR論、「企業と社会」論、ソーシャル・イノベーション論の研究を目指す者にとって、またさらに新たに深い検討を加えようとしている者にとっても、大変有用な一書であるということができよう。

佐々木利廣（京都産業大学経営学部ソーシャルマネジメント学科・教授）

企業活動を社会から切り離された活動主体として捉える視点から脱却し、あくまで企業と社会の相互関係のあり様の中から社会のなかで活動する企業の行動を描くという視点が提示されて久しい。今日主流になっている企業と社会論の多くは、企業が社会に及ぼす影響力の大きさを強調するだけでもなく、また企業活動に及ぼす社会の仕組みや過程を強調するだけでもない視点が含まれている。すなわち、企業と社会をあくまで同一射程に捉えることで、その相互影響過程を論じようとする姿勢である。本書も基本的には、こうした企業と社会の相互関係を出発点に、関係そのものが社会や企業を変えていくことを重視しようとしている。さらに本書に一貫して流れているのは、歴史的源流としてアダム・スミスの経済倫理思想を繙き、欧米でのＣＳＲ思想の変遷を振り返り、ＣＳＲ論への進化を論じた研究を丁寧に分析することで、新しい「企業と社会論」を提示しようとする姿勢である。その一端は、後半のソーシャル・マネジメント論という議論にも見られるが、マネジリアルな視点からの企業と社会論を展開するという方向性は理論的にも実践的にも潜在的可能性を秘めているように思われる。多くの人に永遠に読み続けられるべき基本図書として本書を推薦いたします。

「企業と社会」論とは何か——ＣＳＲ論の進化と現代的展開　目次

序　章　CSR論の思想的源泉と現代的展開
――アダム・スミスの経済・倫理思想からの教訓

はじめに

今や日本の大半の企業は企業の社会的使命や社会的役割を経営戦略として取り込んでいる、いわゆるCSR戦略を推進していくための組織体制を整備してきている。しかしながら、タカタのエアバックによるリコール問題（二〇〇九年）、三菱自動車のリコール隠し問題（二〇〇〇年・二〇〇四年）／燃料不正データ問題（二〇一六年）、東芝の不正会計問題（二〇一五年）、神戸製鋼の検査証明書改ざん問題（二〇一七年）、日産自動車の無資格従業員の車両検査問題（二〇一七年）等、企業不祥事は止どまることがない。いずれもCSR部門を設置している、日本を代表する企業ばかりである。

この背景には、社会的存在としての企業の役割、すなわち、経済的利益のみの追求という二〇世紀型の企業経営姿勢から脱却していないこととともに、ＣＳＲ活動を単なる対外的な企業イメージづくり程度としか捉えていないことなどがあげられる。

今日、企業はグローバル化の波の中で、企業の経済的目的を果たしつつ、社会的利益を確保し、企業利益の一部を社会に還元しようという企業の社会的役割を果たしていかなければ、企業の存続が困難になりつつあるという「能動的なＣＳＲ経営」が求められているのである。

今日の企業の発展の契機となった、一八世紀後半〜一九世紀半ばの英国の産業革命や近代産業社会の成立の過程、さらには、これらの産業主義思想に大きな影響を与えた、英国の哲学者・倫理学者・経済学者のアダム・スミスの経済・倫理思想からの教訓を学ぶことによって、ＣＳＲ論の今後の視点・考え方・方向性を示唆していくことにしている。

1　産業革命と経済発展思想の功罪

英国の産業革命を起点として出現した近代産業社会は私的利益の極大化を経営目標とした近代的な経営を基盤とした第二次産業型の企業を数多くつくり出してきた。「大量生産―大量消費」型の産業社会システムはエネルギー資源開発型の企業や「モノ」の生産を基幹と製造業を中心として、企業の巨大化を促進してきた。企業の巨大化は企業に経済的権力を付与し、社会的影響力をもつ存在に至らしめたが、その根底には、不正取引、市場の独占化、不良商品の販売等による企業不祥事を隠蔽することで、さらなる企業の巨大化を促進してきた。こうした企業の反社会的行動に対する社会批判が厳しくなることより、企業に対する社会的責任を問うという「企業の社会的責任」論（Theories of Corporate Social Responsibility—以下、ＣＳＲ論と略す）論議が活発化し、企業行動の監視・規制が行政側から、企業行動の社会性を確保するための企業の経営理念・経営政策・経営戦略の見直しを迫られたのであった。

一八世紀の産業革命の出現により、近代産業社会が登場した結果、企業の私的利益の追求（経済的利益）が是認される一方、無制限な私的利益追求の規範的抑制（社会的利益）も求められるといった、今日のＣＳＲ論の萌芽的要素がみられる。これらの要素が二〇世紀初等の市場の独占によって巨大化した米国の企業に対する法的・経済的・社会的規制としての、ＣＳＲ思想の萌芽やＣＳＲ論の必要性をもたらすことになる。

この産業革命には、産業革命の最中に刊行した『国富論（ないし、諸国民の富）』（*An Inquiry into the nature and causes of the Wealth of Nations*, Methuen & Co., Ltd.）（一七七六年）の著者であり、近代社会の経済的自由主義思想のリーダーであるアダム・スミスの思想的影響があることは万人に認められていることであるが、彼の経済的自由主義思想はあくまでも、経済社会内の一定の社会秩序としての規範とそれを遂行する競争者（企業）の公正な倫理的規範とが遵守されてこそ、重商主義や重農主義的な規制から解き放たれた近代的な自由競争による経済発展が担保されるという意味が込められている。具体的には、近代経済思想（経済的自由主義）を基盤とした経済発展思想に加えて、経済活動の利己的な特質を道徳規範として抑止していくための「倫理思想」（「同感」（sympathy）概念[1]）や企業間取引における「公正性思想」（「フェア・プレイ」（fair play）概念や「「公平な観察者」（impartial spectator）概念」等）などにみられるように、今日のＣＳＲ論の思想的な源泉の萌芽がみられたと解釈しても妥当なように思われる。（堂目 2008：27-31／99-101）

これまで、英国の産業革命の時期（萌芽期～終焉期）については、歴史学者、経済学者、経済史家等によって、諸説紛々であった。しかし、とりわけ、経済史家のＴ・Ｓ・アシュトンや歴史学者のＡ・Ｊ・トインビー等が近代的な機械設備等が登場してきた時期―例えば、一七六〇年代のＪ・ハーグリーブズによる「ジェニー紡績機」（一七六四年）やＲ・アークライトによる「水力紡績機」（一七六九年）、Ｊ・ワットによる「複動型回転式蒸気機関」の発明（一七八一年に特許取得）を基準として、第一次産業革命の時期を一七六〇年代から一八三〇年代の間と推定しているのが概ね妥当なように思われる（図表序－1を参照のこと）。

図表序－1　英国産業革命の推定時期に関する諸説

No.	人　名	職　名	産業革命の推定時期	該当著作
1	P. ディーン (P. Deane) (1918～2012)	歴史家・経済史家英国・ケンブリッジ大学名誉教授	1750～1850年	The First Industrial Revolution, Cambridge: Cambridge University Press, 1965.
2	T. S. アシュトン (T. S. Ashton) (1889～1968)	経済史家／英国・ロンドン大学(LSE) 名誉教授	1760～1830年	The Industrial Revolution, (1760 — 1830), Oxford University Press, 1948=[邦訳] 中川敬一郎訳 (1973)『産業革命』岩波文庫，岩波書店。
3	P. マントウ (P. Mantoux) (1877～1956年)	歴史家	1760～1802年	The Industrial Revolution in the Egihteenth Century, London: Jonathan Cape, 1929=[邦訳] 徳増栄太郎他訳 (1964)『産業革命』東洋経済新報社。
4	A. トインビー (A. Toynbee) (1852～1883)	歴史学者／英国・ロンドン大学(LSE) 名誉教授	1760～1830年	Lectures on the industrial revolution in England, London: 1884=[邦訳] 塚谷晃弘・永田正臣訳 (1951)『英国産業革命史』邦光堂。
5	A. レッドフォード (A. Redford) (1896～1961)	経済史家／英国・元マンチェスター大学教授	1760～1860年	The Economic History of England, 1760—1860, Longmans, Green and co., 1931.
6	W. カニンガム (W. Cunnigham) (1849～1919)	歴史学者・経済史家／英国・元ロンドン大学（キングスカレッジ・ロンドン）教授	1770～1840年	The Industrial Revolution, Cambridge: Cambridge University Press, 1908.
7	E. J. ホブズボーム (E. J. Hobsbaum) (1917～2012)	マルクス主義経済学者／英国・ロンドン大学（バーベック）名誉教授	1780～1840年	The Age of Revolution (1789 — 1848), New York: Vintage Books, Random House, Inc., 1962=[邦訳] 安川悦子・水田洋訳 (1968)『市民革命と産業革命』岩波書店。
8	W. W. ロストウ (W. W. Rostow) (1916～2003)	経済学者／米国・元テキサス大学オースティン校教授	1783～1802年	The Stages of Economic Growth—A New Communist Manifesto, Cambridge: Cambridge. University Press. 1960=[邦 訳] 木村健康他訳 (1961)『経済成長の諸段階—１つの非共産党宣言』ダイヤモンド社。

（出所）付記：永田正臣「イギリス産業革命の時期について」『駒澤大学経済学部紀要』No. 30（1972年３月）の論文に基づいて，筆者（松野）がまとめたものである。

丁度その時代に、産業革命の基盤的な思想を推進したと考えられるのが、前述のアダム・スミスである。彼は産業革命の進行過程に、倫理学としての『道徳感情論』（一七五九年）、経済学としての著作『国富論（ないし、諸国民の富）』（一七七六年）を発表した。彼は産業革命を推進していく経済的自由主義の旗手としてみられているが、他方、過剰な競争精神は公平な観察者（社会）による正義の理念を通じて制御されるべきだ、という今日のＣＳＲ論の基本理念に類似した主張を行っていることである。[2] その点については、次節で触れているので参考にしていただきたい。その上で、⑴ＣＳＲ思想の歴史的源泉と背景、⑵ＣＳＲ思想から、ＣＳＲ論への転換、⑶ＣＳＲ論の進化、⑷新しいＣＳＲ論への模索、を考察することによって、本書の基本的な論点を提示していくことにしている。

2　ＣＳＲ思想の歴史的源泉と背景
——アダム・スミスの経済的自由（競争）と倫理（公正性）

『国富論（ないし、諸国民の富）』で著名なアダム・スミス（一七二三～一七九〇年）はこれまでの政府主導型の重商主義や重農主義に対して、経済的自由の拡大を主張した「レッセフェール」（laissez-faire）（経済的な自由放任主義）の代表的論者として一般的には知られている。しかし、彼は一七五二年にグラスゴー大学の道徳哲学の教授になり、『国富論』を刊行する以前の一七五九年に、倫理学に関する著作『道徳感情論』（*The Theory of Moral Sentiments*, London; A. Millar）を刊行し、「利益追求行動が正義感覚によって制御されて、はじめて社会の反映が実現する」という主張をしている。こうした考え方の価値基準には、「諸個人が財産形成のために利益追求行動すれば必然的競争が生まれるが、その競争は公平な観察者による基準（正義の規則）、すなわち、「フェア・プレイ」（fair play）によって遵守されなければならない」し、また、「個人が利益を追求することの背後には、個人からの称賛や同感を求める社会的存在としての動機がある」という「同感」（sympathy）という道徳感情が必要であると明言している（堂目 2010：14）。彼のこの言葉は、現在のCSR論的な視点から解釈するならば、企業行動はどんなに企業間競争があっても、社会、あるいは、一般大衆から認められる公平な基準によって行われなければならない、という企業行動の社会性（正当性）を明示したものであり、かつ、CSR論の四つの責任の一つである「倫理的責任」に当たるものと考えられるだろう。企業の今日の発展は耐えざる技術革新と経済的自由主義による競争原理によるところが大きいと思われるが、社会の倫理的な眼から遊離した企業活動は厳しく批判されることをスミスがこの『道徳感情論』で示唆しているといっても過言ではないだろう。そうした意味から、スミスの『道徳感情論』の「フェア・プレイ」概念は一九八〇年頃に台頭した「経済倫理思想、ないし、経済倫理学」に十分に通じるものであり、さらには、「同感」は愛他精神を示す「フィランソロピー」（philanthropy）概念などの今日のCSR論の基本的価値理念に通底している考え方といってもよいだろう。

3　CSR思想から、CSR論へ——企業的社会政策から、フィランソロピー活動へ

今日の企業のさまざまな不祥事の源泉は、企業がその経済的権力を巨大化させ、市場を支配するだけではなく、政治的権力等と結びつくことによって社会的な影響力を増してきた結果に他ならない。企業の経済的権力が巨大化してきたのは、一七世紀後半から一八世紀半ばにかけて、展開されてきた英国の産業革命に起因すると思われる。英国の産業革命は一国に留まらず、世界の各国に浸透し、近代産業や近代企業を数多く生み出し、経済発展を基盤とした社会発展を推進してきた。他方、企業の過剰なまでに私的利益の追求は経済的に豊かな社会をもたらしてきたが、自然環境を破壊することによって、市場に数多くの商品を送り込むという「大量生産—大量消費」型の産業社会システムを生み出したのであった。

さらに、企業は市場を独占すべく、企業間競争を行った結果、政府等との汚職問題、不正取引問題、欠陥商品問題、労働者の不当な処遇等、さまざまな反社会的な企業行動へと邁進していった。こうした反社会的な企業行動に対する社会や政府等からの厳しい批判を回避すべく、二〇世紀初等の米国で

登場したのがＣＳＲ論に基づく、企業に対する法的規制である。企業の巨大化による企業不祥事を法的規制としては、「反トラスト法」（Antitrust Law）が有名であるが、これは企業間の自由な競争を阻害する独占的行為や取引の制限等を禁止するもので、企業の違法な反社会的活動を制限・規制することである。この「反トラスト法」は一八九〇年の「シャーマン法」（Sherman Antitrust Act）、一九一四年の「クレイトン法」（Clayton Antitrust Act）と「連邦取引委員会法」（Federal Trade Commission Act）を一括して呼ばれている。

他方、企業内の社会的責任活動への方策としては、企業福祉を充実させるという「企業的社会政策」（Corporate Social Policy）であった。具体的には、企業内では、従業員に対する年金・生命保険・高賃金・従業員持株制度・医療費給付等の「従業員福祉」であり、対外的には、ステイクホルダー（利害関係者）としての地域コミュニティに対する福祉活動や教育活動等に対する支援活動であった（Michell, 1989=2003：35-36）。

4　ＣＳＲ論の進化——社会的課題事項への事後的対応から、事前的対応へ

こうした企業的社会政策は米国のＣＳＲ論の大家の一人である、Ｗ・Ｃ・フレデリックのいう初期

ＣＳＲ段階の「慈善原理」（The Charity Principle）に基づくもので、今日でいう、企業内的には、経済的責任・倫理的責任を、企業外的には、法的責任・裁量的責任を、それぞれ遂行していくための社会的義務であったといえるだろう。このような企業不祥事に対する事後的対応としてはじまったＣＳＲ論は企業活動のグローバル化に伴い、次のような三段階、すなわち、第一段階としての「企業の社会的責任」（Corporate Social Responsibility）――事後的な義務・説明責任の重視、第二段階としての「企業の社会的即応性」（Corporate Social Responsiveness）――事前的な行動・活動の重視、第三段階としての「企業の社会的業績」（Corporate Social Performance）――企業の社会的行動の成果・結果の重視へと進化していった。（Carroll, 2009 : 30）

5　新しいＣＳＲ論への模索――「企業と社会」論と「ソーシャル・マネジメント論」

本書では、企業の社会的責任論（ＣＳＲ論）が登場した歴史的な原点とその背景を検証した上で、ＣＳＲ論の進化の過程と現状について、ＣＳＲ論から、「企業と社会」論への転換の必要性を理論的・実践的に例証してきた、二人のＣＳＲ論・「企業と社会」論の大家、すなわち、Ｗ・Ｃ・フレデリック（ピッツバーグ大学名誉教授）やＡ・Ｂ・キャロル（ジョージア大学名誉教授）の理論を考察することによって、CSR論や「企業と社会」論への進化の過程・課題・展望を提起することにしている。

企業を取り巻くさまざまな社会的課題事項、すなわち、「経営上の社会的課題事項」（Social Issues in Management—SIM）を経営理念・経営政策・経営戦略上の観点から克服していく、「企業と社会」論の進化形としての「ソーシャル・マネジメント論」（Theory of Social Management）の視点・理論・方向性については、第6章・第7章で理論的・実践的に検討していくことにしている。マーケティングの世界でも、企業利益優先型の「マネジリアル・マーケティング」から、社会的利益との調和、あるいは統合化を意図した「ソーシャル・マーケティング」への視点や方向性が一九七〇年代にフィリップ・コトラー等によって提唱された。経営学の世界でも、二〇世紀型の〈利益の極大化〉を経営目標とした経営理論は企業を取り巻く経営環境の変化によって、経済的利益と社会的利益の最適化を志向した「企業の社会性」を基盤とした新しい経営理論の構築が二一世紀の企業の最大の課題となりつつあることは近年のCSR（「企業の社会的責任」）対CSV（「共有価値の創造」）論争、[3] 企業の社会的責任投資（SRI）やソーシャルビジネス（Social Business）／コミュニティビジネス（Community Business）に関する論考・著作等が数多く登場してきたことからも容易に理解されよう。いずれの議論に共通して重要なのは、社会的存在としての企業が社会のステイクホルダーからの期待に対応した企業行動を「社会性」（経営倫理・経営政策・経営戦略の社会化）の視点から実践していくことなのである。

注

（1）アダム・スミスの『道徳感情論』では、sympathyを「同感」と訳出している研究者が多数派であるが、一部には他人への思いやりという解釈から、「共感」と訳出している方もいるようである（『アダム・スミス――競争と共感、そして自由な社会へ』高哲男、講談社選書メチエ、二〇一七等）。

（2）法政大学の長谷川直哉は企業の社会戦略とCSVの関係性に言及している中で、アダム・スミスの今日的意義、すなわち、「アダム・スミスは『道徳感情論』（一七五九年）および『国富論』（一七七六年）において、「公平な観察者」によって「共感」される利己的行為（経済活動）のみが、公共の利益を実現すると説いた。人々の利己的行為（経済活動）は、「公平な観察者」の「共感」が得られる場合にのみ自由に放任されるべきであり、その時、神の見えざる手に導かれて人々の意図しない最大限の公共の利益が生み出されるというのである」と指摘しているが、スミスの経済的自由思想は公正、かつ、他者との愛他的な経済活動を通じてこそ最大限の公共的利益が実現されると解釈する考え方である（長谷川直哉「責任投資時代の開示情報と企業価値」（『横浜経営研究』第37巻第2号、横浜国立大学経営学部、二〇一六、p.13）。

（3）M. E. PorterとM. R. Kramerによって二〇一一年一・二月合併号のHarvard Business Reviewに発表した共著論文、*Creating shared value*（共有価値の創造）が本格的なCSV概念の登場である。

第1章　近代産業社会の形成と産業主義思想の発展

近代社会の出現は今日の経済活動の基盤となる産業主義思想と産業社会をもたらした。他方、近代社会における企業の私的利益の追求という経済的発展に依拠した「経済的に豊かな社会」の形成は自然環境や人間の生活環境の破壊など、経済至上主義の病理現象をわれわれに与えたのであった。

そこに、社会的利益の追求よりも企業活動の私的利益の追求という、「企業の社会性」という理念の欠如があったことは否めない歴史的事実である。ここでは、近代社会をポジティブな要素とネガティブな要素の両面から捉え直すことによって、近代社会における産業主義思想の特質を明らかにすることにしている。

1　近代産業社会の誕生と産業主義思想の登場――「産業主義思想」の影響力

「産業革命」（Industrial Revolution）とは、一般的には、狭義では、一八世紀後半から一九世紀半ば頃にかけて展開された英国の技術上・経済上の変革のことである。広義では、これらの技術革新を基盤とした、社会生活の変革のことをも意味している。この産業革命は英国単独の一国産業革命として出現したが、欧米各国は英国の産業革命に追随し、フランス、アメリカ、ドイツ、ロシアへと広がりをみせたが、明治維新後の日本にも産業革命の波が押し寄せた。こうして、英国から始まった産業革命は世界へと拡大し、近代産業社会をつくり上げていったのである。

他方で、こうした産業資本家による工場制機械工業の成立は産業資本家と労働者という階級対立を生み出し、劣悪な労働条件に対する産業資本家と労働者との闘いという労働問題を発生させた。さらに、農村から都市への労働者としての大量の人口移動は都市環境の悪化（スラムの発生）という社会問題（都市問題）をもたらすことになった。

産業社会形成の背景要因としては、機械制工業システムの導入による製造工程の規格化（生産システムの機械化―技術的合理化）と労働力の規格化（労働の機械化―人間的合理化）という産業社会の「能率原理」と「分業原理」が徹底して導入されたことがあげられる。このように、産業革命には、「数々の新しい機械や動力機関が発明され、人びとの暮らしが豊かになった」という「経済的な豊かさ」が強調される反面、近代産業社会の到来によって右記のようなさまざまな問題が発生したことは、「資本の論理に支えられ効率と能率の追求利潤の拡大という資本主義の形成過程のなかで考えられる事件」という、資本主義社会の捉え方にみられるように、資本主義社会の構造的矛盾が内在しているということも理解しておくべきであろう（山本 1992：116）。

さて、産業革命を促進していく原動力となったのは、①商品の大量生産を可能にする科学技術上の革新としての〈技術革命〉、②科学技術を動力へと転換させていく生産技術上の革新としての〈動力革命〉、商品の流通上の普及を伝播した交通システムの革新としての〈交通革命〉などである。このような産業主命の基盤的な技術革新に対して、産業革命の理念的、あるいは、精神的な基盤、すなわち、近代化の精神的（理念的）な推進要素となったのは一八世紀のフランス、一九世紀のドイツで合理的な知識や技術の普及に重要な役割を果たした「啓蒙主義思想」（enlightenment）であり、自由競争による経済活動の推進を唱えたアダム・スミス等の「自由放任主義思想」（laissez-faire）といえるだろう。絶えざる技術革新の思想と自由な経済活動の推進思想が有機的に連関することによって、産業主義思想の基盤が形成されたと捉えることができる。

われわれは一八世紀後半から一九世紀半ばにかけて出現した、英国の産業革命を起点として、産業活動を基盤とした社会発展思想、すなわち、科学的・技術的な革新による、「大量生産―大量消費」型の効率的な「産業社会システム」を実現することよって、「経済的に豊かな社会」を構築し、こうした社会を推進していく思想原理としての「産業主義思想」(1)を社会発展の基盤としてきた。しかし、このような産業社会が「経済的な豊かさ」と引き換えに、人間の技術力による自然環境の破壊によって得た代償、すなわち、豊かさの病理現象としての文明的な貧困としての公害問題や環境問題という産業社会の新たな負荷を産み出してきたことは現代社会における地球環境問題の深刻化現象をみれば明らかである。このように、産業社会のイデオロギー的基盤としての「産業主義思想」(Industrial-ism)は、「豊かさのための社会発展原理」としての側面と「豊かさの病理現象としての環境破壊原理」としての側面という二律背反的な思想原理として捉えることができるだろう。

周知のように、近代産業社会は産業革命以降、近代的な企業(あるいは、工場)を誕生させることによって、資本主義的な生産様式としての機械制工業システムを発展させ、企業経営と労働の双方の場に「能率」(efficiency―労働の効率化)と「分業」(division of labour―労働の細分化)を構成要素とする、産業主義思想としての「競争原理」をもたらした。このような競争原理は基本的には、前近代社会(封建制社会)のような生得的地位(性別・年齢・家柄・身分)による「属性原理」(ascription―非競争原理）ではなく、人間の目標達成の成果（行動基準）によって人間の評価を決定する〈業績原理〉（achievement―競争原理）という新しい考え方を創出した。このような競争原理は、競争の対象が機械の使用による技能業績主義的な競争なのか、あるいは、人間の業績の成果を比較する人的業績主義的な競争なのかによって、①「機械的競争原理」（機械と人間との関係を基盤とする機械使用の熟練性評価に対する業績主義）と②「人間的競争原理」（人間と人間との関係を基盤とする人間の労働成果評価に対する業績主義）、の二つに区別することができるだろう（「競争原理」の考え方については、図表1-1を参照のこと）。こうして、近代産業社会の活動主体としての「企業」はこのような二つの競争原理を企業活動に導入し、常に企業活動の成果としての企業業績（企業活動の効率性）を追求することになる。

こうした競争原理に対する病理現象は、かつては、職場における「人間疎外」（機械化による人間労働の無気力化）という形で機械文明によってもたらされる、効率の負荷現象として捉えられてきた。近年では、こうした病理現象の新しい側面として、経済不況に伴う、企業における人員の合理化政策（人員削減）の一環としての「リストラ」が社会問題化している。リストラの本来の意味は、「リストラクチュアリング」（restructuring）で、企業における不採算部門（組織）を縮小・削減することによって、採算部門への事業転換と人員移動を実施していくといったような企業における効果的な事業の再構築ということにある。しかし、現実は不採算部門の人員削減によって、企業収益の低下を防止し

図表1-1 「競争原理」の考え方

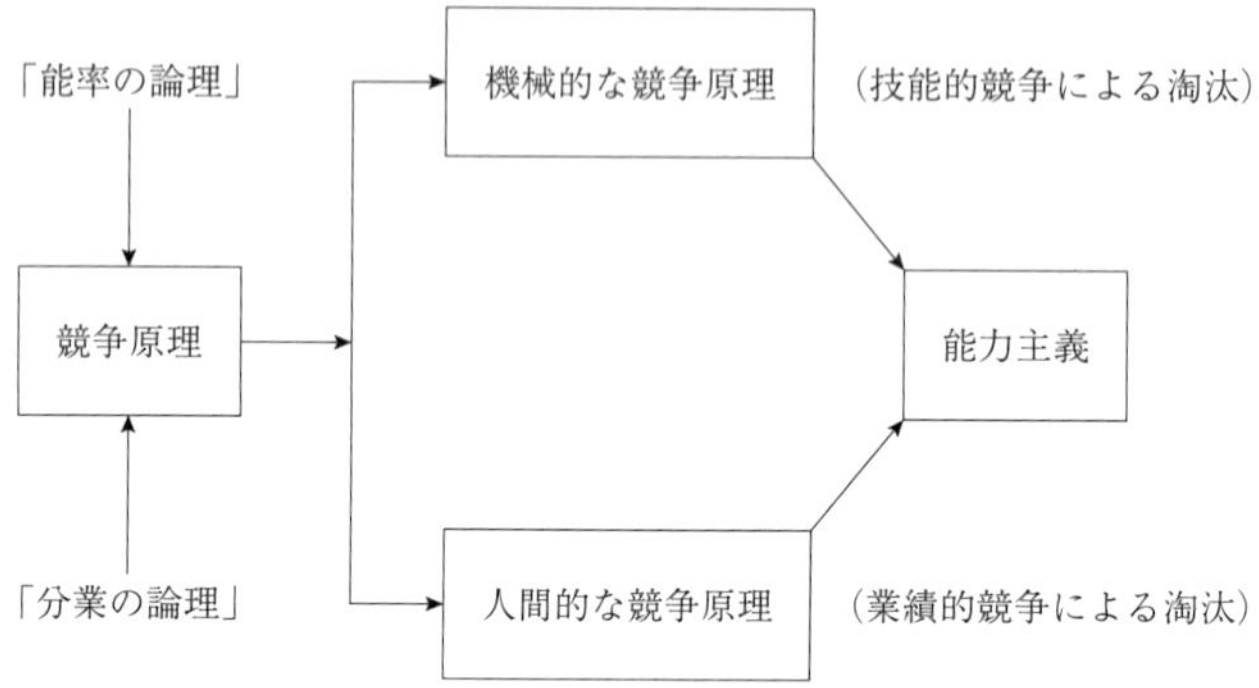

（出所） 松野（1999：2）

ようとする、企業者側の自己利益的な合理化政策となっているのである。競争原理との関連でいえば、企業における業績主義的競争から排除された人々がリストラの対象となっているのである。その意味でいえば、現代産業社会のリストラ現象は近代化過程の中で形成されてきた「人間的な競争原理」という「競争原理」の外延的形態の投影として理解することができるだろう。

このように、競争原理を基盤とした「産業主義思想」は、資本主義的な利潤競争、生産力競争、それに伴う地位競争などをもたらし、「大量生産―大量消費」という経済的に豊かな産業社会システムをもたらしてきたが、競争原理にもとづく「能力主義」の激化により、「優勝劣負」という弱肉強食型社会をつくり出したのである。

そこで、本章では、まずは近代産業社会の変動的要因である「近代化」（modernization）の役割と構成要素について検討しておきたい。さらに、産業社会のイデオロギー的基盤としての産業主義思想の歴史的な生成・発展過程を検証することによって、産業主義思想の歴史的な意義・役割、さらに、産業主義思想に内在する諸課題について考察していくことにしている。競争原理型の産業主義思想が「リストラ」という形での新たな人間疎外現象（現代的な合理化を基盤とした人間による人間の排除論理という新しい疎外現象）を生み出していることは、今後の産業社会における産業主義思想としての競争原理のあり方の再検討をわれわれに要請しているといってもよいだろう。

2　近代産業社会の形成と「近代化」の役割

まず最初に、近代社会の生成・発展過程で重要な役割を果たした変動要因である、「近代化」（Modernization）に焦点をあてることによって、近代化を構成している諸要因を明らかにしていく。その上で、産業社会の変動主体である「産業化」（Industrialization）を推進していく契機となった、英国の「産業革命」の発展過程を分析することを通じて、産業社会における産業主義思想の基本要素としての「能率原理」（principle of efficiency）と「分業原理」（principle of division of labour）という二つの思想原理、並びに、これらの周辺思想を比較考察することよって、この二つの原理が競争原理として醸成され、内的矛盾を包摂していく過程を明らかにしていくことにしている。

(1)「近代化」の意味と位相——近代合理主義精神の誕生とその制度化

〈近代社会〉(Modern Society)は前近代的社会(中世の封建社会)が市民革命、産業革命、都市革命、科学革命などの社会変革によって解体され、近代的な政治的認識(民主主義化)、経済的認識(産業化)、都市的認識(都市化)、科学的認識(科学化)をもつ近代的な市民が主体的に形成した社会のことである。こうした近代化を促進していく変動的な構成要因のことを「近代化」(Modernization)と呼んでいるが、近代化概念については、①産業化が主たる要因によって近代化を促進したという「産業化総括概念説」と、②近代化はさまざまな近代化要因(政治的近代化・経済的近代化・社会的近代化・文化的近代化)によって構成されたもので、産業化はその構成要素にすぎないという「産業化部分概念説」とがみられるが、近代化における産業化の役割が果たしている影響力の度合いによって評価が分かれているようである(富永 1996)(近代化等の要素については、図表1－2を参照のこと)。一般的には、近代化は右記のような多角的な近代化要因が有機的に結合することよって、促進されたものであるといえる。近代化には四つの領域、すなわち、①**技術と経済の近代化**——動力革命や情報革命などの技術革新を基盤とした、技術の近代化にかかわる要素(産業化)と経済の近代化にかかわる要素(資本主義

図表1－2　近代化・近代革命・近代社会の要素

〈近代化〉		〈近代革命〉		〈近代社会〉
政治的近代化	→	市民革命	→	民主主義社会
経済的近代化	→	産業革命	→	産業社会
社会的近代化	→	都市革命	→	都市社会
文化的近代化	→	科学革命	→	科学社会

（注）この表は,『近代化の理論』（富永健一,講談社学術文庫,1996年）の p. 455の記述を参考にして筆者（松野）が作成した。
（出所）同前, p. 4

化）が含まれていること、②**政治の近代化**――近代的法制度にかかわる法の近代化にかかわる要素と封建制から近代国家への移行、専制国家から民主主義社会への移行（市民革命）にかかわる要素が含まれていること、③**社会の近代化**――社会集団（家父長制的家族から核家族への移行、機能的に未分化な集団から機能的集団（組織）への移行、地域社会（村落共同体から近代都市への移行（都市化））、社会階層（公教育の普及と自由・平等・社会移動）などの近代化にかかわる要素が含まれていること、④**文化の近代化**――科学的知識の近代化（神学的・形而上学的知識から実証的知識への移行「科学革命」や思想・価値の近代化（宗教改革や啓蒙主義による合理主義精神の形成）にかかわる要素が含まれていること、などが指摘されている[2]（富永 1996：32-36）。しかしながら、図表1－3の「近代化の諸領域」に示されているように、近代化における技術的領域としての動力革命・情報革命、経済的領域としての産業革命が近代化促進の重要な役割を占めてい

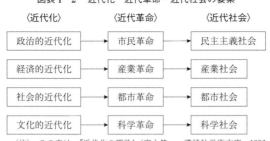

図表１－３　近代化の諸領域

領域		伝統的形態	近代的形態
技術的経済的領域	技術	人力・畜力	→ 機会力｛動力革命／情報革命｝（産業化）
	経済	第一次産業	→ 第二次・第三次産業
		自給自足経済	→ 市場的交換経済（資本主義化）
政治的領域	法	伝統的法	→ 近代的法
	政治	封建制	→ 近代国民国家
		専制主義	→ 民主主義（市民革命）
社会的領域	社会集団	家父長制家族	→ 核家族
		機能的未分化	→ 機能集団（組織）
	地域社会	村落共同体	→ 近代都市（都市化）
	社会階層	家族内教育	→ 公教育
		身分階層	→ 自由・平等・社会移動
文化的領域	知識	神学的・形而上学的	→ 実証的（科学革命）
	価値	非合理主義	→ 合理主義（宗教改革／啓蒙主義）

（出所）　富永（1996：35）

ることも無視できない事実である。そうした観点から、近代社会を「近代産業社会」（近代社会＝産業社会）と同等な社会形態として捉える見方もある[3]（新 1995：75）。その意味では、「近代化とは、技術・経済の近代化を基軸とした、全体社会の統合的な社会変動要因である」とみることができるだろう。また、近代化には、エネルギー消費量や利用効率の増大、産業構造の変化、都市人口の増大といったような量的な指標で示されるような非制度的側面と近代的な法体系の成立や公教育制度のような質的な指標で示されるような制度的側面という二つの側面があり、このような近代化の制度的・非制度的両側面が統合化されることによって、近代社会システムを形成してきたという点にも留意しておく必要がある。

こうした近代産業社会の誕生を背景として、人間の目的合理的行動が近代社会における機能集団としての企業を誕生させ、企業活動を促す基本的要因としての近代合理主義精神が醸成されたのである。このような合理主義精神は科学革命による科学的な世界観と動力革命による技術的な世界観との有機的な結合から生じたものである。他方で、こうした合理主義精神は機械の合理化だけではなく、人間労働の合理化、すなわち、人間労働の機械化という新たな労働問題を生み出し、産業社会における人間労働のあり方を問い直す課題を提起したのである。

(2) 産業革命の役割と産業社会の形成——資本主義社会の登場

具体的には、産業革命は「工場に能率の高い機械や動力が導入され、生産力が急激に増大する変化」のことであり、その結果、「工場制度が確立して生産手段の資本による所有という資本主義制度が生み出されていく決定的なモメントとなる出来事なのである」(産業化—Industrialization) と同時に「既存の都市を膨張させたに止まらず、無数のまったく新しい都市を勃興させた」(都市化—Urbanization) のである (山本 1992：109)。(英国の産業革命の産業化・都市化の状況については、図表1-4／図表1-5を参照のこと) この背景には、①植民地戦争における勝利によって海外の広大な市場を獲得したこと、②それに伴う貿易・商業活動の発達による資本の蓄積、③第二次囲い込み運動による労働力の確保、④市民革命による中産階級の台頭の結果、国内市場が形成されてきたことなどがあげられる。さらに、一八世紀半ばから発生した毛織物工業や織物工業を中心とした軽工業における慢性的な供給不足への対応という背景的な要因が存在していた。そのために、安定した大量の商品供給のための大量生産機械の導入とそれに対応した大量生産システムが必要となったのである。英国の産業革命はこうした背景のもとに、四大発明（①ハーグリヴスのジェニー紡績機の発明、②アークライトの水力紡績機の発明、③クロンプトンのミュール紡績機、④カートライトの力織機の発明）を基盤とした「技術革命」、ニューコメンの蒸気機関の試作、ジェームズ・ワットの蒸気機関の改良などの「動力革命」、さらに、トレヴィシックの蒸気機関車の発明、フルトンの蒸気船の発明、スティーヴンソンの蒸気機関車の製作などの「交通革命」の三つの産業インフラ形成型の革命が有機的に結合されることによって、「大量生産—大量消費」型の新しい産業社会システムの構築を可能にしたのであった（このような軽工業中心の産業革命を第一次産業革命、一九世紀後半の重工業を中心とした産業革命を第二次産業革命といったように区別して呼んでいる）。こうした産業革命は英国単独の一国産業革命として出発したが、産業化を基盤とした近代化を追求している欧米各国は英国の産業革命に追随し、一八三〇年代にはフランス、一八四〇年代にはアメリカ・ドイツ、一八五〇年代にはロシア、一八九〇年代には日本へそれぞれ波及し、世界システムとしての資本主義社会体制を基盤とした、産業社会が形成されていったのである。

図表１－４　英国産業の構造変化，1770-1831年

産　業	総付加価値にしめる割合（％）		価格変化（1770年価格＝100とする1831年の指数）
	1770年	1831年	
羊毛製品	30.6	14.1	113.4
リンネル	8.3	4.4	99.3
皮革	22.3	8.7	123.8
木綿製品	2.6	22.4	66.2
鉄製品	6.6	6.7	30.1
石炭	4.4	7.0	133.3
建築	10.5	23.5	178.8
その他産業	14.8	13.3	173.5

（注）１）その他は，絹，銅，ビール，石鹼，蠟燭，紙の６産業。
　　　２）その他産業の価格変化指数は，フィッシャーの理想式によって算出。
（出典）Crafts, *British economic growth*, pp. 22, 25.
（出所）樺山（1998：12）

図表１－５　英国経済の構造変化，1700-1870年

年　次	１人当り国民総生産（1700＝100）	資本形成比率	構造変化指数（％）		
			農業従事者割合	工業従事者割合	都市化率
1700年	100	4.0	61.2	18.5	17.0
1760年	120	6.0	52.8	23.8	21.0
1800年	128	7.4	40.8	29.5	33.9
1840年	170	10.4	28.6	47.3	48.3
1870年	271	8.5	20.4	49.2	65.2

（注）１）資本形成比率は，固定資本投資額の国内総支出にしめる割合。1760年は1761-70年の，1800年は1801-10年の，1840年は1840-50年の推計値を援用。
　　　２）農業従事者と工業従事者の割合は，男子労働力にしめる農業および工業従事者の割合。
　　　３）都市化率は，人口5000人以上の町に住む人口の総人口にたいする割合。1760年は1750年の推計値を援用。
　　　４）1700年と1760年はイングランドとウェールズ，1800年と1840年はグレート・ブリテン，1870年は連合王国。ただし，1700年と1760年の都市化率はイングランドのみの推計。
（出典）資本形成比率のうち1760年，1800年，1840年は，リグリィ『エネルギーと産業革命』1991年，159頁。Feinstein, "National statistics 1760-1929", in Feinstein and Pollard, eds., *Studies in capital formation in the United Kingdom*, 1988所収の新推計値による。1700年，1870年は Crafts, *British economic growth*, pp. 62-63. 18世紀中２年次の都市化率は，Wrigley, "Urban growth and agricultural change", in his *People, cities and wealth*, 1987, p. 170による。それ以外はすべて，Crafts, *British economic growth*, pp. 62-63.
（出所）樺山（1998：13）

他方、産業資本家による工場制機械工業の成立は、「産業資本家―労働者」という階級対立を生み出し、劣悪な労働環境や労働条件に対する産業資本家と労働者との闘いという労働問題を発生させた。さらに、農村から都市への労働者としての大量の人口移動は、都市環境の悪化（スラムの発生）という社会問題（都市問題）をもたらすことになったのである。このように、産業革命には、「数々の新しい機械や動力機関が発明され、人々の暮らしが豊かになった」「経済的な豊かさ」が強調される反面、産業社会の到来によって右記のようなさまざまな問題が発生したことは、「資本の論理に支えられ効率と能率の追求、利潤の拡大という資本主義の形成過程のなかで考えられる事件」という資本主義社会の捉え方にみられるように、資本主義社会の構造的矛盾が内在しているということも理解しておくべきであろう（山本 1992：109）。

経済史的には、産業革命に対しては、次のような二つの見方、①産業革命を単なる経済の量的な発展と捉える楽観的な見方と②経済の質的な発展であると同時に資本主義に内在する矛盾への対応と捉える悲観的な見方、とがみられる。具体的には、この二つの考え方は、①産業革命を経済的利益の増大をもたらしたものとして、楽観的に捉えていく、「クラッパム学派」（Claphamites）と②産業革命の経済的利益は多くの社会的害悪、もしくは、社会的損失という犠牲の上に築かれたものとして捉え、社会改良主義的な産業革命論を唱える、「ハモンド学派」（Hammondites）と資本主義に内在する矛盾を除去するためには、改良に止まるよりも資本主義体制そのものを排除していかなければならないとする、社会主義的産業革命論者の、「マルクス学派」（Marxian school）に分かれる（染谷 1976：179-200）。産業革命に対してこのように二つの考え方が対峙するのは、産業革命によってもたらされた産業的合理主義としての「競争原理」が産業資本家の自己利益の増殖を意図した限定的な目的のためだけに導入されたことから発生する労働者の不利益の問題を社会政策的な視点、あるいは、社会体制への変革的視点、からその解決をめざしていくのか、という思想的立場の違いに起因することにある。しかし、産業革命によって登場した、「資本家―労働者」という産業社会（資本主義社会）の対立の構図は労働者の過酷な労働条件、労働状態の克服という課題の解決を企業経営者としての資本家に認識させたということも見逃してはならない歴史的側面である。(4)

産業革命を促進していく原動力となったのは、すでに指摘したように、商品の大量生産を可能にする科学技術上の革新としての「技術革命」、科学技術を動力へと転換させていく生産技術上の革新としての「動力革命」、商品の流通上の普及を伝播した交通システムの革新としての「交通革命」などである。このような産業革命の基盤的な技術革新に対して、産業革命の理念的、あるいは、精神的な基盤、すなわち、近代化の精神的（理念的）な推進要素となったのは、一八世紀のフランス、一九世紀のドイツで合理的な知識や技術の普及に重要な役割を果たした「啓蒙主義」（enlightment）であり、自由競争による経済活動の推進を唱えた、「自由放任思想」(laissez-faire)といえるだろう。絶えざる技術革新の思想と自由な経済活動の推進思想が有機的に連関することによって、産業主義思想の基盤が形成されたと捉えることができるだろう。さらに、こうした産業主義思想の基本的な要件が充足されることによって、「科学・技術の組織的応用による生産力の持続的上昇過程」という「産業化」概念が創出されたのである。この産業化概念には、①社会発展の量的な成長(経済成長)を基調としていること(例―E・デュルケムの「社会分業論」、M・ウェーバーの「合理化論」等)、②技術進歩の不可逆性と技術伝播の普遍性にもとづく、産業化の不可逆性と普遍性という仮定、③産業化に適合的な方向への社会構造の変動(都市化の進展、および、組織の官僚制化の進展等)といった理論的特質がみられる(長谷川 1993:42-44)。

「産業主義」という言葉は、一九五〇年代、一九六〇年代に登場した、産業社会の発達段階における特性を示す収斂理論としての構成原理(いわゆる、インダストリアリズム)という意味で使用されているのが一般的な理解である。他方、産業主義は「産業革命以降の産業社会の一側面を示す」(斎藤 1998:vii)という曖昧な見方や「一つの理念、ないし、イデオロギーとしての面と構造原理を表すものとしての両面がある」(富永 1966:6)という明確な指摘もみられるが、ここでは、産業主義思想を「産業社会を形成していくイデオロギー的な推進力」という、近代化の形成のための原動力としての思想原理として位置づけておくことにしていく。その上で、産業主義思想の生成・発展過程について、①歴史的な潮流群（時間的クラスター）としての視点、②思想的な影響力群（思想的クラスター）としての視点、という二つの視点から、便宜的に、産業主義思想の基礎的な形成期としての、①初期産業主義思想（一八世紀後半～二〇世紀初頭）、産業主義思想の展開期としての、②中期産業主義思想（二〇世紀初頭～二〇世紀半ば）、産業主義思想の確立期としての、③後期産業主義思想（二〇世紀半ば～二〇世紀後半）、の三つの歴史的な区分に分けることによって、産業主義思想がどのようにして、多様な社会・経済思想群によって形成され、また、産業社会の生成・発展にどのような影響を与えてきたかについて、以下の近代産業社会の思想原理（その1）、（その2）、（その3）において考察していくことにしている。初期産業主義思想と中期産業主義思想は産業社会の思想的基盤の形成期として位置づけ、後期産業主義思想は思想的基盤の確立期として区分している。こうした思想的な分類の意図は産業社会の発展段階に対応した、産業主義思想の流れを追跡することによって、産業社会における競争原理の思想的な特質と意味を産業社会の発展段階に則して明らかにしていくことにある。

3　近代産業社会の思想原理（その1）
——初期産業主義思想の生成と展開（一八世紀〜二〇世紀初頭）

産業主義思想を形成してきたのは、近代社会の思想的基盤であり、かつ、全体社会の変動を推進してきた、「社会発展思想」（Thoughts of Social Development）であり、経済発展の変動の推進力となってきた、「技術発展思想」（Thoughts of Technological Development）である。ここでは、基本的にはこのような発展思想、すなわち、①物質的な発展による社会の〔上向的な〕直線的な発展を意図した、「社会発展思想」と②〔継続的な〕技術的な発展による産業社会の進展を意図した、「技術発展思想」であり、この二つの発展思想が相互に支え合うことよって、産業社会の展望を拓いてきたといえるだろう。ただ、思想家・経済学者であり、革命家であった、K・マルクスのように、近代社会としての資本主義社会は階級社会としての矛盾を内包しているがゆえに、社会発展は非連続的・段階的・変革的側面をもっているという主張があることも理解しておく必要がある。(5) われわれがここで取り上げている社会発展思想は資本主義社会としての近代社会を是認していることを前提としているものであり、そうした条件のもとでの技術発展思想であるということに留意していただきたい。

(1)「社会発展思想」(Thoughts of Social Development)

社会発展とは、「社会生活を産出する諸力(物質的生産力・政策の決定力・結合調整力・文化の伝達／創造力)の量的拡大と質的高度化」のことを意味している。基本的には、社会の連続的・段階的な発展を基調としており、どちらかといえば、社会の量的な変化よりも質的な変化を重視する思想である。この考え方は「社会発展段階説」という形で展開され、フランスの社会学者、A・コントの神学的(軍事的)段階―形而上学的(法律的)段階―実証主義的(産業的)段階という「三状態の法則」(もしくは、「三段階の法則」)、マルクス主義における「原始共同体―奴隷制―封建制―資本主義―社会(共産)主義」という「五段階の社会発展説」などがみられるが、近代社会では、H・スペンサーの「軍事型社会から、産業型社会へ」、F・テンニースの「ゲマインシャフトから、ゲゼルシャフトへ」に代表されるように二段階の社会発展論が主流となっていた(新他 1979)。

このような社会発展思想としては、次のような三つの思想、①社会進歩思想、②社会進化思想、③実証主義思想、がその基本的な構成要素として考えられる。そこで、ここではこれらの三つの思想的潮流を考察していくことにしている。

①　社会進歩思想(Thoughts of Social Progress)

フランス啓蒙思想をその起源とし、歴史的変化をよりよい、より高い、よりすぐれた方向への進行と捉える主観的な価値評価を前提とした思想で、啓蒙主義思想の中心的な位置にあった。基本的には、社会の直線的・漸進的・量的な変化を重視する。代表的な思想家として、A・R・テュルゴやM・J・A・コンドルセがあげられるが、コンドルセはその著作、『人間精神進歩の歴史』の中で、進歩とはたんに自然科学だけではなく、人間の身体も道徳性も無限に進歩するという理性主義的な進歩観を採用し、「人類史の展開を未開から文明へと至る、進歩の過程と見なし、自由の拡大と科学の発展により人間は幸福になっていく」という未来に対してきわめて楽観的な見方をもっていた（Condorcet, M. J. A. N. C., 1795=1951）。他方、コントはこうしたコンドルセの社会進歩思想の影響を受け、「知識（人間精神）の三状態の法則」（loi des trois états）を提唱した。具体的には、人間の知識は、次の三段階、すなわち、超自然的な意思（神）の発現として諸現象を究明する、「神学的段階」（古代）―非人格的、抽象的な実体概念によって諸現象を説明する、〈形而上学的段階〉（中世）―観察と実験による科学的認識によって諸現象を解明する、〈実証的段階〉（近代）、へと発展し、それに対応して、社会形態も〈軍事的段階〉（古代）―〈法律的段階〉（中世）―〈産業的段階〉（近代）への社会進歩を遂げていくという考え方である（清水編 1970）。このようなコントの社会進歩思想に支えられた「社会発展段階説」は基本的には社会進歩によって社会が直線的・連続的・上向的に変化（発展）していくという近代社会思想にみられる単純、かつ、楽観的な社会理論であったといえよう。また、社会進歩の基準が近代的な科学技術の発展に依拠しているものの、その具体的な根拠、すなわち、内容はきわめて抽象的なもので、具体的性に欠けるという点で進歩の観念は主観的な価値を前提としているという批判を受けている（塩原他 1990：91）。しかし、科学技術を基盤とした社会進歩思想は、「近代社会の産業社会としての発展を予見する（prévoir）」という意味で大きな意義があったといえる。

② 社会進化思想（Thoughts of Social Evolutionism）

生物の種が長い歴史的時間の中で、単純な存在から、複雑な存在へと発展していくという生物進化論の考え方（C・ダーウィンの『種の起源』）を社会変動に適用することによって誕生した思想である。英国の社会学者、H・スペンサーがこの生物進化論と英国の経済学者、T・R・マルサスの生存競争を必然とし、社会的な悲惨状態を適者生存の過程として正当化する（社会淘汰論）、いわゆるマルサス主義の影響のもとに、「社会は同質的なものから、異質的なものへ連続的に変化する」という社会有機的な法則の存在を提示したのが、社会進化論である（清水編 1970：八杉 1969：Malthus, 1798＝1973）。具体的には、人類史の発展の方向性として、「単純な社会から、より複合的な社会へ」「軍事型社会から、産業型社会へ」という命題を通じて、産業革命以降の社会の方向性を提示しようとした。こうしたスペンサーの社会進化論には、「第一に、社会進化論の基本的述語である、適応、統合、分化の各概念が確立されたこと、第二に、スペンサーの社会有機体論には、構造―機能分析の社会理論の萌芽がみられること、第三に、スペンサーの「産業型社会論」が産業化論の先駆形態であること」といった理論的意義が指摘されている（友枝 1981：125-153）。しかし、こうした社会進化論思想には、社会発展を単純なユートピア主義的な社会の実現という楽観的な見方が散見されるとともに、社会の「進化」には、生存競争や適者生存という競争原理を認めていたこと、すなわち、社会ダーウィン主義としての側面をもっていることから批判を受け、二〇世紀初頭にはスペンサーの社会進化思想は次第に消滅していったのである。

③ 実証主義思想（Thoughts of Positivism）

実証主義は人間の経験可能な知識を尊重しながら、確実に合理的にそれを構築していくという「実証的」（Positif）という考え方を基盤としている。A・コントは一八世紀のフランスの数学的自然研究の運動（J・L・R・ダランベール、J・L・ラグランジュ等）の方法論や彼の師であった、C・H・サンシモンの一九世紀を「科学と産業の時代」として捉え、社会の進歩や繁栄に貢献している科学者・産業者が支配的に地位につくべきであるという実証的な思想を社会研究に適用することによって、「実証主義」（Positivisme）を体系化し、「実証哲学」（Philosophie Positive—社会学という名前ができる前の名称）を構築した。コントの「実証的」とは、前近代社会における神学や形而上学に示されているような主観主義に対峙するもので、具体的には、①「無益」（inutile）に対する「有益」（utile）、②「空想的」(chimérique) に対する「現実的」(réel)、③「不確実」(inutile／incertitude) に対する「確実」(certitude)、④「曖昧」(ambigu) に対する「精密」(précis)、⑤「否定的」(negatif-破壊的) に対する「積極的」(positif-建設的)、⑥「絶対的」(absolu) に対する「相対的」(relatif)、⑦「利他的」(égoiste) に対する「愛他的」(altruiste)、という要素から構成されているとしている (清水編 1970)。このような実証主義には、①自然科学の方法論を社会学にも適用し、②社会現象に因果関係の法則を確定でき、因果関係要因として社会構造を重視する、という考え方がみられた (Abercrombie, N., [eds], 1994=1996 : 252-253)。しかし、コントの実証主義には、「経験的事実の観察ということに加えて、仮説の演繹とその検証、実験計画およびその結果にもとづく推理、帰納論理、等々を含む科学的方法論ないし科学的論理学の諸問題に深く入っていく」(富永 1993 : 106) というサンシモンの実証主義にみられる未解決の課題が残されているとともに、実証科学の証しとしての〈社会現象の予測性〉を安易に主張しているという欠陥がみられたのである (富永 1993 : 106-107, 114-116)。さらに、こうした実証主義は社会現象の科学的な解明に対する科学的態度、あるいは、姿勢の形成という面では少なからず寄与した反面 (社会構造を重視)、人間の行為の主観的意図や動機を軽視、ないし、無視していくという傾向がみられた。

（2）「技術発展思想」（Thoughts of Technological Development）

技術発展思想とは、技術の発展が社会発展の決定的な要因であるとする「技術決定論」（Technological Determinism）や社会発展は技術進歩によってもたらされるとする「技術主義」（Technicism）の考え方に依拠したものであるが、「技術進歩→技術発展→社会発展」という段階で技術発展が部分的に社会発展に寄与するというものである。ここでは、「分業思想」、「能率思想」、「合理化思想」といった技術発展が労働・組織（工場／オフィス〔企業組織〕）における革新をもたらし、産業社会の進展に貢献してきたことを明らかにしてきたい。

① 分業思想（Division of Labour）

分業は、一つには、分業によって労働の画一化、あるいは、単純化が可能となり、工場における大量生産システムが確立されたとさえいわれているものであり、もう一つには、分業によって職業的専門化がおこなわれ、近代社会における多様な企業の生成に寄与しているといわれているもので、いずれも産業社会の発展に不可欠な技術発展思想といえる。他方、分業による技術革新が経済発展をもたらし、それが新しい社会システムを形成したということも事実である。(6) 分業は基本的には、近代経済学の創始者として著名な、英国の経済学者、A・スミスが自由競争の促進要素として主張した、「技術的（経済的）分業」（労働の細分化）と近代社会学の形成者である、フランスの社会学者、E・デュルケムによって急激な産業化による社会的混乱状態（無規制状態《アノミー》）を人間の社会的連帯によって解決するために提示された、〈社会的分業〉（職業的専門化）という二つの思想的立場に分けることができる。スミスが分業の功利主義的側面を重視したのに対して、デュルケムは経済的効率が人間の社会関係にもたらす弊害を危惧し、分業の社会的側面、すなわち、分業による個人・組織の個性化、相互依存性を強調し、分業に内在する、〈社会的連帯性〉を基盤とした、〈有機的社会〉（Société Organique）を構想した。その意味では、この両者の分業論には、近代産業社会の経済システムとしてのメリット的側面（効率化による経済的発展の必要性）と効率化による社会システムとしてのデメリット的側面（人間の社会関係の道徳的無規制状態の出現）、という二つの課題がみられるが、分業が近代産業社会の社会システムや経済システムを変革し、近代化を促進していく契機をつくり出したことは分業が社会変革をもたらす基本原理であったことを示すものであろう。

(a) 技術的（経済的）分業（労働の細分化・生産工程上の専門分化）

　これは作業内分業といわれるもので、一つの作業を単純な工程に分割して、各労働者に割り当て、各人は特定の限られた単純な工程を専門的に、継続的に担当することにより、作業能率が飛躍的に向上するものである。A・スミスは代表的著作、『国富論』（*An Inquiry into the Nature and Causes of the Wealth of Nations*）（もしくは、『諸国民の富』）の最初の部分で分業の経済的意味について、「労働の生産諸力を改善させる最大の原因は分業である」と述べ、分業の効果についても、労働者の作業の分割によって労働者が単純な労働は反復的に行うことによって、第一に労働の熟練の増大により、第二に、ひとつの作業から別の作業に移るときの、時間の浪費がなくなることにより、第三に、作業が専門化し、道具や機械の改良が容易になることにより、生産力が上昇する、と指摘している（スミス 1776=1959：水田 1997=135）。こうした技術的分業はこれまで、熟練労働者を中心に行われていた熟練労働に未熟練労働者を使用するという、工場における労働の非熟練化（単純化）を生み出し、作業能率を増大化させた。スミスも労働の単純化による分業の弊害について、労働者の知的・道徳的・肉体的一面化という問題の解決方策という形で言及しているが、基本的には、分業のもたらす経済的効果を近代産業社会の重要な要素として捉えている（星野他 1977：第5章）。こうした分業思想が二〇世紀のＦ・Ｗ・テイラーの「能率思想」に大きな影響を与えているといってよいだろう。

(b) 社会的分業（職業的専門分化）

社会的分業は右記の技術的分業に対置される概念で、基本的には、労働の社会的分割という意味である。Ａ・スミスも分業を技術的分業概念と社会的分業概念を混在した形で捉えていたけれども（水田 1997：136-137）、社会的分業を学問的な概念として定式化したのは、フランスの社会学者、Ｅ・デュルケムである。彼はその著作、『社会分業論』（*De la division du travail social*）（一八九三年）の中で、近代社会における分業の社会的役割を検討した。彼は技術的分業（経済的分業）によって能率や経済効率が高められる経済効果的な側面よりも、むしろ、こうした分業の考え方には競争によって諸個人の間に利害対立が生まれるという分業の社会病理的側面が強いと考えた。そこで、デュルケムは近代社会における分業の社会的側面に着目し、分業には道徳的社会関係を通じて個人相互間の依存関係を深め、社会的連帯を強化するという側面がみられると捉え、社会的分業によって、自由な諸個人による「有機的連帯」という形での社会統合（有機的社会＝職業的社会）のための基盤が形成されると考えた。さらに、近代社会における職業上の分業が諸個人間における道徳的連帯感に支えられた専門分化をもたらすものと捉えていた。こうして、デュルケムは分業による労働の非人間化、あるいは、人間疎外という問題について、道徳的特性（個人的人格と社会的連帯の形成）を基盤とした、社会秩序の形成によって解決できうると考えたのであった（Durkheim, E., 1893=1989）。

②　能率思想（Principle of Efficiency）

この「能率」（Efficiency）という考え方は近代産業社会の形成に際して、時間管理による労働の規格化、労働の効率化を通じて、商品の大量生産システムを構築していく際の重要な要素の一つとして考えられたものである。「能率」とは、基本的には、「最小の犠牲によって、最大の成果を達成する手段選択の合理的な基準」という考え方である。こうした「能率」概念の形成に重要な役割を果たしたのが、時間計測装置としての「近代時計」の誕生である。時計には、基本的には、①現在時刻の認知（報時時計）、②経過時間（量）の測定（計量時計）、③ある時刻までの残存時間（量）の測定（報時時計と計量時計の統合化）、三つの使用形態がみられるが、「能率」概念の形成に寄与したのは、③の一定時間までの残存時間の測定という考え方である（武笠 1990：293-295）。武笠氏によれば、「能率」の算定のための時間測定としては、①仕事の終了までの所要時間の測定（作業速度の測定）、②単位時間内の仕事量の測定（「能率」自体の測定）、があり、こうした二つの時間思想が「仕事を均等化し時間尺度の上で数量的に捉える」、という近代社会としての「能率的な時間思想」が生まれてきたとしている（武笠 1990：301-302）。このような指摘は人間労働を機械化していく場合の前提条件としての「機械の能率化」をつくり出した大きな要因として捉えることができるだろう。(7)

こうした「能率的な時間管理思想」と「人間労働の能率化」を統合化し、生産と経営の合理化に適用したのが米国の技術者であり、経営学者でもあるF・W・テイラーで、こうした方法は〈科学的管理法〉（Scientific Management―「テイラー主義」［Taylorism］ともいわれる）と呼ばれるものである。テイラーは『科学的管理の原理』（*The Principles of Scientific Management*）（邦訳では、『科学的管理法』という題名になっている）を中心とする、労働管理の一連の著作を通じて、労働管理の目標は高賃金と低労務費という二つの矛盾する課題をどのように解決し、そのための原理と方法論の提示が必要であると考えた。そのために、彼は労働生産性を向上させる一環として、作業標準（課業）の規格化を提唱し、「時間・動作研究」（Time and Motion Study）を通じて、課業のシステム化を図った。彼の「科学的管理法」は、①作業の合理化のための経営者的視点からの熟練の平準化という「熟練の転移」（Transfer of Skill）―経営者の設定する熟練、②作業標準の科学的設定・標準化・経済的刺激制度から構成される―「差別出来高制度」（Differential Piece Rate System）、③一つ、または、少数の職能原理の導入によって、能率を向上させる、「職能化の原理」（Functionalism）―計画と作業の分離、の三つの原則から成り立っている（Taylor, F. W., 1911=1969 : Nelson, D., 1980=1991）。テイラーの科学的管理法の基本的な考え方は作業工程（仕事）を体系的に分析し、それらを最小の構成要素に分解し、こうした要素を最大の効率的な方法で再構成したことである。このようなテイラーの科学的管理法には、「閉鎖的体系としての企業の捉え方、経済人としての労働者観、公式組織のみの重視、能率志向性、労働組合や労使関係問題の考慮の不足」などの問題点が指摘されている（佐久間編 1998 : 87）。このように、「テイラーの労働の能率化」という科学的管理思想は工場における生産システム・生産管理システムの科学化（計測化）、組織の近代化（職能化）などの点では、確かに重要な役割を果したが、他方、厳格な時間管理にもとづく労働の生産性を重視するあまり、労働のモティベーション化にとって重要な人間的要因・社会的要因を無視し、労働の機械化を促進するものとして批判された（補足

注：テイラーは、科学的管理法の本質をたんなる能率の増進のための方策ではなく、「労使協調主義」という精神革命を主張していたが、科学的管理の技術的方策に重点を置きすぎていたことが批判の要因となっていることも事実である）。このような能率思想は技術的な生産性の向上という意味ばかりでなく、能力主義、成果主義といった現代産業社会における効率主義的な思想を形成していく場合に重要な役割を果たした。今日の企業におけるリストラ政策の根底にはこうした能率思想の影響が反映されていることをわれわれは認識する必要があるだろう。

③ 合理化思想（Thoughts of Rationalization）

合理化思想は近代社会の基本的理念を指す概念であり、近代化の精神的支柱となるものである。合理化そのものの意味は、「人間の行為のあらゆる側面が計算と測定、そして統制のもとに服するようになる多様な過程」のことを指している（Weber, M., = 1968 : Abercrombie, N., 1994=1996 : 271）。つまり、人間生活のあらゆる側面で合理性を貫徹しようとする活動なのである。ドイツの社会学者、M・ウェーバーは近代化の過程の中で合理化のもつ意味を、「魔法、あるいは、魔法の庭園（前近代社会）からの解放」、すなわち、前近代社会に内在する封建的な非合理性による停滞性から脱却し、近代社会の本質を人間生活の合理性として捉えていた。具体的には、①経済組織に対する合理化—工場の官僚制的手段による組織化と体系的な会計手続きによる収益計算、②法律に対する合理化—普遍法にもとづく演繹的な法推論、③政治に対する合理化―カリスマ的リーダーシップの政党機構への転換、④全体社会に対する合理化―官僚制と国家管理、行政機構の拡大、などの意味が含まれている（Weber, M.=1968：Abercrombie, N., [eds.], 1994=1996：271）。ウェーバーのこれらの合理化概念がもっとも具現化されているのが、組織論的な意味としての「近代官僚制」（Modern Bureaucracy）である。官僚制とは、「複雑で大規模な組織の目的を能率的に達成するための組織の活動が合理的に分業化された管理運営体系のこと」である（Weber M., 1921-1922=1987：7-10：森岡編 1996：235）。他方、官僚制には、「様式化された手続きによって形式的にはきわめて綿密に合理化されていながら、その手続きの煩雑さによって実質的にはきわめて不合理な面を持つ制度」という矛盾も含まれている（作田他編著 1968：37）。官僚制は近代組織を管理・運営していくための「能率の論理」が貫徹された合理的な方法であり、①合理的な規則の支配、②権限のヒエラルヒー（序列化）、③非人格的な人間関係、④職務の専門化、などを特性としてもっている。これは官僚制のもつ合理的な側面であり、右記で指摘されているように、合理化には合理性の機能不全現象としての不合理な側面も内在しており、そこに「合理性」（「能率の論理」＝機械性）と「非合理性」（「感情の論理」＝人間関係性）の同時存在という近代組織としての矛盾を包摂しているのである。とりわけ、官僚制の場合には、それが「官僚主義」（Bureaucratism）という形での目的と手段の転倒としての逆機能、例えば、①規則万能主義・制度への過剰な同調主義（形式主義、秘密主義、セクショナリズムなど)、②人間関係の歪み(組織への従順性による人間関係の軋轢)、③権力と自由の問題(組織における合法的支配と人間としての自由との関係)、などの問題が表出してくるのである(佐藤 1991)。この意味では、近代化の進展過程の中で誕生した「合理化思想」は「形式合理性」(機能性)というすぐれて近代的な側面としての特質がみられるけれども、官僚制の逆機能に象徴されるような「実質非合理性」(非機能性)という、いわば、近代化に逆行するような前近代社会としての地域共同体的な閉鎖性に象徴される、組織論上のさまざまな課題が残存していたのである。

4 近代産業社会の思想原理(その2)
——中期産業主義思想の生成と展開(二〇世紀初頭~二〇世紀半ば)

産業革命によって、英国をはじめとする先進諸国における産業社会の経済的基盤が確立された後、二〇世紀に入ると、産業社会の高度化・多様化に対応した社会システムが進展し、とりわけ、米国では鉄鋼・電気・通信を中心として巨大企業が登場してくるようになる。こうした資本主義的産業社会を構築していくための産業社会システムの構成要素として、「大量生産—大量消費」型の産業構造が必要となってくる。そのためには、①産業社会の高度化に対応した、「能率原理」を企業活動として推進していくための経営哲学としての「フォーディズム」や労働生産性を向上させるための新しい生産システムとしての「フォードシステム」、②労働の機械化の弊害の是正のための「人間関係論思想」、③近代組織の確立のための「組織革新思想」、④多様で高度な産業化を推進していくための「イノベーション思想」（技術革新思想）などがこの時代の産業主義思想の中核的な役割を果してくることになる。ここでは、二〇世紀初頭から二〇世紀半ばまでの中期産業主義思想の中心的な思想の特質や課題について考察、検証していくことにしている。

（1）フォーディズムとフォードシステム（Fordism & Ford System）

「フォーディズム」（Fordism）と「フォードシステム」（Ford System）は二〇世紀初頭、米国の自動車王といわれた、Ｈ・フォードの経営戦略上の両輪といわれるもので、フォーディズムが大量生産システムを支えるＨ・フォードの経営哲学でもあり、経営理念であるとすれば、フォードシステムは大量生産システムのためのフォードの技術革新戦略であるといえよう。フォーディズムの基本的な考え方は、①機会の重視─開拓者精神による革新的、創造的な人間像の追求（高級車としての自動車の大衆化への戦略的転換）、②サービスの精神─企業は公共のサービス機関であり、大衆（顧客）にサービス（奉仕）することで社会に貢献すべきである、③賃金動機─利潤動機は企業の一部の所有者や経営者の個人的な資産や富を増やすだけのものであって、その利益を従業員に還元しないことは社会的奉仕の精神に反するものであり、他方、従業員に高い賃金を支払う「賃金動機」は従業員の生活水準を向上させ、雇用の確保に繋がるという意味で企業の社会的な存在根拠を示すものである、という徹底した社会奉仕の精神にある（井原 1999：85-87）。これに対して、フォードシステムはH・フォードが自社のT型車を大量に生産するために考案した新しい生産方式のことで、〈フォードシステム〉（Ford System）とも、「デトロイトオートメーション」（Detroit Automation）とも呼ばれている。このフォードの画期的な生産方式はたんに、製品の生産方式のみならず、一般の人々の消費行動をも変革したものとして、二〇世紀の消費資本主義の基礎である、「大量生産─大量消費」型の社会構造・生活構造をつくり出したといわれるほど、技術的変革としてばかりでなく、社会変革としての価値をもつものであった。この生産方式は基本的には、①「生産の標準化」（production standardization）と、②「移動組立法」（moving assembly line）、の二つの要素から構成されている。「生産の標準化」は製品の単一化、部品の規格化（互換性）、専用機械の使用などから成り立っており、この方針からフォードは可能な限り、製品の標準化を図り、単一機種（T型車）限定による大量生産システムを考えた。この結果、フォードはT型車の大幅なコストダウンに成功し、低価格の自動車販売を可能にした。これまでごく限れた富裕層を自動車の購買対象としてきたが、コストダウン化により、自社の労働者でも購入可能な価格設定を行い、自動車の大衆化を促進した。さらに、「移動組立法」は「作業に労働者を移動させていく」という考え方を転換させ、「労働者に作業を移動させていく」という人間中心主義の作業システムを配慮した生産システムである。具体的には、労働者は作業工程の順序で並び、その労働者の前をベルトコンベアによって部品を通過させ、規則的に作業をさせるという、「流れ作業システム」（ベルトコンベアシステム）をつくったことである。この作業システムのメリットは、①生産工程の円滑化による生産時間の短縮、②工程間の運搬距離の短縮化による部品在庫の削減が可能となったこと、③作業能率はベルトコンベアによって時間的に規定されるため、監督の幅を拡大することができること、④各工程の時間的調整を自動的に行うことができるために、工程や作業の時間調整の効率が高いこと、などがあげられる（Ford, H.,=1968：塩見 1978：塩見他、1968）。こうした大量生産システムについて、フォードは「大量生産は、馬力、精確さ、経済性、体系性、継続性、そしてスピード、といった諸原理を製造計画に集中させたもの」として、大量生産がたんなる量的生産の拡大化だけではないことを述べている（Batchelor, R., 1995=1998：xvi）。

このように、フォードシステムは二〇世紀における産業社会の「大量生産―大量消費」型の産業社会システム化への方途を切り拓いただけではなく、自動車を大衆化させることよって、モノの輸送手段や人間の交通手段の自動車化の推進、大量の製品の市場への浸透という大量消費社会の基盤を形成したのであった。しかし、大量生産システムのための作業能率優先主義の考え方は労働現場における作業の単純化・反復化による労働者の無気力化（非人間化）といった現象をもたらし、あらためて〈労働の人間化〉への対応策の提示の必要性という課題を提起したのであった。

（2）人間関係論思想（Theories of Human Relations Approach）

人間関係論は、F・W・テイラーの「科学的管理法」を中心とする、労働生産性向上を目的とする能率的な労働管理論の課題を解決するために、E・メイヨーらの「ホーソン実験」（Hawthorne Experiment）を契機として誕生した考え方である（〈科学的管理法〉と〈人間関係論〉の原理的差異については、図表1－6を参照のこと）。一九三六年に製作された、C・チャップリンの最初のトーキー映画、「モダンタイムズ」では、能率のための機械化・自動化が人間の機械化を生み出し、労働現場における人間疎外現象をもたらしていることを象徴的に描いている。具体的には、①機械と人間との主客転倒が起こり、人間に合わせて機械が動くのではなくて、機械の動きに合わせて人間が動かなければならない、②人間一人ひとりは、個性と主体性を失って、個人は工場という巨大な歯車装置の部品にすぎなくなる、③姿のない監視者は匿名性、非人格性を通じて、多数の人間を自分たちの利潤追求の手段とし、特権的一方的に監視し、支配する、といったような近代文明における人間と技術の関係における問題点を提起している（加藤 1996：139-160）。人間関係論は「科学的管理法」による労働の単純化・画一

図表１－６　科学的管理法と人間関係論

	科学的管理法	人間関係論
前提（仮説）	経済人仮説 人間は孤立的 打算的 合理的	社会的仮説 人間は連体的 献身的 感情的
勤労意欲	経済的動機による資金など	社会的動機によるモラール
対象組織	公式組織	非公式組織

（出所）井原（1999：177）

化に伴う、労働生産性の低下を防ぐために、①人間関係論的視点からのモラール（勤労意欲）の向上の方法、②労働現場における人間関係のあり方、などについて検討していくために登場したものである。このような人間関係論的視点を生み出す契機となったのが、米国のウェスタン・エレクトリック社のホーソン工場（電話機製造）で一九二七～一九三二年にかけて、E・メイヨーを中心とする、ハーバード大学の研究グループによって実施された実験で、「ホーソン実験」といわれているものである。「ホーソン実験」は、**①照明実験**（一九二四～一九二七年）─物的作業条件（照明度）と作業能率との関係の調査、**②継電気組立実験**（一九二七～一九三二年）─休憩時間・作業時間・賃金形態など、多様な作業条件と作業能率との関係の調査、**③面接計画**（一九二八～一九三〇年）─②の実験と並行して実施されたもので、作業員の不平不満等の聞き取り調査で、作業監督者の資料として行なわれたもの、**④バンク配線室観察**（一九三一～一九三二年）─面接計画によって明らかにされた職場における職場集団の作業能率に与える影響について一四名の作業員を対象にしたもので、四段階の調査が並行しながら実施された。この実験から明らかにされたのは、作業能率に影響を及ぼすのは、物的な環境条件や作業方法という技術的な問題ではなく、職場における人間関係（インフォーマルな組織の存在）、労働者のモラール、監督方法などである。この結果、職場のインフォーマル組織における人間関係のあり方、労働者のモラールを向上させるための方法、作業における労働者の自発的参加の方法、といった労働現場における「倫理性」を重視する人間関係管理の手法の必要性がでてきたのである（Mayo G. E., 1933=1967 : Roethlisberger, F. J., 1941=1968）。

（3）組織革新思想（Theories of Organizational Innovation as Cooperative System）

近代社会の形成と発展の起動力となったのは、近代合理主義精神を企業活動として具現化した、企業組織である。企業組織はたんなる人間の集合体ではなく、「協働体系」（Cooperative System）にもとづく近代的な合理的組織として定式化したのが米国の経営者である、C・I・バーナードであり、さらに、この組織思想を「意思決定」（Decision-Making）の体系として発展させたのが米国の経営学者のH・A・サイモンである。この二人の近代的組織理論は総称して、バーナード＝サイモン理論といわれている。バーナードは近代組織をシステム的観点から捉え、組織を「二人、または、それ以上の人々の意識的に調整された諸活動、または、諸力のシステム」であると定義している。その上で、①共通目的（Common Purpose）―個人目的としての協働性、②貢献意欲（Willingness to Serve）―共通目的を達成するための組織成員の自発的な意思、③コミュニケーション（Communications）―共通目的と貢献意欲との間の媒介的役割を果たすもので、個人の分担を明確にするための相互意思伝達活動が有機的に連関することによって組織発展が推進されるものという、組織と構成する三つの要素を指摘している（Bernard, C. I., 1938）。また、バーナードは組織を閉鎖的な体系（Closed System）としてではなく、開放的な体系（Open system）として捉え、外部環境との相互作用によって組織が活性化する（外部環境への対応と外部環境の変化への対応）と考えていた。さらに、組織を動かすのはたんなる上意下達的な強制的な命令ではなく、人間の意思決定であるという考え方は近代組織論に行動科学的視点を導入したという点で高く評価をされている。

　こうしたバーナードの組織革新思想を継承し、近代的組織論を確立したのがH・A・サイモンである。サイモンは組織における合理的側面をより明確化し（論理実証主義の視点）、組織成員の意思決定に組織が与える影響力を「行動科学的意思決定論」の立場から明確にした。（Simon, H. A., 1945）、また、サイモンはバーナードにおける組織の概念を「協働体系」から、「意思決定の複合的体系」（ネットワーク）へと質的な転換を図ることによって、組織成員と組織との有機的な連関をより有効なものにしていくための課題解決の方法として、組織的影響力プロセスや適応的動機行動モデルにもとづいて合理的な組織のあり方を追究した（サイモン 1958）。このように、近代社会の合理的組織である企業組織のあり方を行動科学的視点から追究し、組織と人間との合理的、かつ、有機的な関係を理論的に明確にしたという点ではバーナードやサイモンの組織理論は革新的な役割を果たしているといえるだろう。しかし、組織成員としての人間の活動には、合理的存在としての意味と非合理的な存在としての意味という両義性をもった関係性がみられることである。このような課題をどのように解決していくかという点についての検討は依然として残されている（Bernard, C. I., 1938=1968 : Simon, H. A., 1947=1965 : March, J. G.,=Simon, .A., 1958=1977）。

（4）イノベーション思想（Theories of Innovation Ideas）

この「イノベーション」（革新）は元来、産業革命以降の産業技術上の革新を基盤としている考え方で、生産技術・製品技術・情報技術の進歩という意味で使用されている。こうした技術というハードな要素としての意味を経済発展の変動要因の視点から捉え直し、イノベーションに社会経済的な意味（ソフトな要素との統合的な形）を付与したのがオーストリア生まれの米国の経済学者のＪ・Ａ・シュンペーターである。彼は資本主義の動態分析にこのイノベーション概念を適用し、企業の絶えざるイノベーション機能（革新機能）の衰退が資本主義の衰退を招くという考え方を提示した。具体的には、新製品の開発、新生産方法の導入、販路の開拓、原料・半製品の供給源の獲得、新しい組織の創造等を通じて、企業がその経済活動に新しい局面をつくり出していくことを「イノベーション」（Innovation＝革新）と捉えたのである。つまり、イノベーションは企業における新しいアイデアを事業化することによって企業に新しい利益の源泉を創出することを意味している。こうしたイノベーションの遂行は企業者の役割であり、そのことが組織（企業）のイノベーションに発展していくと彼は考えた。このように、イノベーションは産業技術にかかわる革新という狭い意味から、社会経済的なイノベーションという新しい意味をシュンペーターが付与することにより、彼は資本主義の継続的な発展の方向性を示したのである。この結果、イノベーション思想は社会経済思想としての意味を内在しながら、産業社会をより発展させていくための企業活動の原動力となったといえるだろう（Schumpeter, J. A., 1912=1977：占部 1989：50-51：森岡編 1996：247）。

5　近代産業社会の思想原理（その３）

――後期産業主義思想の生成と展開（二〇世紀半ば～二〇世紀後半）

第二次産業を中心としたモノの生産を基盤とした産業社会の進展が一段落し、モノの付加価値（情報的価値やサービス的価値）を重視する、高度産業社会の出現に伴い、「インダストリアリズム論」「高度大衆消費社会論」「脱工業化社会論」といった一連の新しい産業化理論が登場してきた。こうした産業社会の高度化に伴う、新しい産業化理論には産業社会における社会発展の基軸が、①経済の量的成長から経済の質的成長への構造的な転換を遂げ、さらに、②生産中心の産業構造から、消費中心の産業構造への構造変革を伴っていること、その上で、③知識や情報といった付加価値重視型の社会構造への転換、といった共通の特徴がみられる。例えば、A・トフラーの「第三の波」（The Third Wave）論では、高度産業社会の方向性が情報化の進展を基盤とした、高度情報社会へと突入し、そのことによってわれわれの企業活動、社会生活が大きく変革することが指摘されている。こうした産業社会から、高度産業社会への転換期における産業主義思想の潮流をここでは、「後期産業主義思想」と呼んでいる。初期・中期産業主義思想が技術革新による産業社会の形成段階であるとすれば、後期産業社会は産業社会における技術変革の高度化・多様化に伴う、社会システムの情報化の発展段階としての〈情報化社会〉として位置づけることができるだろう。

（1）「インダストリアリズム論」（Theories of Industrialism）

産業社会が発展し、一定の産業構造上の特性をもつような社会システムとしての思想的な構成原理のことを「インダストリアリズム」(Industrialism) と呼んでいる。このような原理が登場してきた背景要因としては、「経済成長がすすんでいった場合、豊かな社会において人びとが欲することに大きなちがいがあると思われないから、両者は次第に同質化してくるであろう」という立場の「収斂説」(Convergence Theory)、並びに、「イデオロギーの機能は今後しだいに消滅してくるであろう」という思想原理としての「イデオロギーの終焉説」(The End of Ideology) があげられる (富永 1973：119)。

このような考え方の根底にあるのは、初期産業主義思想に内在されている、社会発展思想の普遍化としての意味、すなわち、社会発展が経済力によって推進されていくだろうという産業社会の未来に対するすぐれて楽観的な思想である。産業社会の普遍的な発展を提唱した、C・カーらの「インダストリアリズム論」は産業社会の発展段階における理念的指標というべきものであるが、その特性としては、①科学・技術がたえざる進歩を遂げていくこと、②それにみあった労働力の訓練と再訓練が必要とされ、また、教育水準も高度になっていること、③組織が巨大化し、機能の専門化も進み、そのもとで熟練・責任・作業条件などの垂直的分化が進んで、それにともない権限・報酬・待遇の格差が明確化すること、④労働者と経営者の役割は対等な形ではっきりと分かれ、他方国家の役割も増大し、労使関係は経営者、労働組合、国家の三者によって規定され、制度化されること、⑤以上のような状況に適合的な価値観が一般化し、「近代的」「現代的」「進歩的」であること、または、それにむかうことに価値がおかれること、⑥人口は少死少産型になること、⑦都市が経済的にも文化的にも完全に支配的になり、また、伝統的な身分差別、人種、性、門地などによらない流動的な開かれた社会が実現され、さらに、国境を越えた世界的に共通な経済的・文化的特性が形成されることになること、などが指摘されている（Kerr C., et al., 1960=1962：第2章）。さらに、産業社会がこうした「インダストリアリズム論」に収斂される過程は多元的で、①産業化に必要な労働力の調達、②労働者の抗議、抵抗、③産業化エリートとその戦略、④経営者や国家の政策、⑤産業化過程における文化間の衝突、などの「インダストリアリズム」に共通の課題への対応によって変化してくるものとされている（多元的インダストリアリズム論）（Kerr C., et al., 1960=1962：安藤 1992：143-144）。このように、「インダストリアリズム論」が産業社会の社会発展論的側面を重視し、超体制的なイデオロギー的特質を内包していることに対して、「産業化のもとでの労働者における疎外を軽視した論理構成を行なったり、先進国による後進国支配を合理化したりする危険性も含まれている」といった指摘にみられるような、「インダストリアリズム論」の否定的側面があることにも注視しておく必要があるだろう（石川 1990：101）。また、「インダストリアリズム論」は産業化の高度に発展した段階を基軸とした社会発展論に根ざしている以上、産業社会の発展に対する楽観的な見方は否めないが、他方では、産業社会を資本主義社会としての側面からみると、生産手段の私的所有に伴う、資本家への財と権力の集中がもたらすさまざまな問題（富裕者階級と貧困者階級の格差の拡大化、社会的不平等の増大化など）を本質的に内包していることもわれわれは産業社会の本質的な課題として受け止めておかなければならないだろう。

（2）脱工業化社会論（Theories of Post-Industrial Society）

脱工業化社会論（もしくは、脱産業社会論）は高度産業社会論の派生的な理論の一つであり、D・ベル、C・カー、J・K・ガルブレイス、A・トレーヌらが工業社会後の社会の将来像として論じたものである。とりわけ、D・ベルは工業社会後の新しいマクロな社会モデルとしての〈脱工業化社会〉（Post-Industrial Society）を一九六二年にはじめて提起し、その後、一九七三年の著作、『脱工業化社会の到来』（The Coming of Post-Industrial Society）の中で具体的にその構想を提示した。「脱工業化社会」とは、「モノの生産による工業社会が成熟化し、情報やサービス活動への社会の依存度が高くなり、付加価値が重視される社会（例—情報化社会、技術社会、サービス経済化社会など）のこと」を意味しているが、具体的には、「理論的知識が社会の『基軸原則』（Axial Principle—『知識社会』（Knowledge Society））を形成し、経済構造がモノの生産志向型の経済システムから、サービス志向型の経済システムへと移行するような特徴をもった社会のこと」である。脱工業化社会は次のような五つの部門、すなわち、①経済部門―財貨生産経済からサービス経済への変遷（サービス経済化）、②職業分布―専門職・技術階層の優位（知識階級の優位）、③基軸原理―技術革新と政策策定の根幹としての理論的知識の優位性、④将来の方向づけ―技術管理と技術評価・理論に裏づけられた技術予測を重視（技術管理と技術評価の優位性）、⑤意思決定―新しい「知的技術」の創造（計算用言語の使用による知的技術の創造）、から構成される（Bell, D., 1973=1976）。

このように、脱工業化社会論は工業社会（産業社会）の高度化・成熟化に伴い、人間の関心がモノから、付加価値へと移り、「社会的に大量の情報が流通し、情報を加工・消費する社会機構が発達し、……情報と知識の交換が戦略的媒体となるような社会の到来のこと」であり、政治・経済・社会のあらゆる分野で、技術的知識を駆使する、新しい知識階級としてのテクノクラート（技術官僚）が社会の中で支配的位置を獲得するような社会像を描いている（長谷川 1993：59）。しかし、こうした新しい社会変化が必ずしも豊かな社会像を呈示しているとは限らない。政治におけるテクノクラート化が中央集権化を増大化し、人々の脱イデオロギー化や価値の多元化は政治的アパシー（政治的無関心）を生み出し、さらに、コンピュータをはじめとした情報化の促進がモノの生産や労働の軽視といったような、新たな問題を内包していることに留意しなければならない。

（3）大衆消費社会論（Theories of Mass Consumption Society）

大衆消費社会論とは、産業社会の進展に伴い、「大量生産―大量消費型」産業社会システムが出現し、その社会は大衆消費によって支えられているとするもので、産業社会の経済的に豊かな側面の特質を表している考え方である。いわば、人間の消費行動が産業社会の発展を形成していくというもので、今日の消費社会論の先駆け的な思想であるともいえるだろう。こうした考え方は米国の経済学者、W・W・ロストウが『経済成長の諸段階』（The Stages of Economic Growth）（一九六〇年）の中で提示した「消費社会論」（Theories of Consumption Society）が典型的なものである。これは経済成長による社会発展の最終段階としての「高度大衆消費社会の時代の到来」を予測したものである。この考え方の背景には、工業化の進展に伴い、「大量生産―大量消費型」の産業社会メカニズムが大衆消費によって支えられる社会が到来するということがあげられる。ロストウは右記の著作の中で、経済成長を基軸とした、工業化による社会発展は次のような五つの段階で展開するとしている。すなわち、産業革命以前の第一次産業中心の前近代社会としての「伝統社会」（農耕型社会）を第一段階とした上で、近代化の過程の中で形成される、伝統社会から離陸するための経済的・非経済的な先行条件（①経済的条件としては、生産性を向上させるための科学技術の発達等、②非経済的条件としては、近代国家を形成させるための中央集権国家の形成と新しいエリートの出現等）を充たす「離陸のための先行条件期」（第二段階）、技術革新による産業化の急速な発展に伴う「離陸期」（第三段階―一八世紀後半～一九世紀後半）が到来してくる。ただし、この離陸期に到達するには、①生産投資が国民所得の五％以下から一〇％以上へと急上昇すること、②一つ以上の製造部門が高い成長率で発展すること、③経済成長を促進するような近代的な政治・社会制度の基盤形成がされていること、などの条件が前提となる。第四段階は、「成熟への前進期」（二〇世紀前半～半ば）と呼ばれているもので、広範な近代的技術を大量の資源に有効に活用し終えた時期で、国民所得の一〇～二〇％が投資に振り分けられ、生産の産出額が人口の増加を上回るものである。この時期の特徴は、①労働力の専門化、②専門的経営者層の登場、③大衆が工業化に対して飽和感をもちはじめること、があげられる。二〇世紀の産業社会の成熟期に入ると、①一人あたり実質所得が上昇し、基礎的衣食住を越えた消費が可能になり、②労働力構造が変化し、都市人口、事務的労働者、熟練労働者が増大化し、③経済成長主義から、社会福祉・社会保障への関心が高まってくる、という新しい成熟化の時代、すなわち、「高度大衆消費時代」（the Age of High Mass Consumption ―二〇世紀半ば～二〇世紀後半）を迎えることになる（Rostow, W. W., 1960=1974：十時 1992：21-30）。このようにして、経済成長を基軸とした社会発展は「大量生産―大量消費」型の産業社会形成による大衆（Mass）の消費行動の普及・拡大化に伴い、あらゆる財とサービスが大衆の消費の対象となる「大衆消費社会」（Mass Consumption Society）が出現することになる。しかしながら、こうした消費社会の出現は人間の限りない欲望の創出と物質至上主義的な社会風潮を形成し、大衆消費社会が実は、資源の無駄な使用をもたらす「大量廃棄社会」（Mass Waste Society）の到来を皮肉にも創出する契機をつくることになる。(8)

（4）「第三の波」論（Theory of The Third Wave）

米国の未来学者であり、文明評論家でもあった、A・トフラーは後期産業主義思想の中でも情報社会の急速な進展がドラスティックな社会システムの変革（「情報革命」）をもたらすことを指摘した点で、他の後期産業主義思想家とも一線を画しているといえるだろう。彼はその著作、『第三の波』（The Third Wave, 1980）のなかで、農業革命による農耕社会の成立を「第一の波」（The First Wave）、産業革命による産業社会の成立を「第二の波」（The Second Wave）、情報革命による情報社会の成立を「第三の波」（The Third Wave）とそれぞれ呼び、もはや産業文明は終わり、情報システムを基盤とした情報社会という新しい産業社会の流れ（「第三の波」）が台頭していることを予測した。「第一の波」は紀元前八〇〇〇年頃に起こり、一六五〇年～一七五〇年頃まで存続した。この時代は遊牧民が定着し、農耕を営むことによって、「農業革命」による農耕社会という新しい社会形態を生み出し、産業革命に至るまでの人間社会の基本的な社会的スタイルを形成した。一八世紀後半からはじまった英国の産業革命はヨーロッパ各国に波及し、その後、米国、日本にも産業革命の影響をもたらし、産業社会を形成してきたが、この時代の中心的産業は、「規格化」「専門化」「同一化」「最大化」「集中化」を産業化原理とする産業群、すなわち、石炭・繊維・鉄鋼・自動車・ゴム・工作機械などの第二次産業であった。しかし、一九五〇年代半ばから、こうした労働集約型の第二次産業が後退し、知識集約型・技術集約型の新しい産業群としての石油科学産業、航空宇宙産業、コンピュータ産業、通信産業などが登場してきた。この結果、大量、多様な情報を基盤とした情報化の流れが促進され、情報化を基軸とした高度産業社会としての情報社会の到来が予測され、われわれの社会生活を大きく変革させるような変化の波（「第三の波」）をもたらすとトフラーは予測した。こうした歴史的変化としての「第三の波」は、「過去の産業社会の延長線上にあるのではなく、従来の発展とはまったく異なるものであり、時には激しくそれを否定する。つまり、三〇〇年前の産業革命にも匹敵する、まさに現代の革命ともいうべき完全な変革にほかならない」（トフラー 1980=1980：500）と指摘した上で、トフラーは情報革命による社会変化の具体的な姿を産業社会と質的に異なる「ハイテク社会」（『読売新聞』一九九七年一一月一九日）と捉える。具体的には、「①製品の規格化に対する製品の特注化、②マクロ市場に対するミクロ市場、③大企業に対する小企業、④テレビ・ゲーム、ビデオ・カセットの普及などによるメディアの多様化」という市場社会の変化に加え、われわれの社会生活も「多様、かつ、再生可能なエネルギーを基盤とした生活様式の出現、新しい非核家族の誕生、エレクトロニクス住宅と呼ばれる新しい生活スタイル」などが中核的な存在となりうると予測している。さらに、こうした情報革命を支える政府の基本原理として、①少数派の尊重、②半直接民主主義、③決定権の分散、という市民参加型の多様な民主主義が形成されると指摘している（Toffler, A., 1980：安藤他 1992：146-148）。

こうしたトフラーの「第三の波」論は基本的には、他の高度産業社会論者にみられるように、産業化による社会発展に対する楽観的な見方であるという批判は免れえないし、情報革命による社会変革のメリットを強調しすぎる点がみられる。しかし、情報社会の進展が個人・家族・地域社会・企業・全体社会にもたらすと考えられるさまざまな問題、例えば、国家や企業による個人・家族・地域社会に対する情報監視問題（プライバシーの保護と情報公開との関係性）、情報流通の無制限な拡大による、情報犯罪問題（情報ネットワークシステムの公平で適正な管理）、情報技術革新と企業の雇用システムへの影響の問題（事務作業の合理化による「人員の適正化」問題）、などにみられるように、情報技術の高度化が社会の支配的な管理装置として機能していくことによって生じる「情報管理社会化」（「プログラム化社会」―A・トレーヌ）の問題点や情報社会システムが現実に、われわれの社会生活にどのような影響を及ぼすのか、についてわれわれ自身が十分に検証していく必要があるということをトフラーの「第三の波」論は提起しているといえるだろう（Lyon, D., 1988=1990：263-268：Touraine, A., 1980=1982：

98-99：北川編 1992：294-295）。

6 新しい産業主義思想への視点と方向性――転換期の現代産業社会

一八世紀後半の英国の産業革命以降、人間は自然環境との共生ではなく、むしろ、自然環境の破壊による経済発展を軸とした、人間の自己利益のための効率的な社会システムを基盤とした近代産業社会をつくり出してきた。その結果、われわれは機能的合理性に支えられた、経済的に豊かな文明社会を享受してきた。その推進力となったのが、近代合理主義精神と技術革新を有機的に連関させた、社会発展思想としての産業主義思想であった。このような産業主義思想の論理は、①他の生物に対する人間の特権性、②生物・物理的環境からの自立性、③技術進歩や社会進歩の持続性を信奉する「人間特例主義パラダイム」（Human Exemptionalism Paradigm）、の三点に集約される（Humphrey, C. R., 1986=1991：13-14：長谷川 1993：67）。しかしながら、人間の飽くなき物質主義的な欲望の追求は科学技術の一層の発展とより豊かな生活を創造してきた反面、経済成長を基盤とした、人間社会の「成長の限界」（The Limits to Growth-D. H. Meadows）という深刻な事態をわれわれに認識させ、自然環境と人間社会をめぐるさまざまな問題の発生、つまり、地球資源の有限性の問題、環境破壊による多種多様な環境問題の発生、環境汚染による生命の危機の問題など文明の環境負荷ともいうべき課題の早急な解決をわれわれに提起しているのである。こうした現代文明の危機的状況に対応していくためには、われわれ自身が自然環境との共生をめざした、生態系の均衡の維持に立脚した視点、すなわち、①人間は地球の生態系の中でお互いに依存しあって生存している多くの生物種の一つにすぎない、②人間世界の活動は、社会的、文化的要因だけから影響されるのではなく、自然という入り組んだシステムのなかで、原因と結果、そしてフィードバックの複雑な連鎖によって影響される。それゆえ、ある目的をもった人間行為がしばしば意図しない結果を産むこともある、③人間はその活動に明確な物理的、生物的制約を課す有限な生物・物理的環境のもとで生活し、それに依存している、④人間がどれほど多くの発明をし、あるいは、その力で人間がほんの少しの間、環境のもつ制約を超越できたようにみえても、生物学的法則を無効にすることはできない、ことを現代産業社会の主導原理として真摯に受け止めてある（Humphrey, C. R., 1986=1991：14）。

生態系の持続可能性と経済成長の共存を可能とするような社会の実現を現代社会の最優先の政策課題としなければならない時代状況は企業活動においても企業の社会的存在としての意義や企業の社会的役割の再認識と企業の社会的行動の実践を要請するものであり、さらに、環境社会という新たな社会的な展望と共生する産業社会の新しい方向性を打ち出していかなければ、われわれ、人間自身ばかりでなく、地球そのものを存続させていくことが不可能であるということを示唆しているといってよいだろう。換言すれば、われわれは産業社会の生成と発展に大きな貢献をしてきた、経済発展志向型の産業主義思想（「生産のための思想」）と産業社会の病理としての環境負荷の解決を意図する、環境保全志向型の環境主義思想（保全のための思想）との有機的な結合を図る方策を明確化した上で、自然環境と人間の活動（社会・産業・生活のあらゆる領域における活動）が生態系の均衡上、共生可能な社会、すなわち、〈生産―消費―廃棄―再資源化〉という、資源の循環・代謝化のための〈資源循環型社会〉（Metabolic Society）等を基盤とした〈持続可能な環境社会（Sustainable Environmental Society）〉を実現すべく、「緑の産業主義」ともいうべき新しい産業主義思想を構築していかなければならないだろう。(9)

注

（1）この産業主義思想は、後述（5　近代産業社会の思想原理（その3）―後期産業主義思想の生成と展開（二〇世紀半ば～二〇世紀後半）の〈インダストリアリズム〉としての意味ではなく、ここでは産業社会を形成していくイデオロギー的な推進力としての意味で使用している。

（2）新（1995：153-155）は、近代化の一般的な主要因として、①分業と機械化による生産様式の合理化としての〈産業化〉（industrialization）、②結節機関の充実としての〈組織化〉（achievementalism）、③多元的な共存のルールとしての〈都市化〉（urbanism）、④良い労働力の養成としての〈個人化〉（individualism)、という四つの社会変動要素を紹介しているが、近代化の過程を社会―文化システム的次元、すなわち、近代化の外面的な社会変動要素のみならず、内面的な社会変動要素から接近しようとするもので興味深い視点である。

（３）富永の近代化の捉え方を近代化と産業化を同等のものとしてみ、その結果、近代産業社会が成立していると新氏は理解している。

（４）産業革命後の労働者や労働状況、一般民衆の生活状況については、Engels（1845=1990）や角山他（1992）などを参照のこと。

（５）マルクス主義では、社会・歴史の発展は階級の対立・闘争によって成立し、原始共産制―奴隷制―封建制―資本主義社会―社会主義社会（共産主義社会）の五つの発展段階を辿っているとしている。

（６）井原の指摘によれば、分業には次のような五つの意味、すなわち、第一に、分業は生産の形態や規模を変えた（大量生産体制への移行）、第二に、分業は消費者を生み出した（不特定多数の消費者の誕生）、第三に、分業は人間の社会関係を変えた（人間関係の物象化）、第四に、分業は社会そのものを変えた（市場の形成、自由競争）、第五に、分業は「商業社会」を「産業社会」に変えた（市場経済のメリット）、があるとしている（井原 1999：65-66）。

（７）「能率」の概念をはじめて機械に適用したのは、英国の発明家のＪ・ワットで、自分の発明した蒸気機関を売り込む際に、機械の性能をその一時間当たりの仕事能力を達成しうる馬の数で表したといわれている（武笠 1990：293-295）。

（８）消費社会の病理・弊害についての文明論的批判としては、『消費社会の神話と構造』（ボードリヤール・

1995）を参照のこと。

（9）　植田は良好な環境形成に向けて学問が果たした役割に疑問を投げかけながら、これまでの学問は生産や経営の効率を向上させる技術のための「生産のための学問」であったとした上で、環境問題がこれだけ大きな社会的影響をもたらしている現状からすると、これからは「環境保全のための学問」の必要性を改めて強調している（植田 1999：200-202）。

第2章　経営理念の変遷と「企業の社会性」の基盤

二〇世紀における近代企業は「大量生産—大量消費」型の産業社会システムの浸透により、不正な取引、労働者の搾取、自然環境の破壊等よる不正な貯財行為といった事象に示されているように、経済権力的に巨大化し、社会的影響力をもつに至った。他方、企業の巨大化は一九世紀後半の「泥棒成金」(robber barons) と呼ばれる新興資本家の誕生によって、市場の独占化は促進され、さまざまな反社会的行動を生み出してきた (Mitchell, 1989=2003：1：2)。こうした企業の違法な企業行動を抑止するべく、米国では、反トラスト法を中心として企業に対する規制政策の断行により、巨大企業に対する社会的批判に応えようとしたのであった。こうした状況の中で、社会的存在としての企業のあり方を問う、「企業の社会的責任」(Corporate Social Responsibility—CSR) という「企業の社会性」を企業経営理念や企業行動に導入すべきであるとの議論が活発化したのであった。その意味で、CSRは企業の私的利益の極大化という自己利益優先型の志向性を転換させる大きな契機となったといえるだろう。本章では、企業における経営理念の変遷と「社会性」の観点から企業の社会的責任論登場の背景を考察し、それが企業の社会的責任論、ないし、CSR論へとどのようにリンクしていったのかを検討していくことにしている。

1 日本における経営理念の変遷——歴史的な変化と進化

(1) 日本における経営理念の変遷の分類

わが国における経営理念の変遷の分類の方法については多くの見解があるが、ここでは土屋の『日本経営理念史』(麗沢大学出版会、二〇〇二年)に依拠し、その他の研究者の成果を付加した形で考察していくことにする。

まず土屋は、経営理念の始まりを江戸時代に見出している。

周知のごとく、現代の哲学は、その萌芽を遠くギリシャに見られるといわれるのであるが、井原西鶴や石田梅岩等の人々の論述している経営理念のなかには、見方によっては、「経営者の社会的責任」や「消費者主権」の理念など、今日新経営理念と称されるものの萌芽もあると言えるようである。というのは、そのなかには、如何にすれば、より多くの利潤とより多くの資本増殖が得られるか、の営利と致富の方法論以上のものも論じられているからである。その「営利と致富の方法論以上のもの」とは何かと言えば、今日の言葉で表現すれば、商業経営は如何なる社会的職能ないし役割を果たすものか、如何に経営すれば社会の福祉増進に役立ち得るか、如何なる経営理念が正しいか、何を究極目的として商業経営が為されるべきか、などが端緒的な形で考察されていることを意味するのである（土屋 2002：27）。

日本において、いつ頃から、企業の原形となる経営活動が活発に行なわれるようになったかについては、さまざまな立場があるだろうが、われわれもその起源を江戸時代であると考えている。この二六〇余年の間に形成された価値体系——人間の活動の基準や規範となる価値観のパターン——は、この時代の商工業者の精神・態度や経営の慣習・慣行を著しく特徴づけたばかりでなく、明治以降に創造された近代的企業経営の文化的源流ともいえる。さらに、江戸時代においては、商業が非常に発展したという歴史的事実も、著者（土屋）が江戸時代に焦点をあてる所以である。

また、土屋は明治・大正・昭和前期の約八〇年については大きな変化はみられないが、終戦前と後では大きな変化があると主張する。

その大きな変化とは、終戦後、経営者中のエリートが、「社会的責任の自覚と実践」を自ら呼びかけ、それが通念となるに至ったことである。「社会的責任の自覚と実践」とは、言い換えれば、経営者たるものは、社会に対して道義的責任のあることを自覚し、実践しなければならない、との反省であり、信念である。

「明治・大正・昭和前期にも、儒教なりキリスト教なりの道徳・倫理をバックボーンとする経営理念を高唱し、実行した経営者は少ないが、存在していた。しかし、そのような経営理念は広く普及し、通念となるには至らなかった。それに反し、終戦後には、こうした信念が普及して通念となるに至った。そしてそのような理念を持たない経営者は、前向きの経営者でないとまで考えられるに至った。私は、このことを終戦後の社会の精神面の大きな特徴の一つとして重視しなければならないと考える。言い換えれば、終戦はわが国の経営理念史においても、維新と並んで最大の転機と見るべきである。したがって、わが国の経営理念史に関して、大きく時代区分する場合には、江戸時代、明治・大正・昭和前期、終戦後の三時代とするのが妥当と思われる」（土屋 2002：34-35）。

さて、土屋は以上のように、わが国の経営理念の歴史的変遷を「変化」という観点から、「江戸時代」「明治・大正・昭和前期」「第二次世界大戦後」の三つに分類しているが、われわれもこの分類をベースとして、考察していくことにする。

（2）江戸時代の経営理念

① 井原西鶴の経営理念

井原西鶴は『日本永代蔵』の中で、「公家や武家にとっては、家柄、血統、系図が立派であることが何よりの名誉と考えられたが、町人にとってはそのようなものを名誉と考えたり、誇りに思ったりする必要はない、町人にとってはただ金銀の富だけが名誉にもなり、誇りにもなるものだ」という旨のことを説いている[(1)]。これは武士階級に対する一つのレジスタンスのあらわれでもある。あるいは、町人が武士階級に対し人間としての対等性の自覚を宣言したものだ、といってもよいだろう（土屋2002：89）。

また、西鶴の説く経営理念には、「世間」が非常に重要視されている。町人が商売をして生活していくことは、自分一人の力でやれる営みではない。それは「世間」の存在を前提としてはじめて成り立つものである。「世間」のおかげで生活が成り立つのだから「世間」を離れて町人は存在できない。そんな町人の生き方を西鶴は、同じ『日本永代蔵』の中で「この世にある願いは、人の命を除けば、金銀の力でかなわぬものはない。だから、夢のような願いは捨てて、近道にそれぞれの家業に励むのがよい。人の幸せは堅実な生活ぶりにある。常に油断してはならない。ことに『世間』の道徳を第一として神仏をまつるべきである。これが我が国の風俗というものである」と説いている。つまり、西鶴は自分と家業との関係において、家業に励み、諸事倹約を守ることの必要性を説く一方で、家業と「世間」との関係において、「世間」の道徳に従うことの必要性を説いているといえる。商売が一時的なその場限りのものではなく、永続的な家業であるところでは、何にもまして、信用が重んじられなければならなかった。したがって、信用を旨とする町人にとって、「世間のもの笑いになる」ことは最高の罰であり、そうならないことが町人の社会的規範の準拠枠であったのである（合力 2004：127-128）。

② 石田梅岩の経営理念

江戸時代前期、「商人と屛風は直には立たず」といわれ、商人は不正直な道徳的に劣った人間とみなされていた。こうした商人を道徳的に高め、商人の精神的な支えとなったのが石田梅岩を祖とする「心学」である。石田梅岩は『都鄙問答』の中で、「商人に商人の道あることを教ゆるなり」と言及している。商人のあり方、商家の経営理念について教えたのである。そして、「売利を得るは商人の道なり」として、利潤の正当性を主張した。

しかし、梅岩が求めたのは、商人が人間として生きる道であった。したがって、「士農工商とも天の一物なり。天に二つの道有らんや」という。そして、その道は「学問の力」によってのみ体得できると信じ、神・儒・仏をはじめ、諸子百家・老荘にいたるまで、あらゆる教えの中に、その道を求めていった。そして、このような哲学的自覚に基づいて、武士を「位あるの臣」、農民を「草の臣」、商工を「市井の臣」と唱え、商人の利を武士の禄になぞらえた。そこには、武士も町人も職分の上では対等であるという主張があり、これは近世社会経済思想上、特筆すべき業績である。しかし、現実には、道義に反する商人が多いから賤められるのであると忠告し、商人たちに社会的責任を自覚した経営理念の確立、商人の主体性の自覚を求めたのである。

商業は「天下の財宝を通用して、万民の心をやすむる」ものであり、商人は「福を得て万民の心を安ずる」ものであるからこそ、「市井の臣」といえるのであり、商人はそれを自負すべきである。だから、商人は商業の公共性を重んじ、「銘々は世を互にし、救い助る役人なり」と自覚しなければならない（竹中・宮本監修 1979：71）。

さて、江戸時代には、この他にも鈴木正三や西川如見、上河宗義などの思想家が経営理念についてのそれぞれの考えを説き、多くの商家の経営に影響を及ぼした。この時代の経営理念に共通しているのは、「売り手よし、買い手よし、世間よし」という近江商人の「三方の利」に代表されるように、「私的利益は公的利益の増大によってもたらされるものである」という点である。そこには、経営活動は自分のためにあるのではなく、社会のためにあるという社会優先の思想が貫かれている。

（3） 明治・大正・昭和前期の経営理念

① 明治初期から中期にかけての経営理念

明治維新後の企業の経営理念は江戸時代の武士のモラル、商人のモラルを引き継いでいる。渋沢栄一は、「渋沢家家憲」の中で、「常に愛国忠君の意を厚うして、公に奉ずることを疎外にすべからず」と説き、愛国的儒教モラルをビジネスに持ち込み、私利と国益は一致するという「道徳経済合一説」を唱えた。渋沢は、「商業に従事する人は、宜しく此の意義（論語の意義）を誤解せず、公益となるべき私利を営んでもらいたい。これやがて一身一家の繁栄を来すのみならず、同時に国家を富裕にし、社会を平和ならしむるに至る所以であろう」と述べ、儒教倫理観を国家レベルにまで広げ、商工業者が儒教倫理に基づいて経済活動を行なうことが国益につながるであろうと主張した。武士が経済活動を始めるにあたっては、「国家のために」という意識が強く、国策としての「富国強兵」「殖産興業」に沿った経営理念を掲げていた（合力 2004：238）。

また、岩崎弥太郎も「岩崎家家憲」の中で、「国家的観念をもって総ての事業に当れ」「奉国至誠の赤心は寸時も忘るべからず」（邑井 1983：32）と説いているところからも理解されるように、明治初期の企業は、強力な政府の指導と援助の下で、「私利」の追求を超えた「国益」の実現という理念をもって始められることになった。

この時期の経営理念と江戸時代のそれとでは、「私利を超えて社会のために」という意味では共通しているが、「社会」の中身においては、江戸期が「世間・顧客」であるのに対して、明治期では「国家」に変化している。このことは、わが国の近代以後の経営理念の歴史を考察する場合、きわめて重要なことといえよう。この時期の企業はまず、国益実現のための機関であり、その経営者は国益実現の担い手として位置づけられたのである。

このような明治期の企業の経営者を中心に、企業経営を通じて国家の富強という目標の達成という国策に貢献しようとする考え方、すなわち、「国事」経営意識・精神が「経営ナショナリズム」の理念であり、「国益志向型」とか「産業報国型」の経営理念といわれるものである（浅野 1991：126–127）。

しかし、明治初期の対外的危機感が薄れ、日清戦争の戦中・戦後にかけて各国と次々に新条約を締結し、国内産業の保護が可能となるに止まらず、産業自立の課題が順次達成されるようになると、経営ナショナリズムの理念は相対的にそれまでと比べると影響を減退させていくようになる。そして、明治二〇・三〇年代を通じて近代企業がある程度成功し、産業的基礎を確立し始め、企業活動が新しい社会的勢力となるにつれて、その成功的経験や自信に支えられた経営理念が経営者の間にさまざまに生まれてくるようになるのである（浅野 1991：127–128）。

② 明治末期から大正期の経営理念

日清・日露戦争を経て、日本資本主義が飛躍的に発展した明治末期から大正期にかけて、企業は安定期に入り「社是」や「社訓」を制定するようになった。こうした「社是」・「社訓」には、ナショナリズム的色彩に加え、江戸時代の家訓と同じく、経営者と従業員の関係を親子関係になぞらえ、「家」としての企業を重んじる「経営家族主義」[2]が色濃く打ち出された。この時期に「経営家族主義」が意識されるようになったのは、当時の「離職率の高さ」を考慮してのことである。第一次世界大戦期に急激な発展を遂げた重化学工業では、深刻な人手不足と熟練技能者の離職に悩まされていた。こうした環境のもとで、「経営家族主義」イデオロギーによる企業への従業員の意識統合が図られたのである。

この時代には、財閥のみならず、多くの新興企業が、「国家のために」を念頭に経営を行なっていたわけであるが、その中で、例外的に「地域社会への貢献」を経営理念とした企業があった。一八九六（明治二九）年に波多野鶴吉が創立した郡是製糸株式会社（現グンゼ）である。郡是はその名の通り「国」ならぬ「郡」のためにつくられた企業であり、京都府何鹿郡の養蚕業を発展させ、地域活性化を図ることがその目的であった。会社の創業にあたっての「目論見書」には、「会社の性質は株式会社なるが故に固より株主の利益を重んずべきことは当然のことなるも設立の趣旨は専ら蚕業奨励の機関たるにあるを以て特に此の精神により経営すること」とあり、地域社会の利益が国はもとより株主の利益にも優先すると明確に述べられている。

また、倉敷紡績、倉敷人絹、倉敷銀行を経営した大原孫三郎もキリスト教的ヒューマニズムを経営にとり入れたことで知られる。彼は労働運動に対して、表面的・その場しのぎ的な温情主義や家族主義で対処するのではなく、労働者を「人格」として尊重する「向上的人道主義」や「人格主義」をとった。また、大原社会問題研究所、大原労働科学研究所を創立し、労働運動の原因を科学的に分析し、合理的な解決を図ることにも力を注いだ（合力 2004：238-240）。

③　準戦時期から終戦までの経営理念

明治初期の工業化のスタート以来、企業の発展と国益とを同一視する理念のもとで、ほとんど私的利益と国家的利益との矛盾相克に悩むことなく、企業経営に専念してきた日本の企業はこの時期に入って初めて、左右両翼からの激しい攻撃に直面し、経営理念の根本的な再検討を迫られることになった。企業は金融恐慌後の産業合理化運動の嵐の中で各企業において多くの解雇・失業者を生み出すことによって、イデオロギーの物的基盤である終身雇用の動揺を招き、経営家族主義の理念は大きな打撃を受けることになる。ここで弱体化された経営家族主義の理念は、「経済新体制」の秩序に組み込まれて変容し、国家主義的、ファシズム的、「新体制」的経営理念に転換していく（浅野 1991：130-131）。

この時期には、経営家族主義イデオロギーの影響力喪失を代位・補充する意味で、「皇国勤労観」「臣道実践」「日本精神」が改めて喧伝されるようになったといえよう（浅野 1991：132）。

（4）第二次世界大戦後の経営理念

①　戦後日本の企業を取り巻く環境(3)

戦時経済の崩壊による生産の荒廃と悪性インフレからの脱却はいわゆる「傾斜生産方式」（石炭と鉄鋼を最重点産業に選び、この二つの産業の復興をベースとして、その他の重要諸産業の生産を再開、再生産体系を構築する）によってはじめられた。

この日本経済再建はそれ自体、戦前型資本主義の復活を意味するものではなかった。敗戦によって植民地を失い、労働組合の承認とその育成と農地改革の徹底を迫られた日本資本主義はまず、先進国以上に純化された形での市場機構を展開するための枠組みづくりを行なった。そして、その中で、技術進歩と豊富な労働力との結合によって、製品の品質向上、低コスト、正確な納期を国内ベースとして実現し、植民地支配によらないで、世界市場での競争に打ち勝つことのできるような企業成長が進んだのである。

さらに、財閥解体（財閥家族の追放、持株会社としての本社の解体、財閥商社の分割、巨大企業の分割と持株放出、旧国家資本主義トラストの分割と民営化など）は企業集団の単一支配構造を消滅させ、旧財閥傘下の企業の自主的な発展の道を切り開き、かつ、財閥グループの外部に重化学工業のビッグ・ビジネス形成の可能性を作り出した。

財閥解体は大企業間の競争を推進する契機ともなった。それは、日本の主要産業が大規模生産の利益を発揮しうる発展段階に到達していたといったような背景とともに、企業間の設備投資の拡大競争を刺激し、産業組織の競争的性格を強めた。しかし、そもそも財閥解体とは、連合軍が日本における最大の戦争潜在力であると判断した、財閥の巨大な経済力を破壊することにより、日本を再び、戦争に立ち上がれなくするためにとられた政策であり、その後、経済民主化を徹底させるためだとして、「過度経済力集中排除法」（一九四七年一二月）が公布され、これによって、経済力が「過度に集中している」とされた大企業を分割・解体することになった。その結果、「過度経済力の集中排除」により、日本の鉱工業、配給、および、サービス事業において大きな比重を占めるほとんど全部の大企業がいくつかに分割され、中小企業化されることになり、日本経済自体が弱体化してしまうような危機的状況におかれることになった。そこで、大企業各社のこうした法的規制に対する抵抗が猛烈な勢いで盛り上がった。

一九五〇年の朝鮮戦争の勃発と米国の対日占領政策の転換を契機として、解体された旧財閥は新しく企業集団として復活し始めた。しかし、それは財閥家族と財閥本社を中心とする企業集団ではなく、銀行、保険会社などの金融資本を中心として、各企業が相互に株式を持ち合うというような新しい企業グループとして再生したのである。

一九五〇年代後半に至って、戦後経済の最終目標とでもいうべき、資本の自由化が政策目標としてもち上がってきた。そして、その対策として登場してきたのが「産業再編成政策」である。この政策は重化学工業の国際競争力強化を目的とし、スケール・メリット論と過当競争是正論をよりどころにして、企業の集中合併によって、企業規模の拡大を図り、寡占体制を確立して、「国際的に闘える企業」を形成しようというものであった。

② 復興期から自立期の経営理念

さて、以上のような経営環境のもとで、企業の経営理念がどのように変化していったかを以下に概観していくことにしている。

太平洋戦争の敗北の結果、わが国は敗戦に伴う社会的・経済的な秩序の混乱と他国軍隊による国土の占領という二大事態を迎え、未曾有の国家的危機に晒されることになった。この戦後の社会混乱の最中に打ち出された注目すべき新しい経営哲学が一九四七年秋の経済同友会による「企業民主化試案―修正資本主義の構想」である。修正資本主義のビジョンを企業形態の民主化という姿で具体化したこの構想は企業の所有関係の民主化を含む当時としては、きわめて急進的・画期的な提案であったが、現実のものとはならなかった。

こうした経営者団体や財界における経営哲学とはまた別に、戦後の復興期には戦前の国家主義的価値観を強く帯びた社是・社訓を改定したり、新たな社是をつくったりする企業が少なからずみられた。この時期につくられた「社是」・「社訓」からみた経営理念の特徴は、敗戦のショックから立ち直るため（「祖国再建・企業再建」のため）、社内意識を高揚させる、精神作興タイプの理念が多かったようにみえる（浅野 1991：132-133）。

ある意味において、日本経済再建による飢餓的状態からの脱出は労資共通の願いであり、それが国民的合意であったとすれば、企業経営はひたすら生産に専念すればよかったのであり、あらためてその社会的責任を問われることもなかったといえる（中谷他編著 1979：203-204）。

③　高度成長期の経営理念

一九五〇年代の半ばごろにつくられた企業の経営理念に影響を与えたものとして重要であったのは、一九五五年に開かれた経済同友会第八回全国大会で掲げられた「正しい経営理念と経営倫理の確立」を皮切りに、一九五六年にかけて経済同友会に結集する経営者の中に結実していった「経営者の新しい理念―経営者・企業の社会的責任」である。一九五六年一一月の経済同友会第九回大会において

「経営者の社会的責任の自覚と実践」[4]が決議され、わが国で初めて「社会的責任」という理念が提示され、これ以降、一九六〇年代の同友会の経営者の理念として定着することになる（浅野 1991：134）。

しかし、一九六四年後半以降、国内的には構造的不況、国際的には各国間の競争激化という事態に直面した独占資本の深刻な危機意識を背景に、同年一一月、関西経済同友会が「経営者は企業本来の目的である利潤の増大に最善の努力をかたむけるべきである」という、「新しい情勢に対処する経営理念」の声明を出した。そして、この声明に励まされ、促されたかのように、開放体制下において企業体質を強化し、国際競争に勝ち抜くために、翌一九六五年一月、経済同友会政策審議会によって「新しい経営理念」[5]が提示されたのである（中谷他編著 1979：214-215）。この提言は、「同友会の利潤宣言」と評されて反響をよんだものであるが、そこでは「利潤の増大」が重視され、当時、日本の経営の最大の特徴とされてきた、「温情主義」、「和」、「経営家族主義」、に代わるべき、「機能主義」「能力主義」が強調された。

また、一九七〇年は長期好況と高度成長がその絶頂に達した年であるが、他方では、地域開発政策の推進による公害問題の噴出が人々の不安を増大させ、「くたばれ GNP！」論のような経済成長第一主義に対する懐疑・疎外感が生まれる変わり目ともなった。一九七〇～一九七一年頃は、国際的にも公害や環境汚染の問題への認識と警戒が高まり、人々の関心は「物の豊かさ」から次第に健康や個性的文化的生活様式といったような「心の豊かさ」を求めるような方向に変化した（浅野 1991：134-135）。

④　安定成長期の経営理念

一九七〇年代に入り、ただでさえ国内的に環境汚染・公害問題への批判、高度成長への懐疑が生じていた時に、対外関係の面から相次いで経営に対する激動要因が加えられることになった。国際通貨危機、食糧危機、石油危機のショックが次々に加わって、国内では異常インフレ（狂乱物価）が生じ、その過程で石油業界の便乗値上げ、売り惜しみが横行し、一九七四年春以来、激しい企業批判が起こった。この企業批判に対処すべく、一九七三～一九七四年には、業界、および、企業は先を争って新たに「経営行動準則・基準」を作成するという新しい動きがみられた。しかし、石油危機後、不況により企業環境が静まり、対公害施策が実施された結果、企業批判の嵐が収まると、この時期に作成された企業の「経営行動基準」を積極的に活用しようとする企業の姿は影を潜めてしまうようになった。

こうした内外環境要因の大きな変化により、一九七五年以降、各企業では経営理念の見直しが急速に進められた。環境変化に対応できる体質の強化をめざして社是を改定することや新しい経営理念づくりを始める企業が多くなったのである（浅野 1991：136）。

⑤　現代の経営理念

さて、以上の考察によって得られたことは、わが国の企業経営における「経営理念」が企業経営が直面する激動的な経営環境の中での危機意識から次々と生み出されてきたということである。

江戸時代においては、不正直な道徳的に劣った存在とみなされていた商人の内面的な危機的状況を打開するために、また、明治・大正・昭和前期においては、先進西欧諸国からの大幅な経済的劣勢状況を打開するために、さらに、第二次世界大戦後では、戦時経済の崩壊による生産の荒廃と悪性インフレを打開するために、「経営理念」の必要性が強力に打ち出されてきた。

そして、安定成長期に入った一九七〇年代半ばには、それ以前の高度成長期に引き起こした公害等への企業批判を打ち消すために、「経営行動準則・基準」という形での「経営理念」が確立されたが、これは企業批判の収束とともに影を潜めるよう軟弱なものであった。

それに比して、一九九〇年代以降から現代に至る「経営理念」は、それまでのものが社会からの批判に対応する形での消極的「経営行動準則・基準」であったのに対して、「社会に貢献する・役立つ」という積極性が前面に出されるようなものに変わり始めてきている。すなわち、「企業内」「国内」というように、限られた社会の中での「内向き」「消極的」概念から、社会の対象が広められ、グローバル化の観点に立った「外向き」「積極的」概念へとその性質を変えてきたのである。

例えば、ソニー創業経営者の一人である盛田昭夫は、「日本企業の経営理念の根本的な変革は、一部の企業のみの対応で解決される問題ではなく、日本の経済・社会のシステム全体を変えていくことによって、初めてその実現が可能になる」と述べている（盛田 1992：103）。

しかし、相変わらず、建前的に「経営行動準則・基準」を作成し、表面的なコンプライアンス経営に終始する企業もある。不祥事を起こし信頼回復を図ろうとする企業ほどこの傾向が強く、それが大企業であれば、追従する中小企業も少なくない。さらに、企業はもはや自企業のみの利益追求では存在していけないほどに、社会環境主体（ステイクホルダー）との関わり合いが強くなってきており、当然、経営理念もそれを意識したものへと変更していくことになる。いわゆる「コーポレート・シチズンシップ」（corporate citizenship）（企業市民）にもとづいた経営理念の確立である。企業は経済的評価のみでなく、社会的評価をされる時代に適応できるような経営理念の確立を求められるようになり、経営理念をその観点から戦略的に捉える企業が増えはじめてきたといえよう。

2　日本企業と経営理念の多様性──「企業の社会性」の基盤

(1)　経営理念の内容と定義

現代、過去を問わず、社会環境の変化が激しく、その変化の中で次々に意思決定していかなければならない状況において、企業はその連続した意思決定の中に一貫して根を下ろしているような価値原則を確立しておく必要がある。通常、その原則は、「経営理念」という言葉で表すことができる。ここではまず、わが国における経営理念の研究についていくつか考察し、本章における経営理念の定義を行うことにしている。

洋の東西を問わず、経営理念は当該企業にとって経営政策・経営戦略を推進していく上で重要な機能を果たしてきたが、この概念ほど多種多様な解釈を加えられている概念はないかもしれない。この多様性の原因はいろいろと考えられるが、その一つとして、経営理念がきわめて哲学的・不変的な側面と同時に、現実的・可変的な側面も有しているということがあげられよう（後述するが、この「可変性」が経営理念に戦略性を与えることになる）。

わが国において、経営理念に関する研究が体系的に行われはじめたのは、一九六〇年代に入ってからである。とりわけ、一九六〇年代半ばから一九七〇年代初めにかけて検討された、日本学術振興会経営問題第一〇八委員会の「経営理念」についての膨大、かつ、詳細な研究は注目に値する。

同委員会は、まず、「あなたの経営理念」と題する「四〇〇人経営者調査」をアンケート方式で実施し、その後、継続的に面接調査を行なった(6)。面接の質問は「社会的責任問題」「利潤追求」「意思決定の態度・方法」「経営者育成計画」「経営者の機能」「経営者の存在意義」「組織と人間の問題」など七項目を中心に行なわれた。以下、同委員会の見解について簡単に考察していく。

同委員会は経営理念の特質として次のように述べている。

経営理念を保守的理念と進歩的理念という類型に区別した場合、わが国における経営理念は、当然に進歩理念に属するということが想定されよう。ところが、調査の結果を検討した限りでは、必ずしもそうではない。むしろ、保守的理念とみなすべきものが少なくない。いいかえると、進歩的理念としても、また、保守的理念としても、共に一貫していないというところに、わが国経営理念の実態が示されているといってよいのである。わが国では、経営理念としてもっとも本質的問題である利潤について、ある時は手段であるとし、また、ある時には目的であるという理解が示されている。認識の振幅が、あまりにも大きいといわなくてはならないのである。経営者は回答に際して、現実そのままよりも、むしろあるべき姿の方にひかれるということが少なくないといえる［山城編1972：30-31］。

また、同委員会が経営理念を「経営主体の目的達成のための活動指針」であると定義し、その研究意義を「いま経営理念が問われるのは、激動期に直面して、一般的に理解されてきた従来の理念に変化が起こり、新しい理念が生成し、これを確認する必要が生じたからである。環境変化の現実と動向を正しくとらえ、経営体自体の内的発展と変化を的確に把握し、現段階の経営にとって必要な新しい経営理念を検討しようとしたのである」（山城編 1972：39）として捉えていることからも理解されるように、経営理念とは可変的な概念であるといえる。

同委員会では、経営理念をただ理念としてのみ理解することを危険視し、「理念、現実、改善活動の三者が一体となって本来の意味をあらわすもの」でなければならないと主張している（山城編 1972：56）。

われわれも従来から、「思想」と「政策」・「戦略」との区別を重要視してきているが、この区別と同委員会の「理念、現実、改善活動」三位一体論との間には共通性を認めることができる。企業経営活動においては、「現実」の「政策」・「戦略」が社会活動に結びつけられているかどうかが重要であり、そのためにはまず、それらが社会に結びつけられるような「理念」の存在が不可欠である。そして、具体的な「政策」・「戦略」は環境の変化とともに変わっても、「思想」は簡単に変わる（あるいは、変えるべき）性質のものではない（簡単に変わる思想は「思想」ではなく、むしろ「政策」に近いものである）、というのがわれわれの立場であるが、その詳細は後述することにする。

また、中川敬一郎らの研究グループは経営理念に関して、「現実の経営問題・経済問題との関連において、企業経営の目的やその指導原理についての考え方がどのような社会的意味をもつかを、それぞれの立場において研究したうえで、その成果をふまえて内容のより豊かな『経営理念』の定義を確定することが望ましい」と言及している。そして、経営理念を「まず第一に、基本的には経営者がみずから企業経営について表明する見解であるということ、第二に、経営者が社会的に公表した見解であり、社会的妥当性をもつものである」とし、「したがって、我々が研究しなければならないのは、強烈な個人的動機・確信によって支えられているような経営理念、またその結果、多くの人々の社会的共感を獲得し、経営や経済の起動力になっているような『経営理念』である」と強調している（中川編 1972：5：7)。

要するに、中川らは経営理念を「経営者自身によって公表された企業経営の目的およびその指導原理」であるとみているわけであるが、彼らはそのうちの「企業経営の目的およびその指導原理」について、以下のように考えている。

企業経営の指導原理という場合、大きく言って企業の内部に対する指導原理と企業と社会との間の関係、すなわち、企業の対外関係の指導原理との二つに分けて考えることができる。そのうちの前者、すなわち、企業の目的がすでに決定していて、それを達成するためには企業の経営諸機能をどのように組織し運営すればよいかという問題についての指導原理、つまり、企業の経営効率に関する指導原理は、端的に言ってむしろ、「経営哲学」の問題であり、「経営理念」の問題ではないように思われる。企業の対内的な指導原理をも「経営理念」に含めて考えることにすると、「経営理念」の内容があまりにも多様化し、「経営精神」あるいは「経営思想」という一般的用語で置き換えても差し支えないような漠然とした内容のものになってしまう恐れがある。そこで、「経営理念」とは、企業が全体社会のなかのどのようなところに位置し、またそれをどのような関係に立つべきものであるかという問題、いわば企業の対外的関係についての指導原理に関するものであると考えることにする（中川編 1972：9-10）。

ただし、中川らが「経営理念」の定義から除外しようとしているのは、あくまで社会との関連がない「経営者の個人的・私的な思想」であり、対内的であっても外的に影響を及ぼしうるような組織的・公的な経営思想はその中に包摂しているということをわれわれはここで認識する必要がある。それは、彼らが経営理念の研究を以下のように組織内まで含めて行なっていることからも明らかである。

中川らは経営理念のあり方は次の三つの諸要因から規定されるとする。それは、①それぞれの社会に固有な思考・行動様式（「文化構造」）、②それぞれの社会の工業化の経済的過程の歴史的特質、③企業の組織的・制度的側面、の三つである（中川編 1972：10-14）。

①　経営理念と文化構造

経営理念の基底にあって、そのあり方をもっとも強く規定しているのは文化の潜在的側面、すなわち、それぞれの社会に固有な「生活目的」や「価値体系」や「行為の形式」など、要するに、各社会特有の思考・行動様式、言い換えれば文化構造に他ならない。

例えば、「利潤の極大化」という企業目的をそのまま経営理念とする場合、利潤がどの程度、企業の目的となるかは、企業の存立している社会の文化構造がどのようなものであるかによるところが大きい。また、「競争」概念についても、その社会固有の文化構造が影響しており、経済学的論理だけでは片づかない。現実の社会における企業の指導原理としての「競争」のあり方は、企業によって公表された経済学的論理よりも、むしろ、「文化構造」、すなわち、文化の潜在的側面によって規定されるところが大きいのである。

②　経営理念と経済過程

経済発展、あるいは、工業化がどのような過程をたどって実現したかによって、その国の企業の経営理念に大きな違いが生じる。

一般的に、工業化のための当初の障壁が大きい発展途上国の場合には、自主的・個人主義的・経済合理主義的な企業行動によっては、その障壁を克服することができない。そこで、そのような場合においては、企業経営の目的として、経済合理主義的な企業利潤の追求以外の何らかの要素、すなわち、ある程度、ナショナリスティックな企業目的を、さらに場合によっては、社会主義的な企業目的を掲げることが必要になる（したがって、ある程度、工業化を果たすと、経営理念も内容を変えてくることになる）。

③ 経営理念と組織

経営理念は組織そのもののあり方によっても規定される。今日では、株主のみならず、従業員、消費者など広く企業をめぐるステイクホルダーの主張を集約的に具体化しうるように企業目的が設定されなければならない。すなわち、利潤は企業目的の一つに過ぎなくなり、また、その利潤も最大限利潤ではなく、むしろ、多くのステイクホルダーの欲求を同時に満たしうるような利潤、すなわち、その意味で企業にとって、一応、「満足できる水準の利潤」を企業目的とせざるをえなくなっている。ともかく、このように、企業の組織が経営理念のあり方に大きな影響を与えることは明らかであり、したがって、また、経営理念を企業の組織的側面における変化との関連において追求しなければならないことはいうまでもない。

さて、以上のような研究成果を踏まえた上で、本章における「経営理念」とは、「企業が経営活動をする際に、長期にわたって関係するすべての構成員のインセンティブとなり、モラールを刺激し、その活動に方向づけをもたらすような規範として機能しながらコミュニケーション活動を調整するような、企業の総括的なビジョン」と定義づけることにする。もちろん、創業経営者などの利己主義的な哲学やあるべき理念像を強要するような「信奉された価値」などを経営理念ととらえることも可能である。しかし、この種の経営理念は組織内外の構成員によって共有されているものではないので、時代の流れや外部環境によってすぐに淘汰されてしまうことになるだろう。

（2）経営理念の階層性

日本学術振興会経営問題第一〇八委員会の「経営理念」についての研究の成果から、経営理念の形成には、多くの条件、ないし、要素が関係していることが理解された。いったん形成された経営理念は経営者によって可能な限り安定化されようとするけれども、同時に経営理念には、経営環境の変化に応じて常に新しさが要請されるという側面ももつ。この研究は、経営理念が「安定」と「変化」という、いわば、矛盾した性格を併存することを明らかにしたのである（山城編 1972：15）。

つまり、経営理念は経営者や組織体の置かれている時代背景などの社会環境の状況、および、企業システムの発展段階によって大いに影響されることになるので、その内容は変化し、また、変更せざるをえないことをわれわれは認識しておく必要がある。その変化や変更の度合いは、それが企業の基本的価値を示すものであるから、経営目標のように急速、かつ、頻繁ではないにせよ、内外環境の変化に制約され、改変されることを軽視することはできない（浅野 1991：26-27）。

また、われわれは経営理念に内在している、こうした「安定性」と「可変性」、すなわち、「経営理念には安定的な（変化しにくい）部分と可変的な部分がある」ということから、経営理念の「階層性」（ヒエラルキー）を見出すことができる。経営理念の階層性とは、例えば、使命、社是、社訓、綱領、経営方針、行動指針、企業目標、事業領域などである。

それらを大まかに分類すると、①会社の使命や存在意義についての「経営信念」、②これを具体化し実行を促す「経営方針」、そして、③従業員の行動を指示する「行動指針」となり、理念としての上位概念から実践原理としての下位概念にいたる階層が構成されている（奥村 1994：8）。

例えば、松下電器は「産業人タルノ本分ニ徹シ　社会生活ノ改善ト向上ヲ図リ　世界文化ノ進展ニ寄与センコトヲ期ス」という文言を創業以来の使命（綱領）として掲げ、それを実践するために、より具体的な「行動基準」をその経営方針として設け、さらに、企業の社会的責任（CSR［Corporate Social Responsibility］）行動を指針として明記し、経営理念を従業員に徹底的に浸透させるようにしている。

「経営理念の階層性」について言及している研究者はさほど多くはないが、ここでは浅野の研究について簡単に触れておこう。浅野はまず、経営理念という概念について、「トップ個人の経営信条や管理イデオロギーが、組織成員に単に受容されるだけでなく、組織目標の達成のため、それが組織成員の思考や行動様式に反映し、組織の成果に結びつくことを予定した用語であるといえる」とし、「（経営理念は）組織成員の関心の焦点や努力目標を理解させ共鳴させる形で明示することによって、人々のエネルギーを終結させるところに重大な意義を持つ。このことから、経営理念は、最も広くは事業に対するビジョンあるいは将来構想から成員の行動規範に至るまでかかわりを持つ」と述べている（浅野 1991：9–10）。

さらに、経営理念の理想的構成として、①企業の戦略的使命、あるいは、事業領域（ドメイン）の将来構想、②その使命、あるいは、構想されたドメインでの行動に必要な課題（タスク）、そのタスクを実行するための方針、④その方針を実行するうえでの成員の行動規範、といったものをあげ、これらの構成要素が目的―手段の階層性を構成し、①から④に移るにつれて、理念が操作化され具体化されることになるとしている［浅野 1991：11–12］。

これらの階層性はこれまで多くの経営理念の分析において必ずしも意識されていたわけではなく、むしろ、それらの階層が混同されていた感が強い。つまり、それは、企業が自社を取り巻く経営環境の変化とともに「変えていかなければならない経営理念」と「変えるべきではない経営理念」とを混同していたということに他ならないのである。企業を取り巻く社会環境の変化と経営理念に対する経営者の意識変容が「企業の社会性」の基盤を形成することになったのである。

注

（1）西鶴は町人物の至るところで金銭を重要視すべきことを説いているが、決して利潤追求・資本蓄積を人生の最高・至上の目的だとはしていない。その背景には常に神仏への信仰と儒教的倫理理念の結びついた道義を最高・至上のものだとする考えが存在し、道義に反する商売の仕方を憎悪し、排斥している［土屋 2002：90-91］。

（2）「経営家族主義」の理念とは、企業活動の目的を家族（「家」）に擬制された企業の構成員の福祉の向上に置く理念であり、労使の関係についての主従の情誼や温情を強調するところに特色を持つものといえる［浅野 1991：128］。

間宏［1964：47-48, 310］を借りて引用すれば、「パターナリズム」（paternalism）ないし、「温情主義」は「わが国独自のものではない。むしろ、欧米の産業事情の視察におもむいた資本家・経営者のなかには、欧米から温情主義の必要性を学んだ者が多い」。福沢諭吉に「独立自尊の精神」を学んだ鐘紡の「武藤山治は自社に『大家族主義』を打ちたてるにあたって、ドイツのクルップ製鋼会社や、アメリカの（オハイオ州の）金銭登録器株式会社に多くを学んだ。その意味において、日本的と言いながらも、その形式に与えた先進諸国の管理様式の影響は見のがすわけにはいかない」ということになる。このように、「経営家族主義」は江戸時代の経営理念そのままではない。すなわち、「わが国の伝統的な淳風美俗である『家』の論理」および、古い家族主義的経営理念が明治に入って欧米の近代的思想の影響を受けて「経営家族主義」に「再編成」されたものである（竹中・宮本監修 1979：254）。

（3）「戦後日本の企業を取り巻く環境」は合力（1992：87-88）に加筆・修正を行なったものである。

（4）一九五六年一一月の経済同友会第九回大会における「経営者の社会的責任の自覚と実践」決議についての詳細は合力（2004：259）を参照されたい。

（5）その内容は以下のようなものである。「われわれは、企業の歴史的・社会的責任を重要視するが、それは利潤をあげるという企業本来の目的を決して否定するものではない。むしろ、もっと真剣に利潤について考えるべきことを要請する。もちろん同時に、利潤獲得の方法と、その配分について、より慎重に考えなければならないのは当然である。強調したいのは、これから本格的なビジネスの時代を迎えようとする日本において、またいまだかつて真の意味における利潤についての洗礼をうけていない、わが国の経営にあって、利潤をあえて無視し、高踏的な議論をもてあそんでいるようでは、国内国外での競争にも勝てないし、社会的責任も果たしえないということである」（中瀬 1967：87-89）。

（6）実施方法：郵送式アンケート調査（一九六六年一一月三〇日必着）、調査対象：同委員会が選定した企業経営者四三三名、回収者数：一四〇名（一九六七年二月二八日現在）、回収率：三二・三%。

第3章　CSR論の登場と経営理念の転換——企業の社会性と市民性

1　「経営理念」のもつ戦略性と企業の社会的責任との関連性

まず最初に、経営理念には「安定的な（変化しにくい）部分と可変的な部分がある」ということから、「経営理念の階層性」を見出し、それらを大まかに、①会社の使命や存在意義についての「経営信念」、②これを具体化し実行を促す「経営方針」、そして、③従業員の行動を指示する「行動指針」と分類した。

各企業は個別的には、創業者以来の精神や価値を経営理念として、基本的にはそれを現在まで維持してきている。しかし、全体的にみれば、第2節で考察したように、その経営理念は大きく変化していることがわかる。わが国の場合、江戸時代には「家」、および、「世間」への貢献、明治・大正・昭和初期には「国家」への奉公、戦後には「企業」ナショナリズムの献身、そして現在は、「社会的責任」の強調、という変化を辿ってきている。

現代企業における経営理念は創業者の経営哲学的な精神論に止まらず、環境変化を強く意識した戦略志向型のものが多くなってきている。従来のものが多分に道徳訓の要素が強く、社内の人間関係中心に構想されたのとは異なり、かなりの方針的要素、あるいは、企業の事業領域（企業ドメイン）的な定義を反映したものになってきている。

すなわち、それは今日の経営環境の変化の速さに対応したものであり、抽象的な訓戒としての従来の経営理念とは性格を変えてきているということに他ならないわけであるが、ここで重要なのは、経営者が経営理念の中で「変化させるべきもの」と「変化させるべきではないもの」の区別を明確に行なうことである。(1)

すでに考察してきた、「経営戦略の階層性」のうち、「経営信念」は企業に固有の文化を形成したり、コア・コンピタンスを創出したりする源泉として可能な限り変化させるべきではなく、それを具体化し実行を促す「経営方針」、および、「行動指針」の部分は、環境の変化とともに戦略的に変化させていくべきであるというのがわれわれの立場である。つまり、「経営理念」とは、「経営信念」・「経営方針」・「行動指針」を包括する概念であり、このうち戦略性をもたせることが可能なのは、「経営方針」・「行動指針」なのである。

経営行動基準・指針は経営目的の価値的側面を構成する経営理念の下位要因として、経営理念に包括される。従来の社是、社訓の類にみられる経営理念の他に、経営行動基準（指針・規範）という概念と実体が必要とされるようになったのは、近年の次のような事情によると考えられる（浅野 1991：27-28）。

① 企業環境の様相が複雑化し変化が加速されてきたため、抽象度の高い経営理念のみでは、経営行動の指針として不十分になってきた。

② 企業の社会的責任の遂行要素がきびしくなり、企業は関係環境主体に対し、それに関連する所信と実施内容を具体的に提示せざるをえなくなってきた。企業の社会的責任は、企業がその社会的環境に適応する、換言すれば、各環境主体の要請に応えることであるが、その内容は本来きわめて多様で、歴史的にも変化している。そうしたなかで各企業が主体的に社会的責任を実践するためには、責任範囲の自主的な内容と実践指針が必要となる。この設定基盤は、経営理念に求められることになるが、経営理念自体は、きわめて抽象的、かつ、包括的であることが多く、そのままでは以上のような要請にこたえる操作になじまないところがあるからである。

経営環境が激動化し、問題が深刻になればなるほど、理念的基盤が確固としていることに加えて、具体的、かつ、説得力のある行動指針が要求される。そうした行動指針は企業内部の構成員の行動に適応の方向性と整合性を与えるのである（浅野 1991：29-30）。

2 企業の社会的責任と質的な転換要素としての「経営理念」

企業の社会的責任について論じる際、企業目的との関連性を無視することはできない。なぜならば、多くの場合、企業の直面する社会的な責任問題は企業がその目的を追求するプロセスにおいて浮上するからである。「私的利潤の極大化」を究極目的として掲げる企業がいまだに数多く存在する。とくに、利潤第一主義を唱える「新しい経営理念」がクローズアップされた一九六五年前後においては、企業の社会的責任論に対する批判にはすさまじいものがあった。

例えば、伊藤長正は「経営者の実質的地位は『社会的責任』決議当時よりいちじるしく弱化し、この論理を実践できる主体がない。経営者はいつまでも幻想にとらわれるほど鈍感でなく、目下利潤水準を回復するためには手段を選ぶ余裕がないという追いつめられた心境であり、『経営責任』は『社会的責任』に優先し、『経済合理性の追求』は『倫理』に優先するというのが現在の経営者の態度である。企業が現代の競争社会で生きぬくためには、そんな甘ちょろいことではとてもやってはいけない。要するに『社会的責任』などは生きぬくためのヴェールにすぎない。皮肉な見方をするなら、わが国でこれまで『社会的責任』を口にすることができたのは、戦後の特殊事情のためであり、わが国大企業が甘やかされていたからだということである」と指摘している（中瀬 1967）。

また、伊藤は「米国では『社会的責任』に対して、わが国産業界がこれまで示した甘い態度と異なり、堂々と反論がのべられている」として、次の四つの反論を掲げた。①まず、「社会的責任」を要求され、これに応えようとするとそれだけ原価が上昇し、価格の騰貴をもたらす、あるいは、賃金切下げ、ないし、引上げ余力の縮小をきたす。つまり、経済合理性の追求が弱まり、それだけ経済の発展が阻害されるという主張、②経済権力者がその権力を行使するにあたり、社会の注意をそらせるためのヴェールとして、あるいは、その権力行使を正常化するため、耳あたりのよい「社会的責任」を強調するにすぎないという意見、③「社会的責任」を果たすためには競争を緩和せねばならず、それには独占を強化し、カルテルを正常化し、このようにして資本主義の活力は弱化するという説、④経営者は株主に対してのみ責任をもつべきで、株主以外の人たちのために株主の利益を少なくするような行為をすることは株主に対する義務を怠ることであり、商法に違反する、という意見などで、これらが「社会的責任」に対する批判的な四つの立場だとしている（中瀬 1967：96-97）。

確かに、企業制度が確立されたばかりの時期や高度成長期においては、私的利潤極大化目的は社会に受け入れられてきたかもしれない。しかし、「規模の経済」の実現とともに社会に対する企業の影響力が増大してくると、私利追求を公利に結び付けようとする努力なしに、ただひたすらに自企業の存続のためだけに行なうことを目的とする企業行動は公益に対して、「負の関連」面を表出させるに至った。

社会に対する企業の影響力の増大を考えれば、もはや、企業の存立目的を利潤の極大化のみと限定するのは時代錯誤であり、より多くの公益を創出するためには、企業は社会の現状に即した目的を経営理念として掲げ、その実現に向けて努力すべきなのである。

経営者がその経営機能を果たす目的実現活動において指針となるべき考え方が「経営理念」である。「社会的責任」の問題もまた、この関連において取り上げられなければならない。経営者はこの経営理念をよりどころとしながら、目的と機能を意思決定に具体化していく（山城編 1972：40）。

これからの社会は、企業がその掲げる経営理念の中に社会的ニーズを考慮に入れ、時には私利追求の機会を見送ることさえも、その社会的責任として厳しく要求してくるであろう。そこでもし、企業がコスト削減を理由に突然に、旧式の工場や採算の悪い事業部門を閉鎖したり、高齢者や既婚女子従業員を不当解雇したり、環境に負荷をかけるような製品の生産活動を行なった場合には、その規模の増大とともに、さまざまな制約がその行動に加わることを、つまり、社会的責任の放棄につながることを留意すべきである。

明確な経営理念をもたない企業はその時々の短期的な状況の変化に翻弄されて、将来を見通すこともできなければ、変化に耐えていくこともできない。しかし、それは現実の社会的価値観と一致する時に初めて理念といえるのであって、たとえどのような成功体験に裏打ちされ、どのように崇高な内容をもつものであったとしても、それが現実の社会的価値観と一致しなくなれば、経営理念としての機能を果たし得なくなるのである。

一九七一年、わが国の経済社会は成長の軌道調整を欠いた結果、一つの変換期にあり、同年四月の経済同友会代表幹事の所見「自由と秩序の調和社会へ」で、木川田一隆は「われわれの行動の価値観を従来の個中心から、個と全体との調和を第一義とするものに転換せねばならない」と述べている。ここで、「個と全体の調和」とは何を意味しているのかというと、「われわれは、自由な経済活動に先立って、社会資本の発展方向、あるいは世界の中の日本としての国際的関係の将来について、静かに思いをいたし、大きな全体的視点から個別的な行動を自律的に調整して、その進歩に参加する思考と行動が要求されている」と、個別の経済活動と全体的な社会資本・国際関係との関連性に言及している。

この「個と全体の調和」は木川田哲学ともいわれ、一九六一年七月、東京電力社長に就任した木川田は、次のような経営の心構えを講話形式で社内に放送した。①公益事業に携わる者として誠実な心をもって社会に尽くしたい、②事業発展の基本たる社員一人ひとりの人格を尊重した経営を進めたい、③個と全体を調和させることに努めたい。そして、④頭脳は冷静、心は温かく心がけたい、などである（奥村 1994：115-116）。

社会資本や国際関係に取り組んだ経済同友会の「個と全体との調和」哲学に対して、日本生産性本部は一九七九年六月、企業市民社会を中心とした「公共的組織原理」を提唱した。これは、単純な市場経済でもなく他方、中央計画経済でもない、市場原理を補充する企業市民社会という経済社会体系において貫かれる原理である。こうした「企業市民的な社会」とは、企業を一つの市民集団として概念化し、企業の社会性（ないし、公共性）や市民性を重視する。そして、企業の存在を市民集団の役割と責任を遂行する主体として捉えていくのである。

ここでは、現在、盛んに取りあげられている「コーポレート・シチズンシップ」（企業市民性）の概念がみられ、経済的次元でなく、社会的次元で協働するシステムが想定され、さらに、企業の社会的責任の遂行を可能にするような、社会的な企業評価システムが提示されているのである（日本生産性本部産業教育委員会編 1979：2-18／奥村 1994：117）。

3　日本におけるCSR論の誕生とその変容

(1)「企業の社会的責任論」の登場の背景と歴史的変遷

わが国では、企業の社会的存在としての役割が高まるにつれ、「企業の社会的責任論」(Theories of Corporate Social Responsibiliy—CSR論) に関する論議は企業、消費者、経営学者等の間に一つのブームといえるほどの関心を呼んできた。日本における企業の社会的責任論の系譜にみられるように、一九六〇～一九七〇年代にかけての高度成長期における企業の反社会的行動 (例—公害問題・都市問題・消費者問題等) に対する「企業性悪説」への対応としての社会的責任論の展開、さらに、一九七〇年代後半の二度にわたる石油危機問題に端を発した、反倫理的な企業行動 (例—石油業界による便乗値上げ・買い占め等の独占禁止法違反的企業行動等) に対する社会批判の増大化に応えるための方途としての社会的責任論の必要性などの形で、企業の社会的責任論が社会的課題として登場した。

しかし、こうした企業批判に対して、企業は社会的責任を反映した経営理念や企業行動基準等の個別対応的な対症療法的手法によって、批判の矛先をかわそうとしたのであった。一九八〇年代の経営の国際化やグローバル化、さらにバブル経済の到来によって、わが国の企業は米国に倣って「企業の社会貢献活動」(Corporate Philanthropy)や「企業のメセナ活動」(文化・芸術活動に対する支援活動＝Corporate Mécénat)を各企業がこぞって提唱したが、バブル経済の崩壊とともに、こうした活動は沈静化してきた。

一九九一年の証券不祥事(損失補てん事件等)などを契機として、企業倫理の強化が叫ばれたが、企業自身が自らの自己責任において、企業経営としての抜本的な経営改革を行うことはなかった。さらに加えて、社会的責任の所在を明確にしないまま、そうした企業の経済的権力の増大化を容認してきた社会環境や企業環境が近年の金融不祥事をもたらしたといってもよいだろう。この背景には、①「企業が社会から提起される問題に対して感受性が鈍化している」(土屋 1979：261-279, 299)ことや、②「企業が利害関係者からの期待だけではなく、市民の声、社会一般の要望という形での広い範囲の期待に対しても応えていく」(徳重 1994：8)ことが欠如しているという点が指摘されよう。このことは、企業自身が社会的存在、社会的制度としての自らの立場に対する自己認識が未成熟なことを示しているばかりでなく、企業としての正当性を社会的責任という形で企業行動として具現化していく努力を怠ってきたことを示している。日本の企業はさまざまな社会的環境が発生しても、伝統的に、事後処理的対応(結果責任)という形での社会的責任を是認していく経営風土を醸成してきたことも歪めない。

さらに、企業組織として、こうした問題に対処していく組織は、経営中枢的な組織の所管ではなく、総務・広報といういわば、企業責任の相対的に低い間接部門系統の中で問題処理を行っているのが常である。そうしたことからすると、わが国の企業は企業全体の経営中枢の中で、社会的責任というすぐれて現代的な経営課題を企業全体の重要な経営政策として検討してこなかったといっても過言ではないだろう。

このことは、企業の社会的責任の本質である「自己（企業）のもつ社会的権力に相応する責任を自発的に遂行することが、企業自身の存在に正当性を付与することになる」（森本 1994：35-36）という指摘の重要性を再認識していくことの必要性を示しているといえよう。

企業の社会的責任に関する論議は「古くて、新しい問題」である。というのも、産業革命以降、近代化の進展過程の中で資本主義社会が成立し、企業活動が社会の血液となり、企業が経済的権力を獲得し、社会に対して何らかの影響を及ぼしはじめた時点で、企業の社会的責任は発生しているからである。以来、今日のような高度産業社会に至るまで、企業が社会という市場（営利的市場・非営利的市場を含む）を対象として、企業活動を行い、そのことによって企業が存続し、成長していく限りにおいて、企業の社会的責任問題も常に存続しているのである。

（2）企業の経営理念の変遷と「企業の社会的責任論」概念の質的転換

近代以前の企業的形態の擬似的組織も含めて、およそ企業という営利組織がその活動を正当性（ないし、正当性）（Legitimacy）をもって社会から受け入れてもらうためには、企業活動の思想・政策・戦略を社会に明示し、その役割と責務を明確にしなければならない。それにもかかわらず、企業経営活動の価値的な基底要素である、「経営理念」が経営政策・経営戦略に十分に反映されないまま、私的利益の追求に猛進してきたために、今日の企業はそうした姿勢を社会や社会環境主体によって、反倫理的行動・反社会的として批判され、その結果、企業の社会的責任論問題に直面することになる。このことは社会から正当に認知される経営理念こそが企業活動における至上の価値であることを経営者に再認識させ、企業は自らに対する社会的役割・社会的期待、すなわち、「企業の社会性」に応えられるような経営理念を構築することが要請されることになる。

近代経営学の発祥の地とされている米国では、「経営理念」は企業経営の基本的価値・態度・信念・行動基準として、「経営哲学」（Managerial Philosophy）、ないし、「経営信条」（Managerial Creed）という形で表現されているが、近代経営学の始祖、バーナード（C. I. Barnard）やその継承者、H・A・サイモン（H. A. Simon）は企業経営の意思決定においては、道徳的要素や価値前提としての価値判断、つまり、企業活動の価値観としての経営理念の重要性を指摘している（占部編 1989：157）。

ここでは、企業目的の価値的側面である、経営理念が日本の社会環境の変化の中で、どのように変遷していったかを歴史的（近代以前から、近代・現代〔一九九〇年代後半〕まで）に考察するとともに、そうした変化が今日の「企業の社会的責任」概念形成にどのような影響を与えたのかについて検討していくことにしている。

（3）企業の社会的責任論から、CSR論への転換

欧米のCSR論の進化、並びに、日本におけるバブル経済崩壊後の企業不祥事の頻発の影響を受けて、これまでのような受動的な企業の「社会的責任論」ではなく、企業経営と社会的責任を同時に両立させるような新しい企業の社会的責任論としての「CSR論」（Theories of Corporate Social Responsibility）に本格的に取り組む必要性が日本経営学会等の学界や経団連をはじめとする企業経営陣から出されたのであった。企業不祥事を防ぐためには、企業倫理だけでは不十分で、経営政策・経営戦略にビルト・インされたCSR論が求められていることを日本の経営者が認識しはじめたのである。二〇〇四年の経済同友会の『日本企業のCSR：現状と課題――自己評価レポート2003』、日本経団連の『企業の社会的責任（CSR）推進にあたっての基本的考え方』が公表された。具体的には、「法令遵守の徹底、行動規範・倫理規定の策定、社会的責任の実践に関する方針・原則・各種具体的手法の

図表3-1　日本におけるCSRの変遷

年代	社会的背景	求められるCSR
1960年代～	・高度経済成長	・環境汚染・環境破壊の回避
1970年代～	・石油危機と物価高騰 ・利益至上主義への疑問	・公害対策や利益還元など ・社会的責任の具体化
1980年代～	・企業活動のグローバル化 ・労働問題などの社会問題化 ・地球環境問題の深刻化	・社会貢献活動の推進 ・人的貢献・ノウハウ提供・メセナ活動などの活発化
1990年代～	・バブル崩壊後の企業不祥事多発 ・経団連「企業行動憲章」策定 ・地球環境問題への国際的枠組整備 ・ステイクホルダーの多様化 ・ISO14001の発行	・法令遵守と説明責任の徹底 ・企業内部に環境部設置 ・環境報告書による情報公開 ・事業活動の環境負荷削減
2000年代～	・環境政策の多様化 ・社会的責任投資などの企業の環境評価 ・地球温暖化防止の為の炭素の価格化 ・各国でグリーン・ニューディール政策	・SEG（社会・環境・内部統制）からの行動規範 ・拡大生産者責任 ・企業内部にCSR専任部署設置
2010年11月	・ISO26000の発行	・7原則に基づき，7つの中核主題を通じた，地域課題の解決への貢献と組織への統合

（出所）　花田（2011：62）

確立とその定着に向けての努力」が提示されたのである。さらに、日本におけるCSR論議を推進したのは、「九〇年代以降、環境破壊、人権、貧困、紛争、差別など、グローバリゼーションの進行する過程で生じる様々な問題に対する国際的な議論が進展する中で、これらの諸問題に関する企業の責任と、その解決のために企業の積極的な対応を強く求める動きが国際社会の様々な機関・組織から見られるようになったこと」である（加賀田 2006：68）（図表3-1を参照のこと）。

このように、日本の企業の社会的責任論がCSR論への転換していったのは企業自らの自己改革からではなく、社会批判の増大化や国際的な圧力が相まってからという外圧的要因から生じたといっても過言ではないだろう。こうした経緯から、数多くの日本企業がCSR活動に組織として取り組むべく、社内にCSR部署を新設したことから、一般に二〇〇三年を「CSR元年」と呼んでいる。

4　米国におけるCSR論の誕生とその変化——資本主義の誕生とその弊害

(1) 経営思想の革新と企業的社会政策の展開

英国の産業革命以降、欧米諸国は近代産業社会の構築に向けて、さまざまな産業振興政策を展開してきた。そうした背景の中で、近代企業は巨大化していったが、と同時に、経済的権力も増大化していたのである。そうした企業の巨大化によるさまざま不祥事の頻発が社会から批判されることになった。こうした企業を取り巻く厳しい経営環境の中で、社会的存在としての企業の正当性を確保すべく、企業は社会的責任活動に取り組むことになったのである。

本節では、企業の社会的責任、企業フィランソロピー（註：日本では、「企業フィランソロピー」のことを「企業の社会貢献活動」と呼んでいるのが通例である）といった現代企業の社会的活動の源泉となる経営思想がどのような歴史的背景のもとに誕生したのかについて歴史的に考察し、現代の企業行動における社会性のあり方を検討していくことにしている。N・J・ミッチェルによれば、とりわけ、企業が国家的社会政策の補完的役割を果たすことを意図して、従業員のために採用した経営福祉主義政策、すなわち、「企業的社会政策」（Corporate Social Policy）が企業の社会的活動の促進に大きな影響を与えたばかりでなく、こうした活動の発展が企業の社会的役割をますます増大化していったのである（Mitchell 1989=2003：35-60）。

換言すれば、利益の極大化原理としての伝統的経営思想が企業の公共的な福祉領域への参加によって、公共的利益を包摂した、革新的な経営思想（イデオロギー）へと転換し、社会の中の企業の位置づけを経営者に認識させたことである。その結果、この新しい経営思想が「企業の正当性」（Corporate Legitimacy）を獲得していくための思想的基盤を築いたといってもよいだろう。その意味では、米国の企業が二〇世紀前半に、企業的社会政策を採用し、発展させていったという事実は、社会的存在としての企業の意義を再検討していく上での貴重な示唆を与えるものである。

この「企業的社会政策」と類似した概念として、ドイツ、ワイマール期に産業革命以降、経営者の課題であった「労働問題」を解決していく方策として、生成・発展した、「経営社会政策」（Die Betriebliche Sozialpolitik）がある。この概念は社会政策的立場から、経営社会内の円滑な労使関係の形成、すなわち、労働者福祉を前提とした、協調的な労働関係の構築を企図したものであり、どちらかというと経営者個人の倫理的認識にもとづく経営福祉主義に近いものである。

この点、米国の「企業的社会政策」は経営者のみならず、法人としての企業が社会的存在として、経営福祉主義的な考え方（対企業内）から、公共の福祉思想を基盤とした、社会的活動（対企業外）へと転換させようとする、いわば「開かれた企業の社会性」といえるだろう。このドイツの「経営社会政策論」と米国の「企業的社会政策」論の原理の差異と比較、「企業的社会政策」の現代的意義などについては、別に論じる機会をもちたいと思っている。

さらに、第6章では、「企業と社会」論（The Theories of Business and Society）の立場から、〈企業の社会性〉や〈企業の社会的責任〉等の企業の社会的役割に関する思想的源泉を検証していく場合に、不可欠の文献として世界各国で評価されている著作でもある、『企業と社会』の視点・考え方・方法を検討していくことにしている（James et al. 1996：60／Archie and Carroll et al. 2002：33-34）。具体的には、企業の社会的責任論の思想的源泉について、「企業的社会政策」の視点、すなわち、①企業内福祉（対内的社会性）、②企業の社会的役割（対外的社会性―企業の社会的責任、企業フィランソロピー等）の二点から追求し、現代企業としての社会的役割のあり方を検討していく。

「企業と社会」関係（社会的存在としての企業のあり方）を巡る論議はすでに一九九〇年代より、企業の社会的責任論をはじめとして、企業フィランソロピー、企業メセナなど、さまざまな形で展開されていたが、現代企業にとって、企業の社会性の方向性を明確にし、経営政策として確立していくことが一層重要な課題となりつつある。そうした意味で、米国資本主義の発展過程の中で、米国企業がどのようにして企業の社会的役割を認識し、「企業的社会政策」を企業の重要な経営政策の柱の一つとして展開させようとしたのか、という意図を理解していくことは現代企業に要請されている「企業の正当性」を経営政策や経営戦略として具体化していく上での政策的・戦略的な示唆を与えてくれるものと思われる。

（2）ＣＳＲ論の登場と企業経営の進化

企業の社会的責任論が登場してきたのは二〇世紀初頭、米国における巨大企業の経済的権力が社会的影響力を発揮し、その影響力に対する社会からの厳しい批判がなされてきた時期とされている（Mitchell 2003）。近代企業は私的利益の極大化を企業目的として誕生したけれども、他方、社会目的、すなわち、社会の中の一員としての企業目的の達成も同時に要請されている。しかしながら、企業はその政治的・経済的な権力が極大化していくにつれて、企業としての社会的正当性（Social Legitimacy）を等閑視してきた結果、企業が社会の一員としての役割を軽視、ないし、無視してきたのである。

翻って、日本の企業は一九六〇〜一九七〇年代の高度経済成長期に経済成長の負荷現象としての公害問題・環境問題を中心とした社会問題が発生した時期に、企業としての社会的責任を制度的な形で遂行せず、企業倫理に依存した、企業行動憲章を提示していくことで、本来の企業の社会的責務としての「社会的責任」を履行してこなかったといっても過言ではない。このことが今日なお、さまざまな企業不祥事が次から次へと発生している企業風土的土壌といってよいだろう。

企業の社会的責任とは、「企業と社会」の関係を公正性や公共的利益のもとで、どのように維持していくかという、企業的社会政策の重要な要素であるとともに、企業活動を通じて社会的活動を推進していくという、社会性としての経営思想・経営政策・経営戦略に関わる企業の中枢的な活動要素でもある。

（付記）第2章・第3章の原稿は、筆者が共著者（福岡大学商学部教授合力知工氏）の同意を得て、『日本における経営理念の変遷と「企業の社会的責任」概念の質的転換』（松野弘・合力知工）、『「企業の社会的責任論」の形成と展開』（ミネルヴァ書房、二〇〇六年）を加筆修正したものである。

注

（1） 松下幸之助の考える社会の理法、自然の摂理、人生観、経営の使命などをみると、彼の経営理念には原則として普遍性の高いものと低いものとが混在するように思われる。赤坂昭によると、松下イズムは「永久不変の哲理」（不動の原則）と世の中の変化に対応する柔軟な姿勢（変化の原則）という車の両輪から成り立っている。不動の原則は、事業を通じて世のため、人のために尽くすという使命をいい、変化の原則は、専門化を必要とする事業部制、従業員福祉制度、世界的企業へ向けての積極的な施策などを指す［赤坂昭（1992）『福沢諭吉と松下幸之助――「福沢思想」と「松下哲学」に共通する繁栄の思想とは』PHP研究所：134-145, 171／奥村 1994：48］。

第4章　「企業の社会性」とは何か――基本的視点と構成要素

ＣＳＲ論（企業の社会的責任論）に対する新しい理論的視点の議論が盛んになってきたのは、ハーバード大学ビジネススクールのマイケル・ポーター教授が同大学の公共政策大学院の上級研究員のマーク・Ｒ・クラマー氏とともに、二〇一一年にハーバード・ビジネス・レビュー誌 Vol. 89（April）に、「共有価値の創造」（Creating Shared Values―CSV）という論文を寄稿したことである。具体的には、「ＣＳＲでもなければ、フィランソロピー（社会貢献活動）でも持続可能性でもない、経済的に成功するための新しい方法」として、企業の事業活動を通じて、企業の経済的価値と社会的価値の同時的な創造をめざしていくというポストＣＳＲ論としてのＣＳＶ戦略を提唱したことである。経営戦略と社会貢献活動を企業の事業活動として企画・立案・推進していくというのがこのＣＳＶ論の特長である。日本でも、二〇一四年に、ポーター教授の提唱に賛同して、一部の研究者や企業が一般社団法人ＣＳＶ開発推進機構（理事長　赤池学）を設立して、さまざまな活動を行っている。この概念はポストＣＳ

R論の理論的装置というよりも、企業の事業活動を基盤とした企業の社会性に関する新しいビジネス理念、もしくは、経営戦略のための指針ということができるだろう。他方、企業は社会的存在であるということを基本に、企業の社会性を基盤とした経営理論としての「ソーシャル・マネジメント論」（Theory of Social Management）という考え方が協同組合論（重本直利）や「企業と社会」論の立場（松野弘等）から登場していることを付記しておきたい。「ソーシャル・マネジメント論」については、第7章・第8章で検討しているので、参照していただきたい（Porter, M&Cramer, M. R. 2011＝2011：10：重本 2002：松野他 2008）。

一八世紀後半から一九世紀半ばにかけての英国の産業革命を起点とした近代産業社会の形成は私的利益の極大化を最大目標とする近代企業を誕生させた。「大量生産―大量消費」型の産業社会システムを基盤とした近代企業はビジネス市場の拡大とともに、企業活動は巨大化し、社会的影響力を行使するような経済権力をもつようになってきた。このことが企業の経済目的の達成を至上命題とする自己利益追求型の企業経営システムをつくり上げたが、他方、社会的存在としての企業の社会的な使命や役割を放棄させ、利益至上主義の企業経営を推進していった結果、さまざまな不祥事を生み出したのであった。本章では、企業不祥事がどのような背景が発生し、なぜ、企業に対して、社会的責任（「企業の社会的責任」＝CSR）を社会が求めるようなったかを明らかにし、企業が保持すべき「企業の社会性」とは何かを提示し、「企業の社会的責任」論の源泉と意義を考察していくことにしている。

1 企業不祥事と企業の「社会性」の関係

近代企業は産業革命以降の近代産業社会の成立とともに誕生してきたが、①企業の基本的な役割は企業を取り巻くさまざまな社会環境主体（従業員・株主・顧客・取引先・地域社会・一般大衆等）と相互に連関する「開放的なシステム」（Open System）であるということと、さらに、②その行動は企業としての公共性を価値理念とした上で、私的利益の追求（経済的利益）だけでなく、公的利益の追求（社会的利益）をも考慮したものでなければならない、という「社会性」にある。それにもかかわらず、かつて、多くの企業は市場における多様な社会環境主体を無視して、市場環境のみを企業行動の対象とするような「閉鎖的なシステム」（Closed System）として捉え、社会との関係を軽視した、自己利益極大型の経営政策・経営戦略を策定してきた。その結果、日本の大手証券・金融機関をはじめとする大企業におけるさまざまな反社会的・反倫理的な企業不祥事が頻発し、このような企業行動に対して、「企業の社会的責任」（Corporate Social Responsibility：CSR）を問う声が消費者をはじめとした企業を取り巻く社会環境主体である、ステイクホルダー（利害関係者）から生じはじめ、企業にとっては自己利益性があっても、社会に対して不利益をもたらすような反社会的な企業行動を是正しようとする動きがあらわれてきた。

しかし、これだけCSRの社会的重要性が非常に声高に叫ばれ、企業がそれに正面から取り組んでいかなければならないことを認識していながらも企業不祥事は後をたたない。バブル経済崩壊後の一九九〇年代から、二〇〇〇年代にかけて、金融機関・食品メーカー・金融機関等の大手企業で企業不祥事が頻発してきた。最近では、序章の冒頭で指摘したように、製品データの改ざんから、不正会計に至るまでのさまざまな企業不祥事は減少するどころか、増大化の様相を呈している。これら一連の不祥事は都市部の大企業のみならず、地方の中小企業にまで及んでいるが、それはわが国の企業のCSRの重要性に対する認識の低さ——企業的公共性への理解の欠如——を物語っており、社会的存在としての企業の存在理由（レゾン・デートル）があらためて問われているのである。

このように、日本の企業は伝統的に、企業の不祥事に対して事後的に対応するという、結果責任論としてのCSR論であったのに対して、欧米の企業は社会的存在としての企業の視点から、社会・経済・文化・環境等にかかわるさまざまな社会的課題事項（Social Issues）に対して、事前対応・予防志向的な企業行動を「社会性」の観点、すなわち、「企業の社会的行動」の側面から追求していることである。この背景には、企業を社会との広範、かつ、多角的な相互作用の対象として捉えるとともに、

「企業と社会」の関係を公共的利益（社会的利益）と私的利益（経済的利益）の最適化という、企業活動の社会性の観点から有機的な関連性の中で捉えていこうとする、「企業と社会」論（The Theories of Business and Society）や「企業と社会」関係論（The Theories of the Relationship of Business to Society）という考え方が企業経営の価値基盤にあり、こうした観点からのCSR論の遂行が企業経営政策上の重要な経営思想・経営政策・経営戦略となってきたのである。

ここでは、わが国における企業不祥事の歴史的な現実と課題を分析することにより、社会的存在としての企業の今日的な役割を考察し、CSR論における今後の課題と展望について考察していくことにしている。

2　企業不祥事の現実と課題——企業不祥事の歴史からの教訓

CSRという言葉はかつて、「企業の社会的責任」という邦訳語で呼ばれていたが、近年、流行語のようにマスメディアによく散見するようになった。日本では、一九五〇年代以降の日本経済が高度経済成長期段階に発展してきた段階で、全国総合開発計画による地域開発政策を押し進めた結果、さまざまな公害問題（熊本の水俣病・四日市のぜんそく・富山のイタイイタイ病等）が噴出した際にこれらの社会的課題事項に対する公害企業、あるいは、森永ひ素ミルク事件にみられるような不当な製品の販売を行う反社会的企業に対する厳しい社会的批判に対応させるべく、企業としての社会的責任を問うという形で学界や財界等で、「企業の社会的責任」論が頻繁に論議の対象となった。

二〇〇〇年以降の企業不祥事の事例をみても、ライブドアの証券取引法違反、村上ファンドのインサイダー取引、コムスンの介護報酬不正請求、日興コーディアル証券の利益水増し、不二家の期限切れ原材料使用、フジテレビの番組捏造、ミートホープの食肉偽装、石屋製菓の賞味期限改ざん、赤福の製造日偽装、御福餅本家の製造日偽装、船場吉兆の賞味期限改ざんなど枚挙に暇がない。最近では食品関係の不祥事が増えているが、右記の例からもわかるように、金融関係、福祉関係、マスコミ関係の不祥事も目立ち、その他に個人情報の流出なども含めると、業界、企業規模、地域を問わず、日本中に企業不祥事が蔓延しているといえる（図表4－1を参照のこと）。

これらの原因の一つは、多くの企業がCSR活動を企業不祥事に対する社会的批判を回避するための広報・PR活動の一ツールとしてしか位置づけておらず、企業のこうした受動的な対応を企業経営の根幹に関わる問題、つまり、「企業の社会性」（企業の社会的使命・社会的役割・社会的機能）として捉えてこなかったことに起因していると思われる。

例えば、「企業不祥事はなぜ、なくならないか」という問いに対して、多くの企業トップや研究者は「企業倫理の欠如」と答えるけれども、これは問題の一面しか捉えていない。問題を企業倫理の欠如とのみ捉えれば、当然、それの解決策は倫理的な改善を図ろうとする方向に偏在し、「コンプライアンス（法令遵守）の見直し・徹底化」（法的責任としてのＣＳＲ）ということに目がいってしまうことになる。しかし、現実的にその問題は「倫理的欠如」だけではなく、「企業組織の風土・構造の問題」「社会に対するアカウンタビリティ（説明責任）の欠如」などの要因が複雑に交錯しており、したがって、それらの問題を解決するためには、「企業の社会性」に対して、企業倫理やコンプライアンスという、一元的・表層的な視点からだけではなく、多面的・多層的な視点からアプローチする必要がある。確かに、コンプライアンスは重要であるが、その実行に際しては、全社的な組織風土・構造の見直しなどが伴わないのであれば、そのコンプライアンスの効果は半減し、企業は再度、不祥事を起こす危険性があるということである。

また、企業が組織構造の見直しを行なう場合、それは企業の関係する社会経済システムの構造を鑑みる必要がある。すなわち、企業の経済活動が社会的なルールに従っているかどうか、さらに、企業の社会環境主体であるステイクホルダーに対するアカウンタビリティを果たしながら事業活動を行なっているかどうかが重要なのであり、企業構造の見直しもその観点から行なわれなければ、社会的な責任を果たせるような企業になることは困難である。このように、企業不祥事は企業の過剰な自己利

図表4-1　最近の企業の不祥事事例

1997	(1)野村証券等の総会屋への違法な利益提供事件 (2)西松建設相談役による公共事業談合の告発により，公正取引委員会がゼネコン31社へ警告
2000	(1)三菱自動車工業がリコールの基となる顧客からのクレーム情報を隠蔽 (2)雪印食品による輸入牛肉の偽装事件（農水省のBSE対策の悪用）と雪印食品の解散
2002	(1)ユニバーサル・スタジオ・ジャパンによる，①賞味期限切れ食品の販売問題，②基準を超える火薬をショーで違法使用（火薬取締法違反の疑いで強制捜査，等の不祥事） (2)日本ハムによる偽装牛肉の不正買い取り工作（農水省のBSE） (3)東京電力による福島第一原発におけるひび割れのトラブルに関するデータの改ざん，等の不祥事
2003	(1)三菱電機による発煙テレビの大量回収事故 (2)日本コカコーラによるペットボトル飲料の大量回収事故 (3)日本マクドナルドによる違反着色食品の使用とその回収 (4)日産自動車による保安基準違反部品の放置問題
2004	(1)西武鉄道による有価証券報告書の虚偽記載 (2)カネボウによる粉飾決算 (3)三井物産の子会社による車の排気ガス浄化装置に関する虚偽試験データの提出（東京都）
2005	UFJ銀行による検査妨害事件で有罪判決
2006	(1)明治安田生命による死亡保険金の不当支払い問題 (2)損保ジャパンによる保険金一部不払い，違法な保険販売等による一部業務停止命令（金融庁）
2007	(1)不二家による「消費期限切れ原材料使用問題」・ミートホープによる「食肉偽装問題」等 (2)赤福・御福餅による「製造日偽装問題」と売れ残り品の販売問題等
2008	(1)新明和工業によるブレーキ検査結果の偽装発覚 (2)三井化学グループ，事務用品の再生樹脂配合率を偽装 (3)JR東海，1年前から新幹線駅弁1500万食の期限偽装を発表

2009	(1)日立製作所による，中部電力の原発用配管溶接データの改ざん (2)公正取引委員会がセブンイレブンジャパンに対して独占禁止法違反による排除命令 (3)三菱 UFJ 証券社員が顧客148万人の個人情報を持ち出し，５万人以上を名簿会社に売却したことが発覚
2010	(1)小糸製作所による，航空機座席の不正行為発覚 (2)ディー・エヌ・エーが公正取引委員会の立ち入り検査を受ける
2011	(1)林原グループによる不正経理問題発覚 (2)九州電力のやらせメール事件発覚 (3)大王製紙，井川元会長に対する巨額貸付金問題
2012	(1)東芝コンシューマー・マーケティング社の所得隠し問題 (2)第一三共，虚偽データ問題で米国当局と罰金400億円で和解 (3)三菱自動車，EK ワゴンなど軽自動車29万９千台リコール問題発覚
2013	(1)みずほ銀行暴力団融資事件（反社会勢力取引） (2)カネボウ化粧品・ロドデノールによる製品瑕疵（白斑症状）問題 (3)有名ホテル等によるメニュー誤表示・表示偽装問題
2014	(1)世界的な製薬会社ノバルティスファーマによる高血圧治療薬「ディオバン」の臨床データ改ざん問題 (2)トヨタ自動車によるバイブリッド車「プリウス」約99万台のリコール（回収・無償修理）問題 (3)ベネッセによる2260万件の顧客情報流出事件
2015	(1)旭化成建材による横浜のマンション杭打ち工事データ改ざん問題 (2)タカタによるエアバッグ不具合問題の摘発（米国） (3)東芝不正会計問題 (4)フォルクスワーゲン（ドイツ）による俳ガスに関する不正データ問題 ＊国際サッカー連盟（FIFA）幹部汚職問題
2016	(1)東京電力による81万件の顧客データ（USB メモリー）紛失問題 (2) CoCo 一番（カレーチェーン店）が廃棄した冷凍カツ横流し事件 (3)三省堂等教科書発行会社による検定中の教科書を教員に閲覧させ，謝礼を支払った事件

（出所） 筆者（松野）作成

益至上主義結果、生じたものであり、そこから、社会的存在としての企業のあり方を学ぶべき教訓といくつもあるけれども、根底は企業の存在基盤である「企業の社会性」を企業の経営思想・経営政策・経営戦略の中にどのように組み込み、実践していくかということになる。

3 「企業の社会性」とは何か

(1)「企業の社会性」への現代的視点と新しい企業行動としての「企業の社会的責任」

①「企業の社会性」への現代的視点

すでに指摘してきたように、一九八〇年代後半のバブル経済崩壊後の住専不良債券問題から、大手金融機関にみられる利益供与問題に至るまでの最近の神戸製鋼等の大手企業の製品データ改ざん問題に至る企業のさまざまな不祥事は企業目的の基本原理である、私的利益の追求の範囲を大きく逸脱していることを示しているばかりでなく、企業が社会の一機関であり、公共的利益の責任を担っているという、社会的存在としての企業、あるいは、企業行動のあり方を再度、見直し、そのための行動基準を設定しなければならないことを提起しているように思われる(ドラッカー:1954)。この意味では、日本の企業、とりわけ、大企業は、①社会的制度としての存在であり、社会的・経済的・文化的に大きな影響力を及ぼす力をもっていること、②公正な取引、適正な利益にもとづく公平な企業行動が社会から要請されていること、等の企業としての社会的使命を放棄しているといわざるをえない事態を招いているようである。バブル経済絶頂期、企業はこぞって、企業の社会的使命を強調し、企業の余剰利益を社会的活動の名のもとに、企業の社会貢献活動（企業フィランソロピー＝Corporate Philanthropy）や企業メセナ活動（企業の文化支援活動＝Corporate Mécénat）などに投下してきた。平成不況下にあっても、企業の社会的活動は継続して実施されてきたにもかかわらず、右記のような法規範の逸脱的な企業行動が増大化したことは、「企業の社会性」、あるいは、「企業の社会的役割とは何か」という「企業と社会」の関係をめぐる基本的な課題の再検討、並びに、「企業の社会性」に対する新しい企業行動の再構築を企業自身に迫っているといえるだろう。

ここでは、企業の新しい社会性としての「企業的公共性」への視点と新しい企業行動の展開において、私的利益の追求（利益の極大化）が企業経営の第一義的目的とされている伝統的企業目的観に対して、①現代社会における企業概念のあり方、②社会的存在としての企業の存在条件の明確化、などの検討作業を通じて、「企業的公共性」の価値基準と行動基準（目的・目標・事業領域・製品／サービス・行動等）を明確にし、こうした社会性を基盤とした、企業行動のあり方を提示していきたいと考えている。具体的には、企業行動における経済的側面（経済的行動）と社会的側面（社会的行動）の役割を提示することによって、企業行動の社会性と経済性の有機的連関の方向性を検討し、「企業の社会性」を基盤とした、新しい企業行動の可能性を模索していくことにしている。

② 新しい企業行動としてのCSRの可能性

一九九七年に発生した、野村証券による総会屋への利益供与問題が第一勧業銀行（現在はみずほ銀行）の不正融資問題と関連性があることが明確にされたという事実は日本の企業経営システムに非近代的な要素が依然として、構造的に残存していることを象徴的に示しているばかりでなく、「企業の社会性」に対する企業の認識の低さ、企業行動における社会化への取り組みの不徹底さをあらためてわれわれに明示している。このことは企業の社会的責任の経営政策、あるいは、企業行動としての重要性を喚起しているとともに、社会における企業の「正当性」（Legitimacy）とは何かを日本の企業自身に問い直しているものといってよいだろう。「正当性」とは、いうまでもなく、「正義（Justice）にかなうものとして行動が社会に受容される度合い」（森本 1995：203）のことである。このような企業としての正当性を企業行動として具現化しているのが「企業の社会的責任」である。米国にみられるように、企業が経済的権力として巨大化し、社会的影響力を及ぼす存在になった状況に対して、政府が経済的利益を優先するような企業行動に対して法的な規制を強化したり（行政面での問題）、さらに、環境問題・消費者問題等の企業の反社会的行動に対する市民（消費者）の批判的運動が噴出したり

（市民生活面での問題）などの事態を招くに至って、こうした社会的批判に対処していく意図として、企業が自らの行動に対する社会の理解を深める手段として、あるいは、企業が社会的制度として公共的な利益や公共の福祉に貢献するような社会的活動を推進していく手だてとして、このような「企業の社会的責任」をめぐる論議が登場してきたのである。この背景には、高度経済成長による社会的歪み（公害問題・都市問題・消費者問題等）の発生を契機として、市民としての消費者が自己の生活防衛のために企業に社会的責任を自覚させ、問題解決のための具体的な対応を要請させたことが指摘されよう。このように、企業自身が社会的存在としての立場を理解するとともに、「経営上の社会的課題事項」（Social Issues in Management: SIM）に対して能動的に対応することによって、正当性のある企業行動を展開していれば、右記のような企業の不祥事は少なくとも防ぐことができたはずである。

これまでのわが国における伝統的な企業の社会的責任論は「社会の公器」としての企業（社会的存在としての企業）、もしくは、経営者個人、ないし、法人企業としての倫理観を社会に訴求する程度のものであり、さまざまな社会的課題が発生した後の事後的対応という企業体質は変わらず、社会的課題事項の発生によってもたらされた損失を企業責任の範囲内で負担していけばよい、という楽観的な「結果責任」重視という考え方が依然として残されている（経団連は、一九九一年の証券不祥事に対して企業行動憲章を作成し、傘下の会員企業に企業倫理の周知徹底を図ったが、その後もさまざまな企業不祥事が起こり、一九九六年には新たな企業行動憲章を作成した［奥村 1997］）。それはバブル絶頂期に雨後の筍のような誕生した、企業の社会的貢献・企業メセナ・環境問題対策等の社会的課題事項への対応のための組織が企業の経営中枢機関的な組織（経営戦略・経営企画等）ではなく、総務・広報的組織の一機能として位置づけられていることにみられるように、企業経営にとっては社会的責任を果たすということは重要な経営戦略ではないことを示しているといわれても抗弁のしようがないだろう。

しかし、米国では、一九六〇年代から一九七〇年代にかけてのさまざまな社会的課題事項の発生（例―ウォーターゲート事件の余波で発生した、大企業の政治家買収、外国の政府や企業に対する不明朗な金銭支出、インサイダー取引問題等）を背景として、企業の社会的責任をこれまでのような事後対応的な形ではなく、「企業と社会」関係の相互作用的視点からのアプローチの必要性を認識するとともに、企業の社会的責任論を「経営上の社会的課題事項」への対応方策の要素として受け止め、社会的課題事項の発生の予測・事前対応などを企業行動としての実践としてきたことである。（こうした考え方は、後述の〈企業の社会的即応性〉として具体化されている）。また、企業の社会的存在としての位置づけを「企業の社会的業績」（Corporate Social Performance）（企業行動の社会化）としてより明確にしていく方法として、企業業績（Corporate Performance）を企業の私的利益追求型の経済的業績としてのみ捉えていくのではなく、企業の社会的責任を企業業績の経営指標の一つとして反映する「社会的業績」として具体化すべきであるという考え方も登場してきている。残念ながら、わが国では右記のように、企業の社会的責任を経営戦略上の根幹的な問題として経営戦略に組み込んでいる企業はまだ多数派になっていないのが実情である。

(2) 「企業の社会性」の構成要素——新しい企業行動展開

① 「企業」概念の現代的理解——現代企業に求められている社会的使命とは何か

企業は企業目的を達成していくための諸活動(生産から販売に至るまでの過程)を統合化していく営利組織のことであるが、基本的には、企業利益を追求していくことを第一義的目的とし、その利益を株主(stockholders)に継続的に再配分していくという株主利益を優先すべきであるとするのが伝統的な企業概念である。

こうした考え方は企業経営の内的環境を重視した、「閉鎖的なシステム」としての企業経営概念であるが、今日では、外的環境との相互関係によって成立しているという、「開放的な経営システム」としての企業活動なくしては、企業概念を語ることはできない。経済的利益の確保を目的とした企業概念は公害問題や環境問題における「外部不経済論」(受動的社会的責任論)や企業の社会貢献活動や企業メセナ活動にみられる「企業の社会的活動論」(能動的な企業の社会責任論)等の論議の高まりによって、当該社会（あるいは、地域社会）に一定の社会的・経済的・文化的な役割と責任を担っているという、「社会的存在」としての企業概念へと転換しつつある。「企業が一つの経済的機関であるという意味では、事業の経営は第一義的な重要性を与えられる。しかし、同時に、企業は社会的な機関であり、企業は基本的な社会的信念と目標の実現の場所としても眺められるという意味では……経営者にとって事業の経営と同等の重要性を持つものである」、というＰ・Ｆ・ドラッカーの洞察力のある指摘は企業の社会的存在としての意義を再認識させるものである（ドラッカー 1987）。

次に、こうした社会背景の中で、現代企業の特質を明らかにしていくために、米国・欧州・日本における企業概念を考察することにしたい。日本・欧米の企業活動の比較研究においてすぐれた業績を残している吉森は「企業」概念を利害関係者的アプローチから捉え、現代の企業活動の特質を明確に提示している。吉森は企業概念を「会社はいかなる利害関係者（従業員・経営者・株主・主力銀行・納入業者・代理店等）の利益のために経営されるのかという問いに対する答えである」とした上で、企業の利害関係者の主体がだれか、ということによって企業概念の捉え方が異なり、企業行動も変わってくることを指摘している。まず、米国や英国の場合、私有財産としての企業を企業の存立基盤とする考え方は株主の利益のためにのみ存在し、他の利害関係者に優先して企業活動にあたるとしている（「一元的企業概念」）。他方、社会的制度としての企業概念が定着化している欧州、とりわけ、フラン

図表4-2 企業概念の比較

企業概念	内 容
■英・米の「企業概念」（一元的企業概念）	＊私的企業は株主の私有財産。 ＊企業目的は株主利益の維持・発展。 ＊経営者の役割は株主の利益代理人として，株主から委託された投資への収益の確保にある。
■仏・独の「企業概念」（二元的企業概念）	＊社会制度としての企業概念が支配的。企業は株主とは独立して存在し，企業自体の目的と利益のために存在する。 ＊企業は利害関係者の総体である。 ＊経営者の役割は株主のみの利益の代表者ではなく，株主を含む企業の全ての利害関係者の全体利益の調整者である。企業は企業の長期的存続・反映を実現していく「公器」である。
■日本の「企業概念」（多元的企業概念）	＊従業員の利益（雇用保障）を最優先する。 ＊企業はその利害関係者全体（従業員・株主・仕入れ先・代理店等）の長期的利益を増進するために存在している。

（出所） 吉森（1993：32-37）

ス・ドイツにおいて、企業は「あくまで株主利益が最大の優先度を与えられ、これに抵触しない範囲で従業員（労働組合）の利益が考慮されることに特質がある」としている（「二元的企業概念」［吉森 1996］）。

これに対して、日本の企業概念は「利害関係者の長期的利益の総体とするが、その利害関係者のなかで、従業員の利益（雇用保証）が最優先される」とした上で（吉森：1993、図表4－2を参照のこと）、日本の企業概念の特質を「第一に、従業員の利益、すなわち、雇用保証に最大の重要性が与えられていることにある。……第二に、優先度は低くなるが、その他の利害関係者の利益も考慮されることである（M・E・ポーターの大きな利益共同体）。……第三に、米欧との最も大きな違いは労使関係に会社の基本目標、すなわち、企業の長期的存在と競争力の向上、維持に関して労使間に基本的合意が成立していることである」としている（吉森 1996）。

このように、欧米型の企業概念が株主利益を最優先し、さらに、投資効率主義による短期的利益を追求する組織体であるのに対して、日本の「企業」概念は、利害関係者の長期的利益、並びに、従業員の利益を最優先とする経営原理を採用している組織体であるところに特徴がある。この背景には、「終身雇用」「年功序列」「企業別組合」という日本的経営としての基本的要因が存在しているといってもよいだろう。欧米型の企業が利益至上主義であるにもかかわらず、社会的活動を活発に行なっているのは、企業の社会貢献活動（企業フィランソロピー）の理念にみられるような「啓蒙された自己利益」（Enlightened Self-Interest）[(1)]という、あくまで中・長期的な観点からの企業利益の確保という経営戦略的な基盤としての社会性が存在しているからであろう。

こうした観点からすると、日本における「企業」概念は経済的目的（企業利益）と社会的目的（雇用者利益）との調和的な考え方に支えられている、社会性の高い企業概念であると思われるかもしれないが、これはあくまで、企業という運命共同体内の成員に対する温情主義的労使関係を起因としている、「企業内社会性」（閉鎖的な社会性）によるものといってもよいだろう。

企業の社会的役割に対する社会からの要請が高まっている今日、現代企業の概念を経済的目的（経済的利益）と社会的目的（社会的利益）とを統合化した、社会的役割を担った新しい社会性（開放的な社会性）をもつような概念として捉えていく必要があるだろう。その意味で、企業利益至上主義型のエクセレント・カンパニー時代からの訣別を志向している、「人間・社会・環境対応型企業」（HuSEC―Human-Socio-Ecological Company）思想（三上富三郎）、企業における人間性の向上が経済性を向上させるという「エレガント・カンパニー」思想（赤岡功）、企業としてのクオリティを高め、社会に尊敬される存在としての「美しい企業」思想（榊原清則）などのような、社会性・人間性を「企業」概念の基本的価値として提示する考え方は、現代企業における社会性の意味を再構築していく際にきわめて示唆的な意味をもつものであろう。さらに、今日の企業が求められている「社会性」とは何かを検討していくことは、産業主義的価値観（人間中心主義的な効率主義）と環境主義的価値観（自然環境との共生）という対立する価値軸の狭間で苦闘している企業にとって、これからの企業経営のあり方を再考していく上での新しい視点を提供していくことになるものと思われる。

② 企業目的の現代的視点――経済的目的からの社会的目的への転換

私的利益の追求や利潤の極大化という経済的目的の達成が、“Going Concern”（継続的企業体）としての企業の基本的な任務であることは周知のことである。しかし、企業が財・サービスを提供していく対象は社会という市場であり、その社会から対価としての利益・利潤を得ることも事実である。現代社会における商品戦略という課題をとってみても、社会的ニーズ（あるいは、生活者ニーズ）に適合しないような商品を市場に供給しても、それらの商品は消滅の運命を辿るだけである。

その意味で、企業は社会を市場とし、消費者（あるいは、生活者）を顧客対象としている限りにおいて、社会や消費者にとって弊害となるような経営戦略・商品戦略を採用すれば、その企業は自然淘汰されることになる。そうした観点からすると、企業が存続しているということは、企業が本源的には社会的目的を内包しているということになる。しかし、これまでの企業は私的利益の追求という経済的目的が主で、公共的利益の追求という社会的目的が従という経済目的優先主義をとっていたために、企業目的としての社会的目的の明確化を回避してきたのであろう。

公害問題・環境問題の深刻化、消費者問題の多様化等の事態は、「大量生産―大量消費」型の産業社会システムの論理を企業に転換させ、さらに、経済的目的による企業経営の拡大化の追求という企業行動に変化をもたらしてきた。このことは、社会環境の変化に対応できない企業目的をもつ企業は社会や市場からは受け入れられなくなってきていることを意味している。経済発展と環境保護の共生を志向する「環境主義」（Environmentalism）時代の到来や高齢化社会を背景とした、環境分野や医療・福祉分野における新しい社会性の高い事業領域の開拓の動きはこうしたことを反映しているとい

図表4-3 収益性・成長性と“社会性”

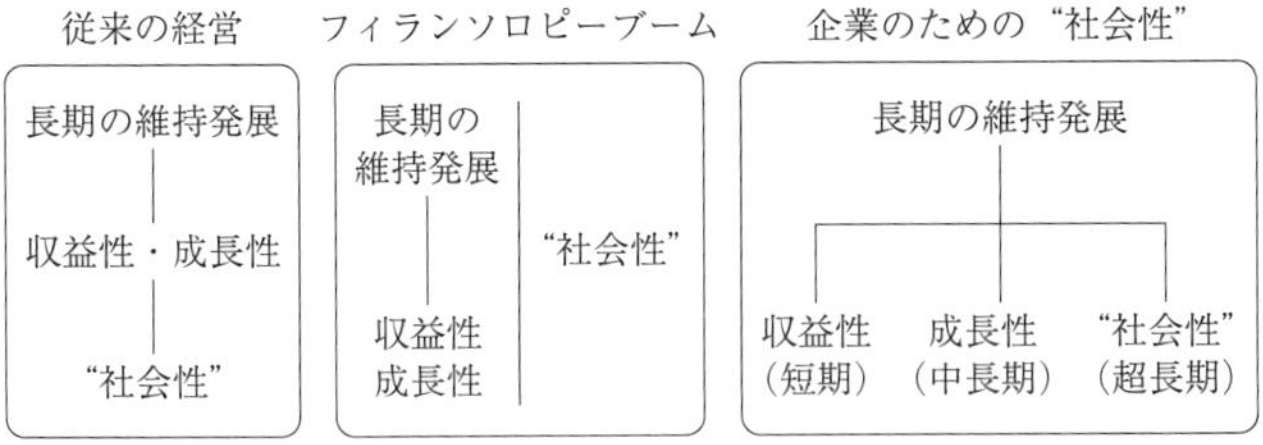

（出所） 岡本（1994：66）

ってもよいだろう。

企業目的としての社会性（社会的目的）は従来、企業の社会的責任論、企業の社会貢献論などにみられるように、経済的目的とは別個の形で論じられることが一般的であった。これに対して、岡本は企業の社会貢献・地域貢献・従業員の生活向上・地球環境保護といった問題を企業の収益性・成長性に対して、「社会性」と呼んだ上で、企業評価対象としての社会性のあり方を論じている。企業目的としての「社会性」とは、「社会のためではなく、あくまでも企業のための社会性であり、下位の手段としてではなく、上位の手段として考える」ものであるという立場から、さらに、「〝社会性〟をより上位の目的と考え、収益性・成長性といった目的と一貫性を持たせ、継続的に社会貢献を行っていく必要があるだろう。したがって、現代の企業に求められる〝社会性〟は、収益性・成長性と同じレベルの目的に位置づけられるべきである」と主張している（岡本：1994）。具体的には、短期目的は収益性、中長期目的として成長性、超長期目的として〝社会性〟となる（図表4－3を参照のこと）。

企業目的の異なる内容を時系列的に同レベルで論じる、すなわち、①短期―収益性、②中長期―成長性、③超長期―社会性の視点から、企業目的を便宜上、段階的に設定していくことは可能であろうが、現実的には企業は同時並行的に、収益性・成長性・社会性というそれぞれの企業目的を遂行していくことが要請されている。そのために、経営戦略上の現実的な議論としては、このような時系列的にパターン化された企業目的の遂行に関する論理については、企業目的の比較優位性についての具体的な検討がさらに要請されることになるであろう。しかし、社会的目的を経済的目的と同列に論じている点では、興味深い議論である。

また、岡本は〈企業の社会性〉を加味した、企業評価の方法として、「ソサイアタル・パーフォーマンス」（Societal Performance）[2]という収益性＋成長性＋社会性という評価指標を使って、〈企業の社会性〉の度合いを評価している。具体的な社会性指標に、①環境保護要因（社是・影響力・取り組み）、②社会貢献要因（社是・社会福祉・メセナ）、③地域貢献要因（社是・各活動・地方税）、④ゆとり要因（社是・活動・有給休暇―企業としてのゆとり度）を取り上げ、段階的に評点化することによって企業の社会性を評価している（図表4－4を参照のこと）。

このような社会性指標についても、社会性指標の選択基準、各要因の相互関係、各要因の構成要素

図表4-4 ソサイアタル・パーフォーマンス

ソサイアタル・パーフォーマンス（0～15）
=収益性+成長性+“社会性”
1 収益性
　総資本経常利益率［0～5に評点化］
2 成長性
　4年間移動平均売上高伸び率［0～5に評点化］
3 “社会性”
　環境保護，社会貢献，地域貢献，ゆとり［下記により評点化］
　A 環境保護（0～1）=A1+A2+A3
　　A1：社長（0～1/3）　A2：影響力（0～1/3）
　　A3：取り組み（0～1/3）
　B 社会貢献（0～1）=B1+B2+B3
　　B1：社長（0～1/3）　B2：社会福祉（0～1/3）
　　B3：メセナ（0～1/3）
　C 地域貢献（0～1）=C1+C2+C3
　　C1：社長（0～1/3）　C2：各活動（0～1/3）
　　C3：地方税（0～1/3）
　D ゆとり（0～1）=D1+D2+D3
　　D1：社長（0～1/3）　D2：活動（0～1/3）
　　D3：有給休暇（0～1/3）
　“社会性”（0～5）=（A+B+C+D）／4×5

（注） 計算式は省略
（出所） 岡本（1994：69）

の吟味、指標の評点化の方法といった面での理論的整合性・現実的妥当性の面でのさらなる再検討が必要に思われるが、企業目的の社会性の重視という現代的視点を提示しているという側面では、伝統的な企業目的観を再検討していく有効な材料を提供しているといえるだろう。

③ 企業目的の現代的展開――企業行動における〈経済性〉と〈社会性〉の統合化

経済的目的と社会的目的とを統合的に集約していく方向性については、すでに企業目的としての「社会性」という形で検討してきた。ここでは、企業目的が企業業績との関連で、どのように位置づけられ、どのような役割を担うべきかについて考察し、「社会性」としての企業目的が企業業績において重要な役割を果たしていることを提起していくことにしている。

現代企業が置かれている社会環境の変化の中では、企業が企業目的を経済的目的に限定した企業行動を採用していくことは困難になってきている。公害問題や環境問題等を契機として展開されている「自然環境との共生」や高齢化社会に対応した、医療・福祉分野における「新しい事業領域」(ドメイン)の構築等の課題は、企業が社会性の高い企業行動を遂行していくことの必要性を明示しているものである。そうしたことから、企業活動全体における、「社会性」の具体的な位置づけや役割の明確化が企業経営にとって急務の課題となっている。

すでに指摘したように、現代企業は企業目的を「経済性」と「社会性」が上位目的として対等に位置づけていることが確認されている。そこで、ここでは、そうした二つの側面をもつ企業目的が企業の具体的な活動領域(事業領域・製品/サービスと行動・成果(企業行動・企業業績)の中で、どのような役割を担っていく必要があるかということについて提示していくことにしている(図表4-5を参照のこと)。現代企業は「経済性」と「社会性」という企業目的を基盤とした上で、利益追求の面では、経済的目的を追求していく「経済的利益」と社会的目的を追求していく「社会的利益[3]」とが最適な状

図表4－5　企業業績の統合化の関連図

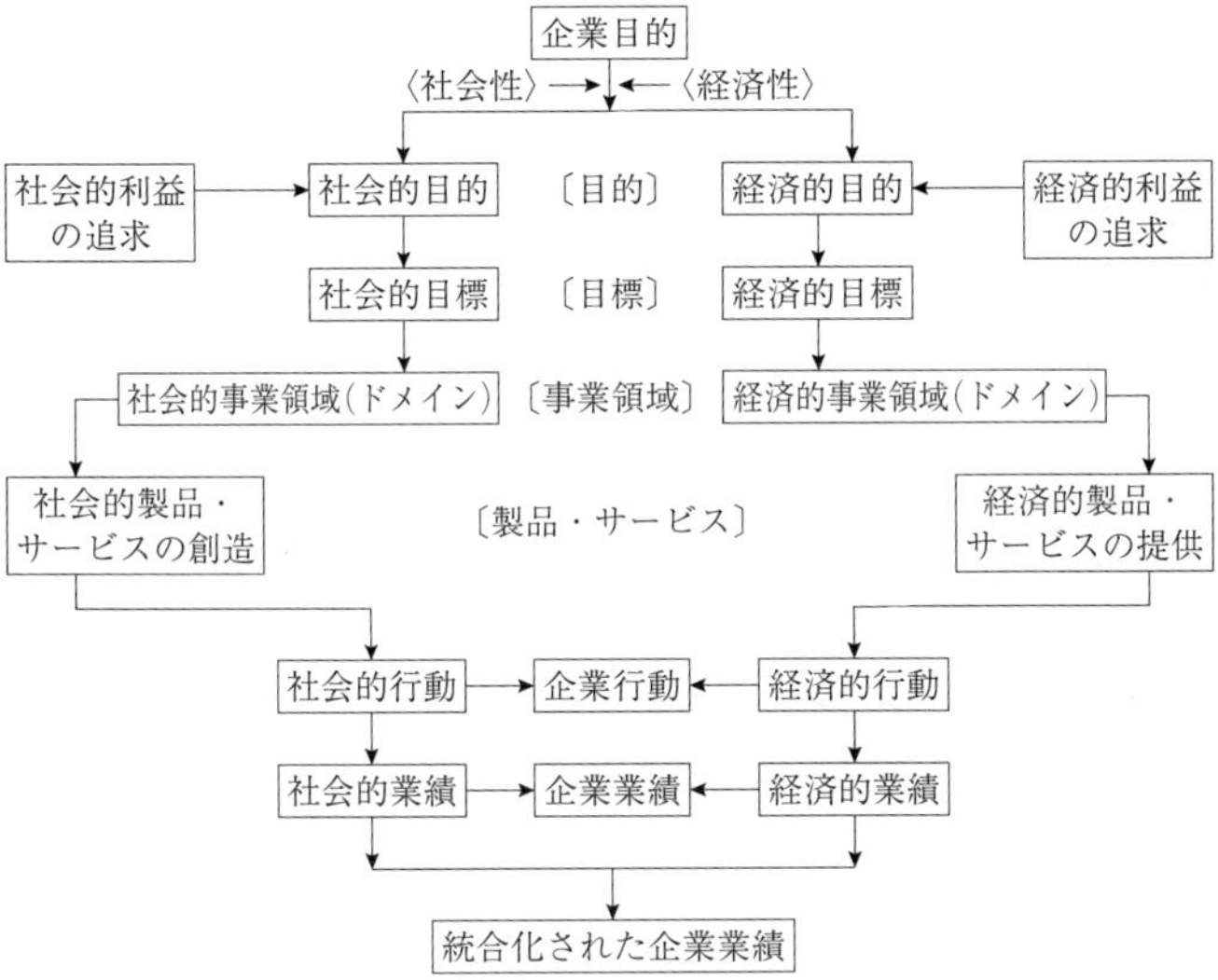

（出所）　松野（1999：240）

態（利益の極大化から、利益の最適化への転換）で維持されることが必要になってくる。企業目的の客観的到達状態としての目標が右記の各目的にも適用されることになる。つまり、経済的目的には経済的目標が、さらに、社会的目的には社会的目標が、設定されている。

こうした各々の目標を企業の具体的活動として示しているのが製品市場戦略としての「事業領域」（ドメイン）の明確化である。これまで、企業の社会的活動領域は非市場的活動ということもあって、社会的責任活動・社会貢献活動等にみられるように、企業の事業領域と分離した形で扱われてきているのが現状である。ここでは、企業のこ

図表4-6　企業の社会的行動のパターン

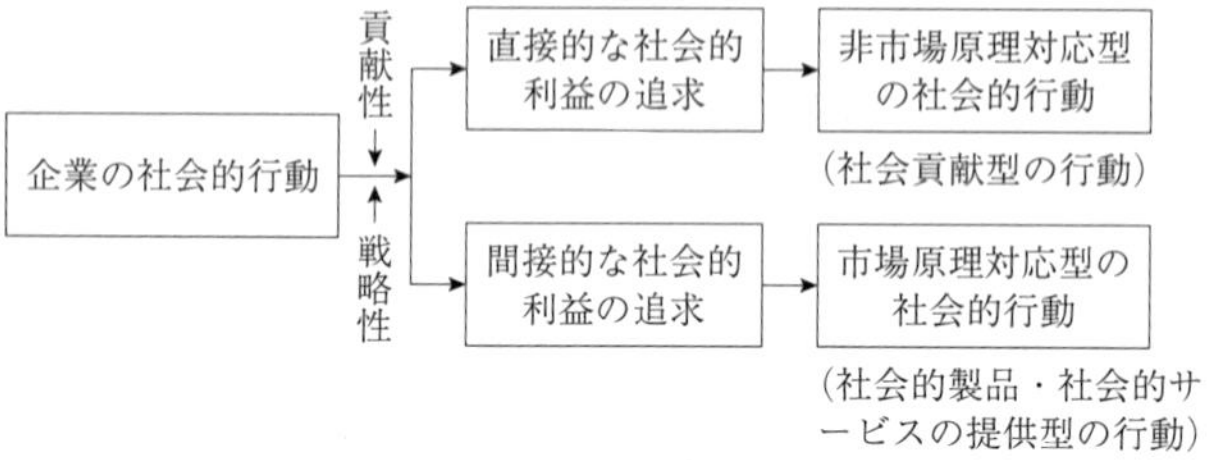

（出所）　松野（1999：241）

れまでの非営利原理型の社会的活動（企業の社会貢献活動・企業メセナ活動等）と異なり、営利志向性ではあるけれども、社会性の高い企業活動としての新しい社会活動、すなわち、従来、利益面では無視されてきた、環境・医療・福祉等の分野の製品・サービスの提供を「社会的事業領域」（社会的ドメイン）[4]として事業領域化していくことの必要性を示唆しているとともに、経済的利益至上主義型（利益の極大化）の企業行動から、社会的利益重視型（利益の最適化）の企業行動としての「社会的行動」[5]を今後の企業行動のもう一つの側面として明確化していく必要性を提示している。

この社会的行動には、図表4-6に示されているように、①直接的な社会的利益を追求していく、非市場原理対応型の社会的行動（例―社会的責任活動・社会貢献活動等）と、②間接的な社会的利益を追求していく、市場原理対応型の社会的行動（例―環境・医療・福祉分野等にみられるような社会性の高い製品・サービス提供型の行動）、の二つに分類される。後者の社会的行動がこれまで等閑視されてきた事業領域であ

図表４－７　社会的製品・社会的サービスの内容例

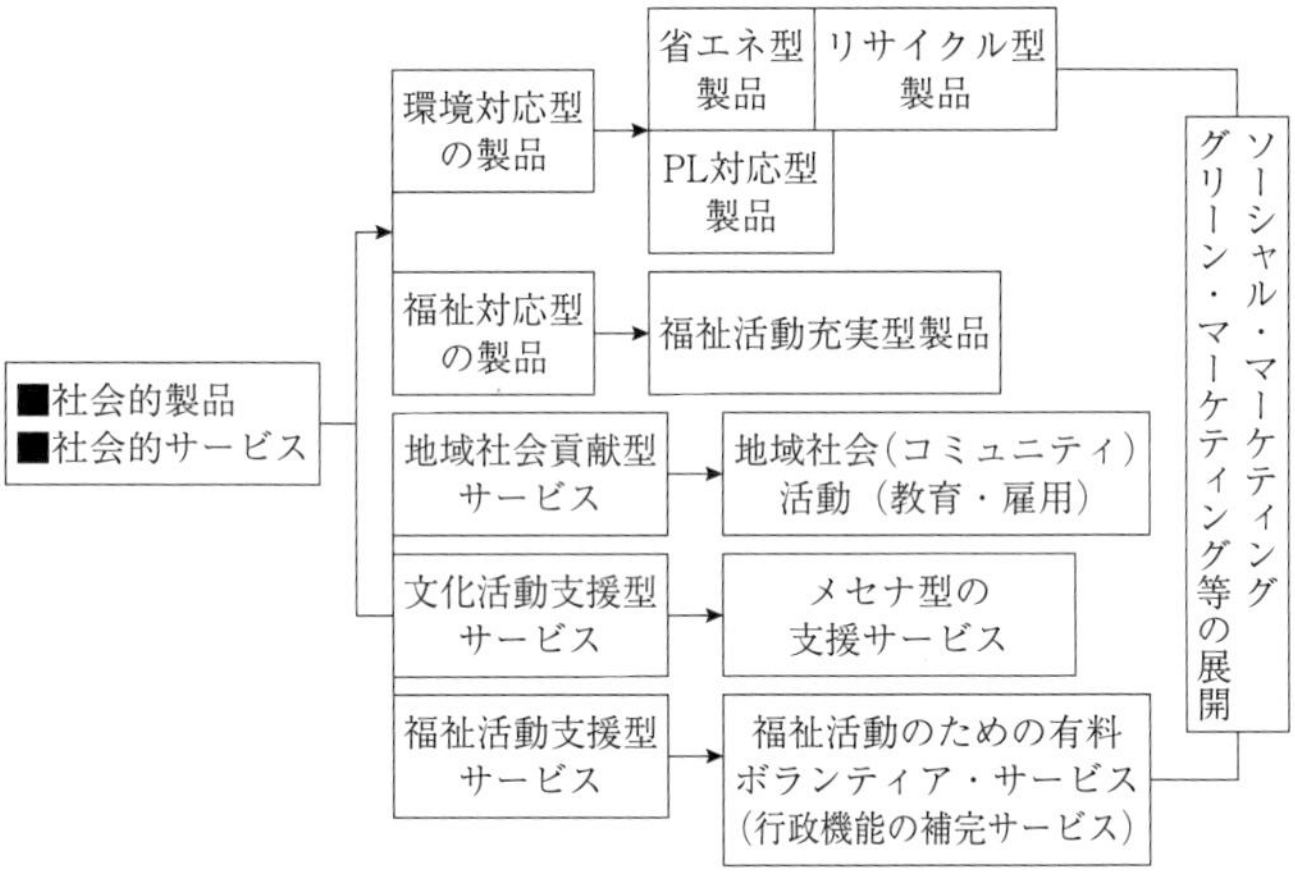

（出所）　松野（1999：242）

る。

さらに、こうした事業領域の設定のもとに展開される、製品・サービスの提供が、①経済的製品・社会的サービスの提供（企業の伝統的な事業活動）と、②社会的製品・社会的サービスの提供（社会性に対応した企業の新しい事業活動）である。(6)

とりわけ、社会的製品・社会的サービスの提供は、㋐市場原理対応型の事業活動としての製品の提供と、㋑非市場原理対応型の事業活動としてのサービス、とに分類され、社会的製品としては、環境対応型の製品（省エネ型製品・リサイクル型製品・PL対応型製品等）や医療・福祉対応型の製品（低価格の患者向け医療機器・福祉活動充実型の製品等）が市場向け製品としての導入が可能なものである。社会的サービスは従来の社会的責任・社会的貢献型の活動を行っていくものであり、企業の質的な社会的行動をサポートしていくものである（詳細については図表4－7を参照のこと）。

このように、これまでの経済的製品・経済的サービスの提供によって経済的利益（極大化）を確保していく企業行動を企業の経済的行動として位置づけた上で、新しい事業分野としての社会的製品・社会的サービスの提供によって適正な経済的利益（最適化）を追求していく企業行動を企業の社会的行動として新たに設定していく。つまり、利益性の高い製品・サービスの提供を経済的行動によって、さらに、利益性の低い製品・サービスの提供を社会的行動によって行い、最適化された利益を産み出すことによって、企業は経済性・社会性の両面において、バランスのとれた企業行動を遂行することが可能となる。その結果、企業業績は経済的業績と社会的業績との最適に統合化された成果として集約されることになる。

④ 企業的公共性の視点・基準と企業の社会的行動

現代企業が社会的存在としての意義を自覚し、具体的な企業行動を通じて、「企業の社会性」を提示していく考え方を右記で示したが、基本的には企業が社会性のある行動を展開していくためには、その行動のための価値基準を明確に設定していく必要がある。そのためには、「企業の社会性」という曖昧で抽象的な価値基準ではなく、「企業的公共性」の視点と基準から捉え直していくことである。

換言すれば、企業経営における社会的価値としての「公共性」を企業の理念・行動・利益の視点から再構築していくことである。このような企業的公共性は私的存在としての企業と社会的存在としての企業を統合化していく考え方である。

この「企業的公共性」は、具体的には、①理念としての「公平性」（fairness）、②利益志向性としての「公益性」（public interests）、③行動としての「公正性」（justice）、を基準とすることが考えられる。企業はどんな利害関係者（株主・従業員・顧客・取引先・地域社会）に対しても公平無私な態度で接することが求められており、特定の顧客や株主に対しても平等に対応していく必要がある。さらに、すでに指摘したように、企業は私的存在として、私的利益（経済的利益）を追求する組織体であるけれども、他方、社会的存在として、公共利益（社会的利益）を追求していく複合的な機能をもつ組織体でもある。私的利益と公共的利益の均衡化を図っていくことが企業経営に求められている。

また、企業行動は特定の利害関係者の利益保護のための行動ではなく、社会全体の公共的福祉を維持・実現していくことが「社会的正義」（Social Justice）としての公正性なのである。近年、企業の社会的活動の重要性が叫ばれ、こうした活動に先進的な企業では、企業経営の要としての戦略化が検討されている状況にもかかわらず、大企業の不祥事が相変わらず頻発していることは、わが国の企業が社会的存在としての意義や存在理由を十分に理解していないばかりでなく、あまりにも道徳的で高邁な経営理念を掲げることによって、企業の社会的行動の具体的展開の指針・方向性を曖昧化・抽象化していたためといっても過言ではないだろう。

企業行動における根源的な意味としての「社会性」が問われようとしている今こそ、企業的公共性を企業行動の具体的基準として設定し、企業の社会的行動に関するアジェンダを経営戦略としても明確にしていく必要があるだろう。こうした企業的公共性を基盤とした企業行動を通じて、企業は「企業としての正当性」（Corporate Legitimacy）を獲得し、社会的存在としての役割と責務を社会に対して果たすことができるのである。

（3）CSR論への現代的視点――社会的課題事項への対応性

こうした背景から、企業活動の成果としての利益配分の対象が従来の株主（stockholders）から、企業を取り巻くステイクホルダー（stakeholders―利害関係者）へと拡大され、直接的な経済的利益だけではなく、公共の福祉の増進に貢献するような社会的利益を社会に還元していく活動が社会的責任の一部とされることになったのである。

また、この時代には、企業の独断専行的な社会的責任の遂行ではなく、社会的期待、社会的要請に対応した社会的責任活動の展開、すなわち、企業の広範なステイクホルダー（従業員・顧客・取引先等

図表4－8　企業のマクロな環境

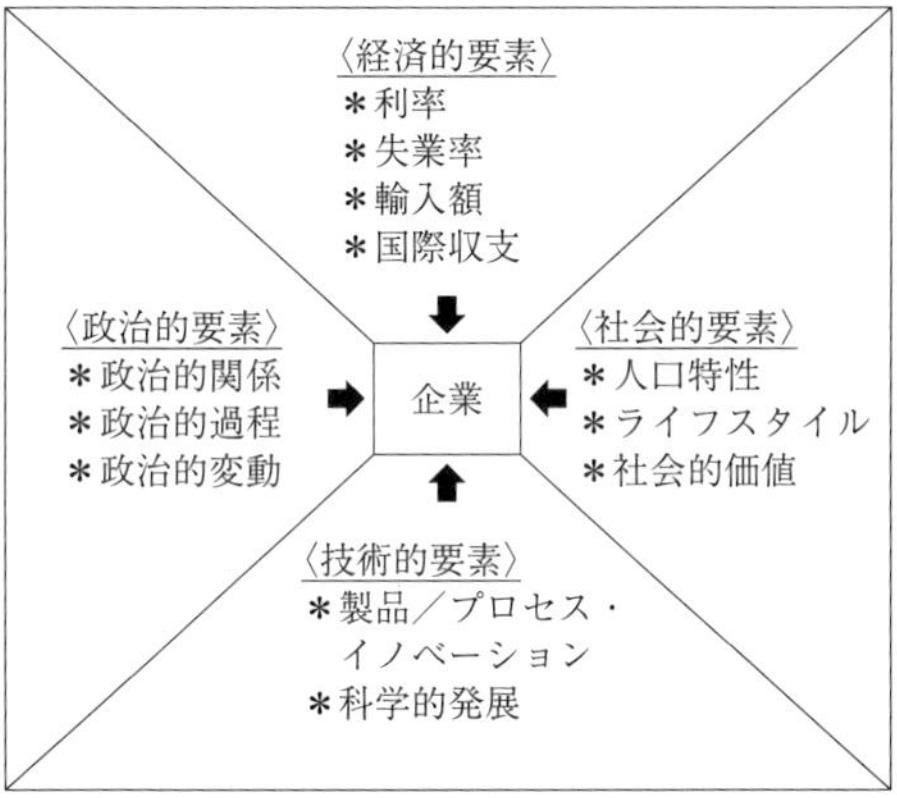

（出所）　J. E. Post et al.,（1996：71）

の直接的な利害関係者のみならず、地域社会、社会、世界なども含む）を対象とした上で、①企業に対して、対外的な社会問題（例―貧困、麻薬禍、都市の荒廃等）、②通常の経済活動の対外的影響（例―生産施設による汚染、工場閉鎖・工場設置の社会的影響等）、③企業内部に発生し、通常の経済活動と本質的に結びついている社会的課題事項（例―雇用機会の平等、職場の健康・安全、労働の質の向上等）にみられるような企業経営における社会的課題事項に予測的（anticipatory）に、かつ、事前対応的（proactive）な企業行動を実施していくという意味での新たな社会的責任活動としての「企業の社会的即応性」（Corporate Social Responsiveness）が重視され、企業行動として具現化されることになるのである（中村他 1994：247-251）（図表4－8を参照のこと）。

わが国では、こうした企業の社会的即応性論の現実

図表4-9　「企業業績―社会的期待」のギャップからみた企業行動としての企業の社会的責任と社会的即応性の関係

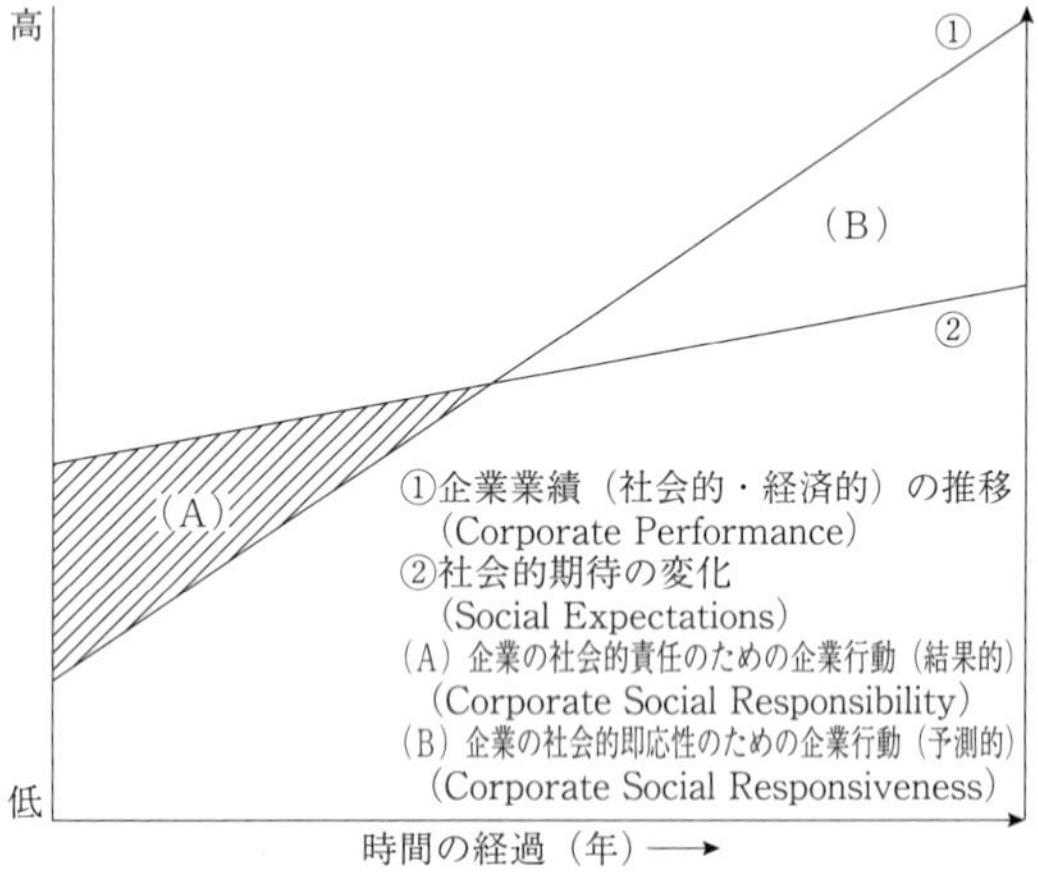

（出所）松野（1999：251）

的展開は未成熟な状態であるけれども、環境問題をはじめとする社会的課題の高度化・多様化の進展により、企業の社会的即応性論を経営戦略の一環として位置づけ、社会的期待・社会的要請に対応できるような企業経営態制・組織態制の構築が今後、求められることになるだろう[7]。

　こうした観点から、企業の社会的責任を現代的に捉えていくとすれば、「企業と社会」関係を重視していく社会環境論的視点から、企業業績（社会的業績・経済的業績）と企業に対する社会的期待（広範な利害関係者からの）とのマイナスのギャップ（格差）を埋めてきたのが企業の社会的責任ということであり、社会的期待に対応した、企業業績をあげていくことが企業の社会的即応性ということになる（図表4-9を参照のこと)。

そのためには、社会的課題事項に対して、企業が事後対応・結果責任的視点ではなく、事前対応・予測志向的視点から対応し、社会的期待・社会適用性に十分に耐えうる企業業績を組織的に達成していくための総合的な経営システムを構築していく必要がある。そのためにも、企業の社会性を価値基準とした、経営理念・経営政策・経営戦略等を経営戦略の重要な柱として総合的視点から、具体化していくことが必要となってくるだろう。

4　企業行動における正当性と責任

企業による権力(経済的権力)行使は正当性をもって遂行されることによってのみ、社会環境主体、ひいては、社会全体によって容認されるのである。そのためには、企業の権力行使の現実的形態である企業行動が社会の法的規範に反しないようにすることはもちろんのこと、(企業内部の価値規範や倫理・道徳ではなく)社会の価値規範や倫理・道徳に沿うものでなければならない。J・プライスによれば、「行動が社会的に受容される度合」を正当性(Legitimacy)というならば、権力の行使には正当性が必要であり、企業の場合もその例外ではあり得ない(Price, 1968)。「自己が引き受けてしなければならない任務」を責任（responsibility）と定義すれば、権力の行使には、それが正義（justice）にかなうとして関係者に受容されることを確保する責任が伴うのである。このことをK・デービスとD・ブロムストローム（1975）は「権力─責任均衡の原則」（the power-responsibility equation principle）と呼び、それが人類の普遍的「鉄則」（iron law）であって、「正義の必要条件」（a necessary antecedent to justice）であるとした（森本 1994：4／K. Davis & R. L. Blomstrom）。

「責任」（responsibility）とは、前述したように「自己が引き受けてしなければならない任務」を意味するが、その英語が示しているように、責任の特徴は、他人に応答すること（respond）である。したがって、責任は、単に規則等で定義された任務ではなく、行動を通じた他人の期待への対応でなければならない。つまり、責任には、行動の過程と結果の評価がかかわることになる。これらのことからすれば、責任はまず、他人の期待に応えて行動すること（対人応答義務）であると同時に、その行動の結果が他人の期待を満たすもの（結果責任）でなければならない。そこで、ＣＳＲは社会、ないし、各種環境主体の期待に沿った行動をすること（正当性の必要条件）に加えて、その内容、ないし、結果がそれらの期待を満たすものでなければならない（正当性の十分条件）のである。

今日では、企業活動を社会環境主体や社会全体との関係において捉え、さらに、企業の経済的業績と社会的業績とを有機的に統合化させるような、「企業的公共性」（企業的社会性）に対応した経営戦略——私的利益と公的利益との有機的連関性を図る社会的戦略——を策定していくこと、具体的には、生活者としての消費者から社会的に正当に評価される企業経営、すなわち、「社会的評価経営」（Socially Evaluated Management）を構築していくことが現代企業の重要な社会戦略の一つであるばかりでなく、「企業と社会」論の今日的な役割を担う一つの示唆になると思われる。

5 「企業の社会性」と「企業倫理」の位置

わが国における近年の度重なる企業不祥事は企業行動の「社会性」を追求していくためには、「企業倫理」（Business Ethics）だけではなく、「企業の社会的責任」（ＣＳＲ）を経営政策や経営戦略にビルト・インさせて、企業の正当性を確保し、かつ、発展させていくことの必要性をあらためて企業経営者に認識させているといえるだろう。

現代企業はグローバルな企業間競争を生き抜くために、自社の属する産業の構造や異業種参入の脅威、あるいは、市場の動向などを探りながら、競合他社や自社の経営資源の強み・弱みを分析し、さまざまな経営戦略を練り続けていかなければならない。

そうした経営環境の中で、近年、ＣＳＲ論は企業が存立する限り、常に考慮され、議論されるべき概念であるとして注目されることとなった。個人が裕福であろうと、貧しかろうと、社会において責任を果たす義務があるのと同様に、企業はその業績の良し悪しにかかわらず、常に社会に対して責任を果たさなければならない。これまで、企業は財務的に余裕がある時には、その社会的責任に大きな関心を寄せたが、収益が悪化すると、利益を上げて自らが生き残ることを企業の最重要課題とし、「コスト削減」を名目として環境破壊やモラルなきリストラを行うなどして、社会的責任の遂行をうやむやにしてきた。

「企業の社会性」へのこうした企業の受動的な姿勢に対して、消費者やNPO活動団体が異論を唱えはじめ、「企業は社会の一員である限り、その責任を果たさなければならない」とする主張が一般化してきたようである。

一方、われわれは本書において、CSRを企業行動の結果的行為に対する社会的対応という視点のみならず、経営戦略的な視点（企業活動における経済的利益と社会的利益が相反するのではなく、相互の利益が創出されるような戦略としてのCSR）から捉えることの重要性を主張してきた。

これまで、企業はCSRを企業のステイクホルダーとの関係（各々のステイクホルダーに対する職務遂行責任）、企業倫理（企業不祥事をなくすためのコンプライアンス責任）、企業の社会貢献活動（企業フィランソロピー）や企業メセナ活動などとして考えてきたが、それらがたんなる「流行」として終わることが多かったのは、企業がそれらを長期的・戦略的な経営戦略の中に位置づけることをしないで、社会イメージの向上のための、アピール的な短期的・断片的な戦略手段としてしか捉えておらず、市場と乖離した形で考えてきたためである。

そうした企業の社会活動が企業の一つの機能として、企業に根づかせるためには、それらの社会環境を市場に関連づけてとらえる「企業的社会戦略」（Corporate Social Strategy）の視点と考え方が必要であり、その実践化が今日の企業に求められているのである。

現代のような世界経済の混迷期においては、企業の進むべき方向性を明確にするために、「経営理念主導型経営戦略」の策定が不可欠となる。しかし、ここで問題となるのが、「経営理念の中身」である。もちろん、「生存論理」を前提とした経営理念を設定することも可能であるが、大抵の場合、それは自社――経営トップ――の利益だけの立場からの経営となりがちなので、社会的収支をプラスにすることなど念頭には置かれていない。では、従業員や顧客、そして、一般社会の満足を充足させて、社会的収支をプラスにもっていくためには、どのような理念が望ましいか。立場によって、いろいろな考え方ができるが、われわれは、「経営理念に『倫理哲学』が組み込まれている」ということが絶対条件であると考える（あくまで、「組み込まれている」ということが重要であり、経営理念＝倫理哲学ではない）。すなわち、「倫理哲学を戦略的意思決定に組み込むことによって、企業の社会的責任を果たす」ことがこの混迷期を乗り切る前提条件なのである。

歴史はそのことを実証的に裏づけている。洋の東西を問わず、社会的責任を果たしてきた企業経営者に共通しているのは、「企業は社会の中に存立している。したがって、われわれの目は自社の利益とともに、常に社会にとっての利益に向けられていなければならない」という基本理念である。そうした経営者の多くは論理に基づいた「合理性」を追求し、競争や実力主義を重視するが、それはあくまで技術的、戦術的な面においてであり、その背景としての戦略には、「社会のために」という倫理哲学が明確に示されているのである。

6 企業価値の倫理的側面とその革新——「企業倫理」の機能と課題

CSR論が企業の社会的価値を高め、社会的期待に応えていくためには、企業の社会性を価値的側面（倫理的側面・政策的側面・戦略的側面）から革新させていく必要がある。米国では、こうした三つの側面の有機的統合化のための研究が理論的・実践的に推進されているが、日本では、企業倫理論の革新を中心とした、「企業の社会性」に関する価値的側面の研究が中心的課題となっている。ここでは、CSR論を「企業と社会」論の枠組みの中で企業価値の倫理的側面をどのように革新させていくか、という企業倫理の機能と課題について、理論的・実践的両面からの検討を加えていくことにしている。

(1)「企業倫理」論における二つのアプローチ――「理論的アプローチ」と「実践的アプローチ」

梅津によれば、企業倫理には、①理論としての企業倫理、②制度としての企業倫理、③実践としての企業倫理の三つのレベルがあるとしている(梅津 2002:7-9)。①は、功利主義(費用と便益との関係)、義務論、権利、正義などといった、普遍的で抽象的な規範論や原則論の概念を用いて、倫理的問題の性質を分析し、どのような行動をとれば倫理的な結果を生むことができるかを考えるものである。また、この立場では、企業のあるべき理想とそれを実現するための手続きが議論の対象となる。②は、①よりもより倫理的行為の実践を重んじる倫理の立場であり、現実により近づけようとするものである。具体的なケースを課題として取り上げるケース・メソッドを用いて、自らの意思決定とその理由づけ(どのような規範や原則を用いるか)を定式化するという方法をとっている(梅津 2002:75)。また、③は社会一般、および、企業内部での具体的実践を目的とした、さまざまな法律、制度、システムの開発と確立を行なおうとするものである。高等教育機関における研究・教育体制としての制度化、企業内部における制度化、企業倫理を間接・直接に支援する社会支援システムの制度化(民間支援制度、公的支援制度)が同時並行的に出現し、社会全体に定着していった(梅津 2002:128)。

本節では、①を「理論的アプローチ」、③の制度化（とくに企業内制度）を「実践的アプローチ」と呼び、以下に各々のアプローチの特徴と、企業倫理の制度化における課題について検討していくことにしている。

①「企業倫理」への理論的アプローチ

「企業倫理」に対する「理論的アプローチ」はステイクホルダーに与える企業行動の影響について倫理基準を用いて正当性・不正当性の判断をし、意思決定を行なうものである。しかし、倫理基準は分析のツールとしては有効であるものの、そこから企業の理念やビジョンを描き、それを戦略や制度に具現化して、着実に社会的業績を向上させるのは容易ではない。

その理由として、まず、「権利と義務」関係などといった倫理基準自体が規範的であるために、そこから、発展性のある、自社独自で、従業員のコミットメントを引き出せるような魅力的な方向性や戦略を構想するのが困難であることがあげられる。例えば、人的資源管理に関する、主要な企業倫理のテキストで扱われている内容の大半は労働者としての権利や従業員としての権利、雇用において差別されない権利などの「権利と義務」関係に関するものが占めている。これらはいわば、消極的な社会的責任であり、この枠組みの延長線上に、個人の能力を活かすような労働環境の整備、個性や創造性を活かす仕組みレベルでの企業にとっての戦略的課題といった、積極的な社会的責任と位置づけられるような課題は扱われていないように思われる。

また、倫理基準がその性質上、普遍的・形而上的・抽象的概念であるために、具体的な戦略や制度への直接的な導入が困難であるということもあげられる。

さらに、これが最も重要なことといえるかもしれないが、企業の倫理的価値観の差異性があげられよう。企業とは本来、法などの外的強制力の影響は受けるものの、多くの面において自らの倫理基準に基づいて意思決定を行なう自律的な存在である。しかし、ある企業にとっての倫理基準が当該企業にとっては普遍的なものであっても、別の企業では別の普遍的な倫理基準に基づいた倫理的価値観が存在するという状況（A社にとっては倫理的ではあっても、B社にとっては倫理的ではない、また、その逆もしかりという状況）が生じ、社会業績の向上に結びつくような倫理的価値観が形成されない。

②　企業倫理への実践的アプローチ――企業内制度化を中心に

高によれば、企業倫理を実践という視点で言い換えると、「公正かつ適切な経営を行なうための組織内活動」ということである。そのうち「公正」とは、「第三者の目から見て許容でき、尊敬できる」ということで、「適切」とは、「利益があがるほど十分に効率的である」ということを示している。また、今日的な言葉を使えば、「『インテグリティ』（integrity）の高い組織を作るための活動」ということになろう。この「インテグリティ」とは、誠実さ、公正さ、などと訳されるが、その意味内容は倫理という視点から組織の行動に一貫性を与え、しかも硬直的にならず、組織を創造的に発展させていく内発的な力で、組織の「創造的統合力」、あるいは、「品格」といってもよいものである（高 2000：7-8）。

企業倫理への企業の取り組み姿勢——倫理戦略やそれにもとづく制度化の方法——も個々の企業の倫理観によって異なり、その達成度、到達度へのコミットメントも自社の満足化基準に依存している。法律の遵守をめざすところもあれば、自らに対して厳しい倫理基準を課するところもある。

米国における企業倫理の発展過程をみると、法的環境が変化したこと、連邦量刑ガイドラインができたことが米国企業の企業倫理への取り組みの進展のきっかけとなった。すなわち、企業の違法行為、非倫理的行為を未然に防ぐための、危機管理的なニーズが企業倫理への取り組みを進展させたともいえるが、日本では特にその色彩が強いように思われる。

L・S・ペインによれば、企業倫理の制度化には、図表4－10のように、「法律遵守をめざす」もの（コンプライアンス型の制度化）と「誠実さをめざす」もの（ヴァリュー・シェアリング型の制度化）の二つのタイプがある（Paine et al. 1997：79-82：「コンプライアンス型」、「ヴァリュー・シェアリング型」のネーミングは梅津（2002：134-135）による）。前者の「法律遵守をめざす」コンプライアンス型は、「倫理とは、許容される行動、ないしは倫理的に中立な行動とは何かを規定する制約、あるいは境界ライ

図表4-10 企業倫理制度化の2つのアプローチの特徴比較

事　項	コンプライアンス型	ヴァリュー・シェアリング型
精神的基盤	外部から強制された基準に適合	自ら選定した基準に従う自己規制
目　的	非合法的行為の防止	責任ある行為の実行
リーダーシップ	弁護士が主導	経営者が主導
方　法	教育・訓練・学習	・教育・訓練・習得 ・リーダーシップ ・責任の明確化，権限委譲 ・組織全体の諸システム，意思決定プロセスの再構築 ・監査と統制，処罰
人 間 像	物質的な自己利益に導かれる自立的存在	物質的な自己利益だけでなく，価値観，理想，同僚にも導かれる社会的存在

（出所） 梅津（2000：134）。

ンだ」と考えるもので、法律に反する行為を避けることに重点が置かれ、規則や管理や基準を維持するための厳格な統制に依存するものである。

一方、後者の「誠実さをめざす」ヴァリュー・シェアリング型は、「倫理とは、単に行為を制限するものというよりはもっと強い意味を持ち、行為の指針となる一連の価値観」であると考え、基準原則に従った自己規制に焦点を当てるものである。ここでは、①倫理の枠組みをつくり、②組織を構築し、③行動で模範を示し、④外部からの挑戦に立ち向かう、という方法が採られる。これは「啓発的自己利益倫理」にもとづいた、社会的見返りを期待しての個別的な義務遂行ではなく、普遍的誠実さにもとづいた倫理であるために、企業ごとに都合のよい倫理とはならない。したがって、社会に向けられるその誠実さが経営者の意思決定と企業行動の指針に向けられ、それらが個々の従業員に「共有価値」（Shared Value）として認識された場合に、企業の社会的業績は向上することになる。

(2)「企業倫理」の制度化における課題

企業倫理の制度化の具体的な施策には、「企業倫理綱領」（Code of Ethics）の制定、「倫理担当部署」（企業倫理委員会、企業倫理相談窓口など）の設置、「倫理担当役員」の設置、「倫理ヘルプライン」の設置（匿名で相談できる電話回線、内部告発者の保護制度、外部機関へのアウトソーシングの場合もある）、「企業倫理教育・研修」、などがある。この企業倫理の制度化の目標は倫理的な価値観の浸透と倫理的な風土の構築であるが、制度化を進める際にトップのコミットメントとリーダーシップ、経営理念とのマッチング、適切な企業システムの構築などが伴わないと成功しない。

とりわけ、「企業倫理綱領」は企業の価値観・考え方を示し、従業員個人が意思決定の際の判断基準を提供するものである。「企業倫理行動指針」では、それを実行可能なレベルまで具体化している。しかし、それらは、過去の経験からつくられた「対応マニュアル」的であり、さらに、企業行動における最低限の遵守すべきラインを示しているようなものである。したがって、これを出発点にして刻々と変わる社会からの期待を見出し、積極的に対応していくことは困難である。つまり、これは対内的なものであり、社会を所与のものとしてとらえていて、社会に対するその態度・姿勢は受動的なものである。

しかし、近年日本でも、自社内の制度化——倫理的な企業経営をめざしてのマネジメント・システムの構築——だけではなく、国境や多様な文化を超える、共通のグローバルな倫理基準の制定や倫理規格の作成や、「倫理的であることが企業利益にかなう——倫理性の高い企業が正当に評価される——」社会に変革させていくための取り組みとして、民間支援制度、および、公的支援制度を充実させていくことに関心が高まってきている。(8)

（付記）本章の4—6の各節については、筆者が共同執筆者（福岡大学商学部教授合力知工／山梨学院大学経営情報学部教授野村千佳子）の同意を得た上で、松野弘・合力知工（二〇〇三年）「転換期における企業の社会的責任論——企業行動の社会化への視点と『社会的評価経営』への方向性」（『企業診断』九月号、同友館、二〇〇三年）、松野弘・野村千佳子（二〇〇三年）「企業倫理と企業の社会的責任の位置——企業倫理論の限界と有効性」（『企業診断』一一月号、同友館、二〇〇三年）を再構成し、加筆・修正を行なったものである。

注

（1）「啓蒙された自己利益」（Enlightened Self-interest）とは、企業が社会的活動の企業利益を投下することは、短期的には利益にはならないが、社会に貢献することで中・長期的には企業にとっても、社会にとっても利益になるという考え方のことである。企業フィランソロピーの中心的な考え方で、日本では、「見識ある自己利益」・「啓発された自己利益」等、さまざまな訳出がなされている。

（2）「ソサイアタル・パーフォーマンス」（Sociatal Performance）は、「ソーシャル」（Social）という社会を示す言葉に比べて、より広い概念であり、社会・経済・文化までも含む。ここでは、従来の収益性・成長性といった経済的な目的に「社会性」という社会的目的を加えたものを表している」ということである（岡本 1944：68）。

（3）企業利益追求型（極大化された利益）の経済的製品・経済的サービスの市場への供給によって獲得されるのが経済的利益であるのに対して、公共的利益追求型（最適化された利益）の社会的製品・社会的サービス（例―環境対応型製品、医療・福祉対応型製品等）の市場供給によって得られた利益のことを「社会的利益」としている。

（4）企業の経済的目的達成のための製品市場戦略としての事業領域のことを通常は企業事業領域（企業ドメイン）としているが、ここでは企業の社会的目的達成のための社会的製品・社会的サービス市場戦略のための新しい事業領域として、社会的事業領域（社会的ドメイン）という言葉を使用している。森本（1995：220-223）は、企業の社会的責任・社会貢献のための社会戦略の一環として、社会戦略ドメインという用語を使用している。森本氏の社会戦略ドメインは、筆者の使用している「社会的ドメイン」とほぼ同じ意味と考えてもらってよい。

(5) 企業行動が企業目的の一つの要素である経済的目的を達成するための市場行動として把握されるのに対して、企業の社会的行動とは、基本的には、企業目的のもう一つの要素である社会的目的を達成するための非市場原理対応型・市場原理対応型の企業行動として把握されるものである。それには〈社会性〉に重点を置き、直接的な社会的利益を追求していく非市場原理対応型の社会的行動（例―企業の社会的貢献活動等）と、〈戦略性〉に重点を置き、間接的な社会的利益を追求していく市場原理対応型の社会的行動、が考えられる。前者は、市場原理から離れた社会的行動であり、企業の社会的活動の構成要素とされてきた、①社会的義務、②社会的責任／社会貢献、③社会的即応性、にもとづく企業行動のことを意味している。他方、後者は、経営戦略的視点から、社会的ドメイン（環境対応型・福祉対応型の社会的利益重視型の事業領域）を基盤とした、社会的利益重視型の製品・サービス（社会的製品・サービス）を顧客に提供していく企業行動のことを指している。

(6) 社会的製品［social products］概念は、世界的に著名なマーケティング学者で、米国ノースウェスタン大学名誉教授のフィリップ・コトラーがその著作『ソーシャル・マーケティング（Social Marketing）』Free Press, 1989=［邦訳］井関利明監訳（1995）『ソーシャル・マーケティング』ダイヤモンド社、で使用したタームである。

(7) 森本は戦略的な企業の社会的責任のための基本原理として、「企業の社会戦略」（Corporate Social Strategy）を提唱し、経営戦略的な社会戦略の枠組構想を提示している（森本、1994：321）。筆者も本論文の2、への視点と新しい企業行動の展開において、市場原理対応型の企業の社会的活動を「社会的戦略」として位置づけている。

（8）　民間支援制度には、自治的アプローチ、評価的アプローチ、市場的アプローチ、教育的アプローチ、広報的アプローチ、市民運動的アプローチなどがあり、公的支援制度には、立法的アプローチ、行政的アプローチ、司法的アプローチなどがある。

第5章　CSR論の視点・考え方・進化——理論的考察

本章では、「CSR論」がどのような歴史的背景から登場してきたのかについて、米国の資本主義勃興期における企業の巨大化がもたらした社会的影響や問題点を参考にした上で、考察していくことにしている。さらに、欧米の主要なCSR論を歴史的に検証した上で、CSR論の発展に貢献された二人の理論的リーダー、A・B・キャロル（ジョージア大学名誉教授）とW・C・フレデリック（ピッツバーグ大学名誉教授）の二人のCSR論に関する業績を紹介しながら、彼らのCSR論の理論的・方法論的な特質と課題について考察していくことにしている。これまで、CSRは日本では、「企業の社会的責任」という形で紹介されてきたが、近年では大半の企業は欧米での呼称である「CSR」（Corporate Social Responsibility—以下、CSRと表記）用いている。これは、企業の社会的責任が企業不祥事に対する事後的な対応としての受け止められることが多いので、企業不祥事という社会的課題事項を事前に発見し、予防的にさまざまな課題事項を解決していくという、「能動的な企業の社会的責任」を果たしていく企業姿勢という観点から、現在では、日本の大半の企業、メディア、研究者等は「CSR」というタームを使用し、そうした名前の部署を設けているのが現状である。

1　CSR論の登場とその背景

二〇世紀を通じて近代企業は、「大量生産―大量消費」という近代的な産業社会システムの形成を背景として、一般消費者に「廉価」で、「すぐれた品質」の商品をより安く提供することによって、自己利益の極大化を推進してきた。それは企業にとっても、また、企業内外の社会環境主体（「ステイクホルダー＝利害関係者」―株主・顧客・従業員・取引先・地域社会・政府等）にとっても経済機能としての最良のメカニズムであり、継続的な機能として考えられていた。

しかし、大量生産システムの進展に伴い、企業は市場における「経済的効率性」（economic efficiency）を過度に追求するようになり、企業の社会的機能・社会的役割としての、「社会性」を軽視、ないし、無視するような行動（商品やサービスに対する偽装工作、労働者の人権無視や日本の企業にみられるような人員削減政策としてのリストラにみられるような、戦略性を装った無計画な人員整理、環境破壊などの反社会的行動）をとるようになってきたのである。

このような企業の反社会的行動が社会問題の一つとして取り上げられるようになってきたことから、CSRのあり方を問う声が生じはじめ、企業にとっては自己利益性があったとしても、消費者、さらには、社会全体に不利益をもたらすような、非社会的、ないし、反社会的な行動を是正しようとする動きがあらわれてきたのである。

CSRの定義や範囲は時間と空間（時代と地域）によって異なると考えられるが、企業がさまざまな社会環境主体（ステイクホルダー）と相互に連関する〈開放的なシステム〉（open system）である限り、その行動が私的利益（自己利益）だけでなく、公的利益（社会的利益）をも考慮したものでなければならないということに関しては共通した認識が存在している。それにもかかわらず、かつて、多くの企業は多様な社会環境主体を無視して、市場環境のみを企業行動の対象とするような〈閉鎖的なシステム〉（closed system）であるかのごとく、社会との関係を軽視した、自己利益極大型の経営戦略を展開してきた。しかし、こうした企業行動は社会的ニーズに対応しないばかりか、社会性を軽視した経営戦略には次第に限界が生じはじめ、企業を社会との広範なパースペクティブと関連性の中で捉えていこうとする、「企業と社会」論(1)（The Theories of Business and Society）、ないし、「企業と社会」関係論（The Theories of the Relationship of Business to Society）がCSR論の進化的形態として、日本では、バブル経済崩壊後の景気後退期の一九九〇年代後半から、企業経営政策上の重要な課題となってきたのである。このような「企業と社会」論が企業行動にとって不可欠の要素となってきた背景には、すでに第2章で指摘したように、日本の大手証券・金融機関をはじめとする大企業におけるさまざまな反社会的・反倫理的な企業不祥事が頻発し、企業の社会的責任や社会的役割があらためて問い直され、さらに、企業と社会との関係を多様な社会環境主体の視点から包括的に再検討しようとする動きがでてきたことに起因していると思われる。

今日では、企業活動を社会環境主体や社会全体との関係において捉えていく必要性がでてきているばかりでなく、さらに、企業の経済的業績と社会的業績とを有機的に統合化させるような、企業的社会戦略を基盤とした企業の社会性に対応した経営戦略——私的利益と公的利益との有機的連関性を企図するような社会的戦略——を策定・遂行していくこと、例えば、社会的に高く評価されるような企業行動を基盤とした企業経営、すなわち、「社会的評価経営」(Socially Evaluated Management)を構築していくことも現代企業の重要な社会的戦略の一つであるばかりでなく、「企業と社会」論の今日的な役割を担うことになることが今後求められる時代となってきているようである。(2)

一九九七年に、英国の実業家であり、ソーシャル・アントレプレナー(社会的起業家)である、ジョン・エルキントン(John Elkington)は企業経営活動と環境保護活動とを共存させるための事業活動として、サステナビリティ社を創業し、サステナビリティ運動を推進していくための社会的指標として、

「トリプル・ボトムライン」（triple Bottom line）という概念を提唱したが、この概念は最近の日本企業でも導入されはじめている（Elkington, J 1997）。企業が持続的に発展していくためには「経済的側面（利益の確保など）」のみならず、「環境的側面（環境保全など）」「社会的側面（地域社会、従業員の満足度の確保など）」、を含めた視点から企業活動を見直していく必要がある。これが「トリプル・ボトムライン」の基本的な考え方である。すなわち、従来、企業活動のための経営資源として「経済的側面」のみに直結させてきた「ヒト・モノ・カネ」を、その範囲を広げて「社会的側面・環境的側面・経済的側面」に結びつけるための企業経営の新しい方向性が模索されはじめてきたのである。(3)

2　CSR論の理論的な変容と進化

CSR論が企業活動の巨大化（経済的権力としての）に伴う社会的影響力の増大化の結果、社会への企業としての責務方策として出現したのに対して、「企業と社会」論は企業のさまざまな不祥事や社会問題への対応に、事後対応的なCSR論では不十分であることへの批判的視点から登場し、企業を取り巻くさまざまな社会環境主体に対して、企業の経済的利益と社会的利益の双方をどのようにして還元し、社会的存在としての企業が自らの正当な行動をどのような方法で構築していくべきか、ということが出発点になっている。その基本的視点は、「企業の正当性」をどのように確保し、どのような方法で企業に対する社会的期待に応えていくべきか（あるいは、社会的期待と企業の社会的業績との格差《ギャップ》をどのように縮小していくべきか）、ということにある。このことは、今日の企業は社会的期待や社会的要請に応えていくことなしに、企業活動を持続させていくことは困難になってきていることを意味しているのであり、CSR論は「企業と社会」関係というマクロな枠組の中で再検討されなければ、企業の正当性を保持し続けることが困難になりつつあることをも示唆しているのである。

（1）初期のCSR論の意義

一般に、CSR論が登場し、企業の社会的責務や社会的役割という企業の社会性のあり方が社会問題化してきたのは、すでに指摘したように、米国において近代企業が巨大な経済的権力を背景として、社会的影響力を発揮しはじめた一九二〇年代といわれている（Mitchell, 1989=2003）。近代資本主義の担い手としての企業が収益性追求機関として発展したことへのさまざまな社会的批判に対応し、企業が経営者と企業の構成者が協働する、社会的機関へと転換しようとしたのがこの時期なのである（森本 1994 : 3）。このことは、企業がたんなる利益追求のための経済的組織ではなく、社会的存在としての企業へと転換していったことを意味すると同時に、企業が「社会の価値規範や倫理・道徳に沿うものでなければならない……」という、社会的正当性を求められたことをも意味している（森本 1994：4）。つまり、こうした企業の社会的機関への転換が、「権力―責任均衡の原則」、というＣＳＲ論の基盤となったのである（第4章　4企業行動における正当性と責任、を参照のこと）。

このように、ＣＳＲ論は、「社会への企業行動の影響を真剣に検討していくこと」、さらには、「全体社会システムの中で、企業行動の結果に対して責任ある対応をしていく」ことを起点としていることになる（Carroll et al., 2003：30-31）。

（2）ＣＳＲ論に関する諸論説―消極論と肯定論

企業の社会的責任に関する論議は、これまで何度もいわれてきたように、しばしば「古くて、新しい問題」である。というのも、産業革命以降、近代化の過程の中で資本主義社会が成立し、企業活動が社会の血液となり、企業が経済的権力を獲得し、社会に対して何らかの影響を及ぼしはじめた時点で、ＣＳＲ論は発生しているからである。以来、今日のような高度産業社会に至るまで、企業が社会という市場（営利的市場・非営利的市場を含む）を対象として、企業活動を行い、そのことによって企業が存続し、成長していく限りにおいて、ＣＳＲの問題も常に存続しているのである。

その結果、ＣＳＲについてこれまで、米国を中心として、①社会的責任に対する企業観、②社会的責任の範囲、③社会的責任の内容、を基軸として企業の社会的責任に対する「消極論」（否定論）、「積極論」（肯定論）を軸としてさまざまな論議、論説が展開されてきたが、今日では、企業が社会的期待や社会的要請に応えて、企業としての社会的責任を果たしていくことは企業経営の根幹であるという認識が得られているようである（図表5－1を参照のこと）。

ＣＳＲに対する考え方は、基本的には、①企業は、社会が必要とする財・サービスを生産し、それを販売して利益を獲得する責任を負っていること（経済的責任〔Economic Responsibilities〕）、②社会は法的要請の枠内で経済的使命を遂行するよう、企業に期待すること（法的責任〔Legal Responsibilities〕）が社会的責任論の基本的要素ある。その上で、経済的・法的責任の枠を超えた責任としての倫理的責任（Ethical Responsibilities）や企業に対する社会的期待への企業の意欲責任としての裁量的責任（Discretionary Responsibilities）などに集約されるが、特徴的なことは、これらの責任が社会環境、企業環境の変化に伴って、単一の形ではなく、複合的、かつ、相互連関的な関係をもっていることである（森本 1994：66-67；Carroll, 1979：497-505）。

こうしたＣＳＲ論の思想原理をＷ・Ｃ・フレデリック（1996）は、①社会的弱者救済原理としての「慈善原理」（Charity Principle）と、②公共の受託者としての企業が「企業と社会」関係における相互依存性による社会的な企業行動の必要性を示している「受託原理」（Stewardship Principle）から構成

図表5－1　「企業の社会的責任に関する諸論説」

〔理論の種類〕	〔理論の概要〕
(1)古典理論 (M. フリードマン, F. A. ハイエク等)	この古典理論（the Classical Theory）は主として，伝統的な経済学理論に依拠するものであり，最も古くから存在する企業の社会的責任に関する考え方である。 ◆企業の社会的責任の名のもと，経営者が本来の目的以外の行為をなし，会社権力を行使することは社会的正当性を欠き，ひいては自由企業体制を危機に陥れるのである。 ◆古典的理論に従う企業は，違法な行為をなすことなく，経済的成果を達成することで，社会的に正当化されるので，経済的責任の遂行以外の企業の社会的責任は，積極的に期待すべきでない。
(2)利害関係者理論 (D. マグレガー, F. ドラッカー等)	利害関係者理論（the Stakeholder Theory）も，古典的理論と同様に，経営者が株主に責任を負うことは認めている。しかし，利害関係者理論は，株主以外の人々（集団）に対しても経営者は責任を負っていると考える点で古典的理論とは異なっている。（経営者が責任を負うそのような集団とは，社会と明確な契約関係をもつか，会社の意思決定によって直接的な影響を受ける人々のことである。具体的には，従業員，消費者，信用供与者，原材料供給業者，ライバル企業，政府規制機関，専門家集団，地域住民等である。）ただし，一般に，利害関係者理論は，その利害関係者に社会一般，一般公衆といった人々は含めない。 ◆利害関係者理論は，経営者の様々な動機とそれに従う経営者権力の存在を認めているので，株主のみならず，その他利害関係者の利害を考慮することにより初めて，経営者権力は正当化されるし，企業は社会的責任を果していると考えるのである。
(3)社会的要請理論 (K. デービス, G. C. ロッジ等)	社会的要請理論（the Social Demandingness Theory）は，社会的責任モデル，あるいは，生活の質の経営論（the Quality of Life Management Theory）とも呼ばれることもある。 ◆ここで社会的要請理論と呼ばれた企業の社会的責任論は，経営者は，企業活動に関し，公衆の期待や意見をも考慮し，社会的要請に反応する必要があると考え

る。このように，経営者が社会，あるいは，一般公衆に対しても直接的に責任を負うとする社会的要請理論は，企業活動により間接的に影響を受ける人々に対しても経営者は責任を負うと考えるので，この点では，利害関係者理論と異なっている。

◆社会的要請理論の基本的考え方は，会社が社会が期待し，要請する活動を行う責任をもっていると考えるので，経営意思決定そのものが，社会の要請と企業経営上の要請の相互作用的な１つのプロセスであると考える。

(1)「K. デービスの考え方」—企業が長期的に生存するためには，会社権力の行使には権力行使と同等の責任が伴うと考え，責任に対応した権力の行使を「責任の鉄則」（"the Iron Law of Responsibility"）と呼んだ。彼はこのような「責任の鉄則」を具体化する際の企業の社会的責任について，二つの原理，①「慈善原理」(Charity Principle)〔社会が要請する人々や集団に対して，企業が自発的に援助を与えるフィランソロピー活動等を促進していく〕，②＊「受託原理」(Stewardship Principle)〔経営者は社会の信任に応え，企業活動に影響を受けるすべての人々の利害バランス（均衡）を考慮すべきである〕，ということであった。このように，デービスは，企業と社会は相互に影響し合う，強い結び付きをもっているのであり，この利害の相互依存性が企業に社会的責任を課していると考える。

(2)「G. C. ロッジの考え方」—新しい時代のイデオロギー〔コミュニタリアニズム（Communitarianism)〕に対応した経営者の社会的責任の必要性を唱えた。この考え方は，社会一般・地域社会・人種といったような集合単位の中で個人と全体との相互作用を認識し，個人と集合単位との調和をめざすべきであるとする一種の共同体的な考え方であった。したがって，経営者はつねに社会や地域社会との相互作用を考えるべきであって，ロッジに従えば，企業の社会的責任を決定するのは社会であった。

◆このように，社会的要請理論は，企業と社会の相互依存性を強調し，企業の社会的責任は社会一般の中で考えなければならないとするのであった。

(4)社会的活動者理論（T. V. パーセル, N. ボウイ等）	社会的活動者理論（the Social Activist Theory）は，他の社会的責任に関する諸説と比較した場合，他の諸説と異なり，道徳・倫理といった規範的な考え方をそのベースにもっている。すなわち，社会的活動者理論は企業の社会的責任を論ずる基準として，株主，あるいは，その他利害関係者の利害とは直接的には関係しない普遍的な理念，あるいは，合理性といった包括的な基準をもっている。 ◆パーセルは，倫理は私生活上の個人だけの問題ではなく，公人としての経営者の問題でもあるとし，経営者がこの点を認識することが，アメリカ資本主義の生存にかかわることになろうと主張する。この倫理の確信にあるものは正義（Justice）という概念であった。 ◆経営者は意思決定に際し，倫理的観点に目を向けることを要求されているのであり，経営者がこの点を認識すれば，倫理的配慮は経営実践の中に具体化しうるのである，とパーセルは主張するのであった。 ◆経営者は，たとえ短期的には企業利潤を減ずることがあっても，自発的に社会的に，あるいは，道徳的目的を追及する企業責任を負っている。会社，および，その構成員は，株主・利害関係者・公衆に対し，会社の活動により直接的に影響を受ける領域のみならず，間接的に影響を受ける領域においても，便益を与えるべく行動することが期待されている。そして，それらの人々の利害と福祉を考慮するに際し，会社経営者は，たんに彼らの述べる利害だけでなく，一般社会の理念・利害に対しても責任ある行動をとらなければならないのである。

（注）―＊この点に関しては，執筆者（角野　信夫氏）は「公的責務の原理」としているが，筆者は“stewardship”の原意である，神の意思による受託人としての意味を転用し，企業を一般大衆，公益の受託人として捉える原理としての，「受託原理」と訳出した。

（出所）『現代経営の基本問題』現代経営学研究会編，文眞堂，1993年，の第8章「企業の社会的責任の現状と課題」（角野　信夫）〔pp. 163～177〕をまとめたものである。（原典 ― J. J. Brumer, “Corporate Responsibility and Legitimacy”, Greenwood Press, 1991, Chapte 8～12）

図表５－２　企業の社会的責任の基本原理とその現代的表現

	慈　善　原　理	受　託　原　理
定　義	企業は社会の貧困層の人々や集団に対して，自発的援助をおこなうべきである。	企業は公共的な受託者（Public Trustee）としての役割を担っているので，企業経営上の意思決定や政策によって影響を受けるすべての人々の利害を考慮すべきである。
現代的表現	■企業の社会的貢献（Corporate Philanthropy） ■社会的利益（Social Good）を促進するための自発的行動	■「企業―社会」の相互依存性（Interdependence）の認識 ■社会の多様な集団の利害やニーズの均衡を図ること。
実　例	■企業の社会的貢献のための財団の設立 ■社会問題解決のための私的な行動 ■貧困層の人々との社会的協力体制（Social Partnerships）の確立	■企業の戦略的計画に対する利害関係者的論的アプローチ（Stakeholder Approach） ■短期的な利益の極大化よりも長期的な利益の最適化の重視 ■啓蒙された自己利益的態度

（出所）J. E. Post et al.,（1996：44）

されていることを指摘した上で、企業の社会的責任論における「企業と社会」関係の相互作用的アプローチ（利害者関係論的アプローチ）の方向性を示唆している（Frederick. et al. 1988：31）（図表５－２を参照のこと）。

このことは企業が社会的存在として、さらに社会的制度として、企業活動を存続・成長させていくためには、CSRという経営課題に対してこれまで以上に、「企業と社会」関係の視点から取り組まなければならなくなってきていることを示している。

伝統的な社会的責任に対する主要

な批判は、企業が経済的利益を追求しているばかりでなく、その利益の還元が株主に限定されていることである。米国では一九六〇～一九七〇年代の企業に対する社会批判をめぐる論議の中で、①経済的機能の能率的遂行に関する責任（製品・雇用・経済成長）、②社会的価値観・優先度などの変化に対する敏感な意識をもって業務を遂行する責任（環境保全・従業員の雇用条件や職場内関係・消費者関係の詳細な事項に対する配慮など）、③社会的環境の改善に関する積極的な取組みをおこなう責任（特に、貧困・都市環境の悪化など社会問題の解決への協力）といったような企業の社会性に依拠した責任論が提起された（中村他 1994：244-245）。

（3）CSR論の中心的理論――A・B・キャロルとW・C・フレデリックの理論

CSRの考え方を統合的な形で理論化したのは、「CSRのピラミッド論」（The Pyramid of Corporate Social Responsibility）提唱した、A・B・キャロルと「CSRの四段階論」（Four Stages of Corporate Social Responsibility）を提起した、W・C・フレデリックである。この二人のCSR理論は、CSR理論が社会状況の変化の過程でどのように進化してきたかを理解していく際に有用なものである。(4)

A．キャロルにおける〈CSRのピラミッド〉論

米国の著名な経営学者で、ジョージア大学名誉教授のA・B・キャロル（A. B. Carroll）によれば、

ＣＳＲ論は企業への社会的批判やそれらへの対応を企業行動として行なっていくために、次のような三つの段階、すなわち、**第一段階＝「企業の社会的責任段階」**（Phase of Corporate Social Responsibility）――企業が社会の市場メカニズムと法的規制に対して、社会的義務（経済的正当性と法的正当性）を事後的に果していくこと、**第二段階＝「企業の社会的即応性段階」**（Phase of Corporate Social Responsiveness）――企業が社会の圧力に反応して行動するのではなく、企業活動の中・長期的役割を考慮し、事前的・予防的に行動していくこと、**第三段階＝「企業のＣＳＰ段階〔社会的業績段階〕」**（Phase of Corporate Social Performance）――企業は経済的業績のみならず、企業を取り巻くさまざまな社会環境主体（ステイクホルダー）との関係改善、さらに、さまざまな社会的課題事項の解決のための積極的な対応、といったような企業の社会的業績のための活動を推進していくことで社会的期待に応えていくこと、などの進化を遂げていったとしている[(5)]（Carrol, A. B. et al. 2003 : 31-36 : 森本 1994 : 55）（図表5－3を参照のこと）。キャロルのＣＳＲ論の特長は、①企業の社会的課題事項への対応姿勢の変化、②社会環境主体としての企業の社会的役割、すなわち、企業の社会的行動の方向性を明確に示唆していることである（図表5－4を参照のこと）。

B．フレデリックの〈ＣＳＲの四段階論〉（CSR1からCSR4まで）

また、Ｗ・Ｃ・フレデリックによれば、社会環境の変化に対応して、ＣＳＲ概念も進化してくると

図表５-３　A. B. キャロル：CSR の三つの段階

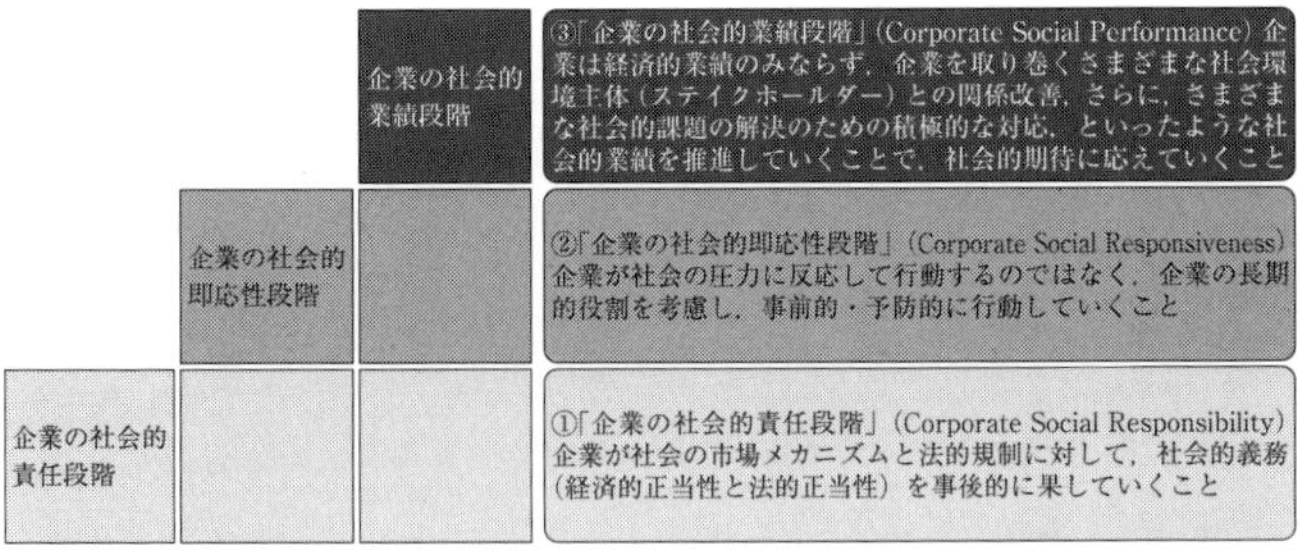
企業の社会的業績段階
③「企業の社会的業績段階」(Corporate Social Performance) 企業は経済的業績のみならず，企業を取り巻くさまざまな社会環境主体（ステイクホールダー）との関係改善，さらに，さまざまな社会的課題の解決のための積極的な対応，といったような社会的業績を推進していくことで，社会的期待に応えていくこと
企業の社会的即応性段階
②「企業の社会的即応性段階」(Corporate Social Responsiveness) 企業が社会の圧力に反応して行動するのではなく，企業の長期的役割を考慮し，事前的・予防的に行動していくこと
企業の社会的責任段階
①「企業の社会的責任段階」(Corporate Social Responsibility) 企業が社会の市場メカニズムと法的規制に対して，社会的義務（経済的正当性と法的正当性）を事後的に果していくこと

（出所）　千葉商科大学・講義資料「企業の社会性（社会的責任）と仕事の社会的役割」（2014年）

図表５-４　A. B. キャロルの〈CSR のピラミッド〉

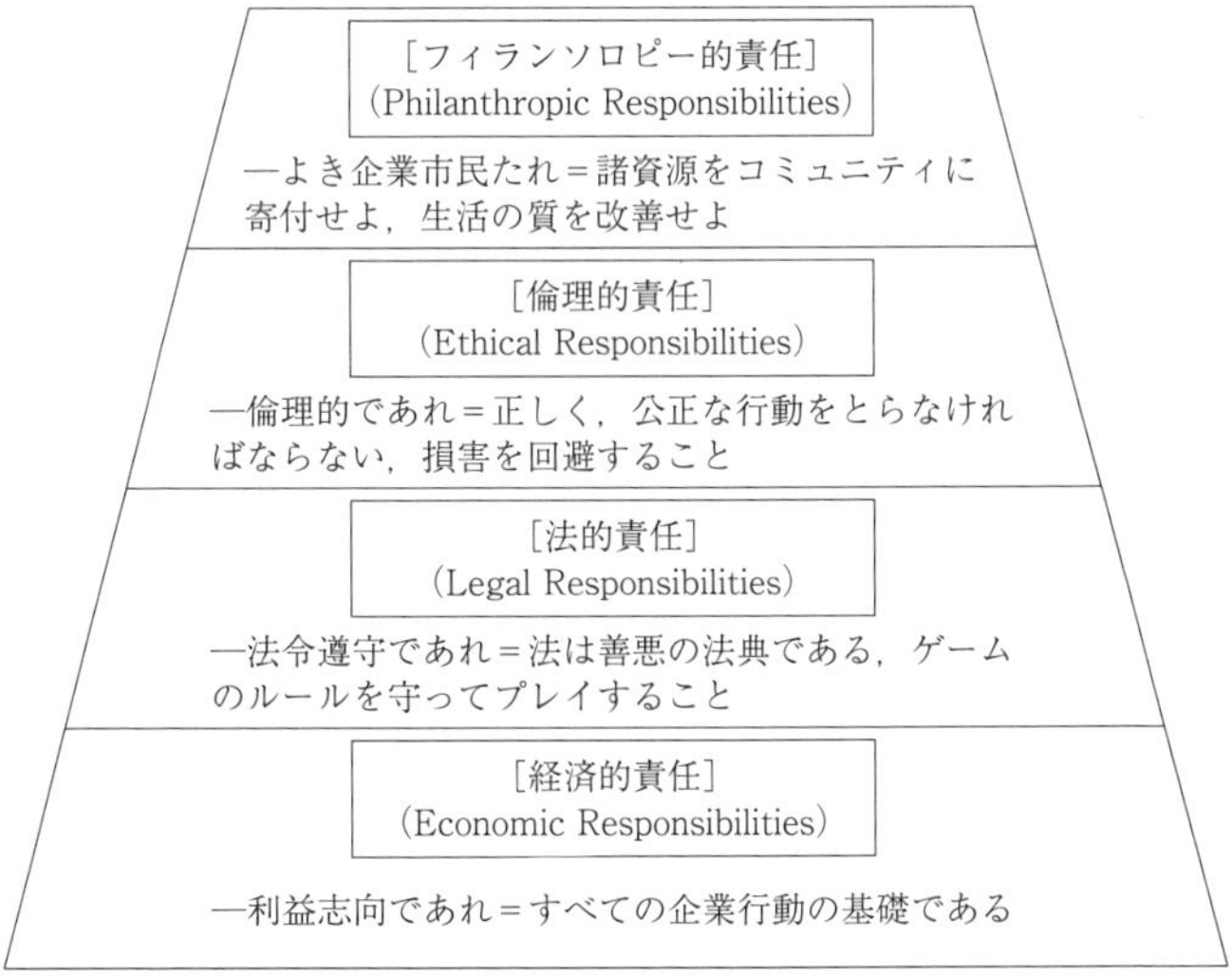
［フィランソロピー的責任］
(Philanthropic Responsibilities)
—よき企業市民たれ＝諸資源をコミュニティに寄付せよ，生活の質を改善せよ
［倫理的責任］
(Ethical Responsibilities)
—倫理的であれ＝正しく，公正な行動をとらなければならない，損害を回避すること
［法的責任］
(Legal Responsibilities)
—法令遵守であれ＝法は善悪の法典である，ゲームのルールを守ってプレイすること
［経済的責任］
(Economic Responsibilities)
—利益志向であれ＝すべての企業行動の基礎である

（出所）　A. B. Carroll (1991：42)

図表5-5　W. C. フレデリックの〈CSRの四段階〉論

	CSRの位相	CSRの動因	CSRの政策手段
第一段階 CSR1 ～ 1950年代	〈企業の社会的スチュワードシップ〉 (corporate stewardship) 企業フィランソロピー：慈善行為 公共的な受託者・信託者としての経営者 社会的圧力の均衡化	経営者層の意識 企業のイメージと評判	フィランソロピー的基金の形成 広報（パブリック・リレーションズ）
第二段階 CSR2 1960 ～ 1970年代	〈企業の社会的即応性〉 (corporate social responsiveness) 社会的影響力の分析 社会的対応の戦略的優位性 即応性に対する組織的再編成と訓練 ステイクホルダーのマッピングと適合性	社会不安と社会的抗議運動 企業の誤行動の繰り返し 公共政策と行政の規制政策 ステイクホルダーの圧力 シンクタンクの政策提言	ステイクホルダー戦略 規制的なコンプライアンス（法令遵守） 社会監査 パブリック・アファーズ機能 ガバナンス(統治)の改革 政治的なロビー活動
第三段階 CSR3 1980 ～ 1990年代	〈企業倫理／経営倫理〉 (corporate／business ethics) 倫理文化の醸成 倫理的な組織文化の確立 共通の倫理原理の認識	宗教的・倫理的な信念 技術的な動因による価値変化 人権の圧力 倫理委員会・倫理担当者・倫理監査 倫理訓練 ステイクホルダーとの交渉	使命・ヴィジョン・価値 倫理観の提示 最高経営責任者（CEO）のリーダーシップ倫理
第四段階 CSR4 1990 ～ 2000年代	〈企業の市民性／グローバルな市民性〉 (corporate／global citizenship) ステイクホルダー・パートナーシップ 財務的・社会的・環境的業績の統合化 グローバル化による影響の確認 企業と環境の持続可能性	グローバルな経済的貿易と投資 高度技術によるコミュニケーション・ネットワーク 地政学的な移転と競争 環境問題への認識と関心 NGOの圧力	政府間協定 グローバルな監査基準 NGOとの対話 持続可能性に関する監査と報告

（出所）　W. C. Frederick (2006)／A. T. Lawrence et al., (2011：53)＝(松野訳)

した上で、従来のCSR論を次のような四段階、すなわち、①**第一段階　CSR1：「企業の社会的信託人（スチュワードシップ）段階」**（一九五〇年代～一九六〇年代）、②**第二段階　CSR2：「企業の社会的即応性段階」**（一九六〇年代～一九七〇年代）、③**第三段階　CSR3：「企業倫理（経営倫理）段階」**（一九八〇年代～一九九〇年代）、④**第四段階　CSR4：「企業のグローバル市民性段階」**（一九九〇年代～二〇〇〇年代）、に分類して、その進化の過程を説明している。まずは、企業がさまざまな社会的課題事項に受動的（義務的）に対応していく、CSR論の第一段階をCSR1として、さらに、社会的圧力に対応する企業の対応能力としての「企業の社会的即応性段階」（Social Responsiveness）をCSR2として、次には、企業行動における倫理的清廉性としての「企業の社会的道義段階」（Social Rectitude）をCSR3として、各々分類したが、その後、彼はCSR3を「社会的道義段階」から、「企業倫理段階」（ないし、経営倫理）に修正した。さらに、企業環境のグローバル化に伴うCSR戦略の対応方策として、新たにCSR4を設け、それを「企業のグローバル市民性段階」とした。企業を取り巻く社会的・経済的・環境的変化に対応した、CSRの進化の必要性を提起したのであった[6]（Frederick, W. C. 2008=522-531）（図表5－5を参照のこと）。

3　CSR論の方法論的方向性――文脈的アプローチと規範的アプローチ

一九六〇年代後半から盛んになってきた反戦・反公害などの社会運動に加え、大企業の社会的影響力の増大（コーポレート・ヘゲモニー：Corporate Hegemony [Dugger, 1989]）に対する牽制（企業の政治的不正活動等）、経済効率的な合理主義経営への矛盾の露顕（企業の不祥事や環境問題等）、グローバリゼーションに伴う地域社会（コミュニティ）と企業との関係の見直し（産業の空洞化による地域経済の再生や大企業による集権化構造等）などが具現化している状況から推察するならば、企業行動における「社会化」が企業変革上の重要な要素となってくるものと思われる(7)。

しかし、これまで企業が遂行してきた社会的責任は社会的課題事項への対処に加えて、社会的ニーズにも応えていくよりも、社会的批判を意図的に回避するために企業の倫理観を社会に訴求していくこと（自己防衛化）に主眼がおかれていた。例えば、ある企業が不祥事を起こし、当該企業はもとより、別の企業も慌てて倫理綱領の作成・見直しを行い、それを遵守することによって、企業のイメージアップを図る行為などがその典型であろう。すなわち、事前対応・予測志向的視点にもとづく責任遂行は「コスト負担の増大化」として敬遠され、事後対応・結果責任的視点にもとづく責任遂行が主であったという点に、従来のＣＳＲ論の主要な問題点と限界を見出すことができる（松野・小阪編 1999：231）。

これまで企業のＣＳＲ論に関して理論的・実践的な立場からさまざまなアプローチがなされてきているが、その多くは「規範的概念である『経営思想（価値）』」と「文脈（プロセス）的概念である『経営政策』『経営戦略』」とを混同するものであり、そのことが、企業のＣＳＲ活動への重要性が指摘されながらも、近年の数多くの企業不祥事に対して根本的な対応策を提示することができなった要因であると考えられる。

ここでは、その「規範的アプローチ」と「文脈的アプローチ」の差異を明確化し、ＣＳＲ論をより実践的、かつ、有効性のあるものとして活用するための視点と方向性を提示していくことを目的としている。前者は相対的に戦略性が薄く、社会を所与のものとし、また、責任を企業に内在する性質であると捉えるものであり、「経営思想」における内面的倫理化、すなわち、「企業倫理」との関連性を強調するものである。一方、後者は戦略性が強く、社会を変化する一連のプロセスとして捉え、責任を社会環境の変化とともに変化させるべき性質、あるいは、社会環境自体を変化させていく性質のものであるとする。そのうちの「経営政策」については、「私的利益と公共的利益の均衡、および、最適化による企業行動の社会化の推進」を意図する「環境経営」や「社会的経営」、「経営戦略」では、企業行動の戦略的展開としての「社会戦略」が強調され、いずれも社会の構成要素たる「ステイクホルダー」との関連性がクローズ・アップされることになる。

いうまでもなく、「社会」は企業という下位システムを包含する上位システムである。いずれのアプローチも、上位システムたる社会の一構成要素としての企業があたかも社会から独立しているかのように展開してきた「非社会的な自己利益追求行動」を見直し、社会の一員として、社会に不利益をもたらさないような行動をとることを促す役割を果たしている、という意味では一致している。しかし、「規範的アプローチ」の主たる関心は「企業が社会に利益・不利益をもたらす、その主因は何か」という問いかけに対する答えを探ることであり、それを「経営思想」としての「企業倫理の有無」に集約させている。つまり、このアプローチにとって、企業の責任は「あらゆる社会に対して、普遍的に（環境の変化とは無関係に）企業に内在するもの」であり、「企業は社会の一員である限り、社会秩序を乱したり、社会から非難されたりするような行動をとるべきではなく、自社（あるいは、行政）の制定した明確な倫理綱領（あるいは、法令）を遵守するような行動をとるべきである」との立場か支持され、「コンプライアンス経営」がその具体的遂行形態として推奨されている。

一方、「文脈的アプローチ」の関心は「経済的利益（企業の私的利益）と社会的利益（企業自身の公共的利益と企業が付与する公共的利益）が相反することなく、相互に利益を創出していく方法は何か」と

図表5-6　CSR 論に関する二つのアプローチ

アプローチの種類	規範的アプローチ	文脈（プロセス）的アプローチ	
基本概念	経営思想	経営政策	経営戦略
内　容	企業倫理　など	環境経営 社会経営　など	社会戦略　など
基本原理	慈善・受託原理	ステイクホルダー対応原理	
行　動	一般社会への道徳的義務遂行	ステイクホルダーへの社会的即応性（Social Responsiveness）にもとづいた実践的対応	
視　点	事後対応・結果責任的視点	事前対応・予測志向的視点	
具体的な形態	コンプライアンス経営　など	環境会計 リスク・マネジメント グリーン調達　など	ステイクホルダー・マネジメント 社会的責任投資（SRI） グリーン・コンシューマリズムなど

（出所）　松野・合力（2005：70）

いう問いに対する答えを探ることであり、それは「個々のステイクホルダーを戦略的要素として位置づけること」により模索されている。このアプローチにとって、企業の社会的責任は「社会的文脈の中で、個々のステイクホルダーごとに異なるもの」である。そして、「企業は各ステイクホルダーに貢献するような活動を意図するとともに、自社のための経営活動が社会全体の利益になるような行動をとるべき」との立場が支持され、「経営政策」「経営戦略」ともに「企業の社会的業績」（Corporate Social Performance—CSP）による評価（外部評価・内部評価）を基盤とした評価法を視野に入れた形で進められはじめているが、これらはたんなる企業行動の社会化のための評価アプローチの段階から、企業における経営戦略の中枢的な機能アプローチへと転換しつつある(8)（図表5-6を参照のこと）。

4　CSR論と「経営学的な社会化」の二つの視点とその関係性

——「能動的な社会化」と「受動的な社会化」

今後、企業が社会的存在としての観点から自らの社会的責任を遂行し、社会との関連づけを行なっていく中で経営政策上、重要視されるべき要素は企業行動における「社会性」向上のための経営学的視点、すなわち、「経営学的な社会化」（Managerial Socialization）である。ここでの「社会化」とは、「企業の公共的利益の遵守という立場から、企業行動における経済的利益と社会的利益（あるいは、公共的利益）の最適化による企業の社会性の向上を推進していく」という、経営学的な意味である。企業が開放的なシステムである限り、自ら社会の中の一員（社会的存在）であることを基本原則として受け入れることは企業にとって必然であり、したがって、企業は社会に対して、その「責任」の遂行を通じて、企業行動の社会化を図っていく必要がある。

しかし、これまで企業が遂行してきた社会的責任は社会的課題事項を自ら発見しながら、社会的、および、経済的ニーズに積極的・自律的に応えていくという、「能動的な社会化」（Voluntary Socialization）ではなく、意図せざる結果（あるいは、確信的・意図的な場合もある）として自らに投げかけられる、さまざまな社会的批判を消極的・他律的に回避していくという、「受動的な社会化」(Involuntary Socialization) に主眼がおかれていたといえるだろう。(9)

例えば、CSRを「コンプライアンス経営」や「リスク（回避）マネジメント」と同質のものとする見方があるが、この立場からすれば、CSRは企業にとってプラスの創出（企業投資的な発想）ではなく、マイナスの削減（コスト削減的な発想）のための経営戦略ということになる。というのは、この場合のCSRは社会的批判にさらされないための（外部）受動的な社会化という位置づけになるからである。確かに、法令や倫理綱領を遵守し、リスクをより小さく抑える企業は社会から批判を受けることも少なく、結果的に顧客維持を実現することができるかもしれないが、この場合のCSRは経済的成果を極大化するための社会化ということになり、企業経営政策上の社会的課題事項を自発的に見出し、積極的にそれに取り組んで社会に貢献しようとする社会化ではない。

社会的責任における企業経営の自発性の観点から、社会的責任を新たな視点か捉えようとしている、櫻井によれば、「社会的責任の本質は責任への取り組みに際しての自発性の存在にある」ということになる。彼は、「このような自発性は、他者による強制なく責任を認識・実践していくことであって、企業の場合、このことは企業それ自体、ないし、その主体としての経営者が、第一に、国家、ないし、政府の強制によることなく、第二に、他のステイクホルダーによる外的強制および市場メカニズムの作動に基づく強制によることもなく、自らの意思、判断で責任を受け入れ、実践することを意味する」と指摘している（櫻井 1999：39）。

このように、CSR論はさまざまな社会的課題事項に対して、①企業がどのような社会的業績に対する成果をあげたのか、について客観的指標を提示していく方法（CSP〔社会的業績〕論的アプローチ）をとるのか、それとも、②企業の社会性への価値＝倫理的変革（企業倫理的アプローチ）を遂行していくのか、によってその方向性は変わってくる。

CSRは、①企業と社会的環境主体との関係改善、②社会的期待への企業の対応、などによって、どのようにして企業の正当性を確保し、発展させていくかということになる。しかしながら、こうしたCSR論には、企業の社会性を自発的に把握し、それを企業行動に反映し、その結果として、企業の正当性を獲得していくという、企業の社会的存在としての基本原則が認識されておらず、さまざまな企業不祥事が発生した際に、場当たり的に、企業倫理や企業行動を自ら律していくという、「対内的社会性」の段階に止まり、企業の社会的役割や社会的期待への応答という、「対外的社会性」という考え方が企業経営の基本政策としていまだ、未成熟な段階にあることを明示している。その意味で、企業経営を社会全体システムとの関係で捉え、企業の社会性を企業経営の社会戦略的視点から再編成しようと企図している、「企業と社会」論は社会規範論や技術論に依拠しているような、これまでの

CSR論の限界を超えていく、経営政策上の有効な方法論としての可能性をもっているように思われる。

5　CSR論の今後の視点と展望――「企業と社会」論的アプローチの有効性とステイクホルダー・マネジメントの可能性

CSR論が企業活動における経済的権力としての巨大化に伴う社会的影響力の増大化の結果、社会への企業としての責務方策として出現したのに対して、「企業と社会」論は企業のさまざまな不祥事や社会問題への対応に、事後対応的な企業の社会的責任論では不十分であることから登場し、企業を取り巻くさまざまな社会環境主体に対して、企業の経済的利益と社会的利益の双方をどのようにして還元し、社会的存在としての企業行動をどのような方法で構築していくべきか、ということが出発点になっている。その基本的視点は企業の正当性をどのように確保し、どのような方法で企業に対する社会的期待に応えていくべきか（あるいは、社会的期待と企業活動の格差《ギャップ》をいかに縮小していくべきか）ということにある。このことは、今日の企業が社会的期待や社会的要請に応えていくことなしに、企業活動を推進していくことは困難になってきていることを意味しているのであり、企業の社会的責任論は、「企業と社会」論を基盤としたマクロな観点から再検討されなければ、企業の正当性を維持することができなくなっていることを示唆している。

企業戦略の再検討はステイクホルダーに対する企業責任についての伝統的な考え方を革新させる要素を含んでいるのである。というのは、そうした見直しによって、従業員と地域社会は重大な影響を受ける可能性があるからである。工場が閉鎖され、新しい製造ラインが導入されたり、新しい配送システムが整備されたりすると、従業員の仕事が削減され、彼らは職を失うかもしれないし、また、長年にわたって勤務してきた従業員も早期退職を促されたり、解雇されたりするような雇用不安を生み出すかもしれない。

企業とステイクホルダーとの間には、しばしば暗黙の了解、言い換えれば、社会契約が形成される。社会契約は企業戦略の変化とともに必然的に影響を受ける。重大な経済的問題が発生すると、従業員に対する責任は変化し、地域社会活動への参加や慈善活動の機会が減少することもある。このような社会契約における変化は一九九〇年代に起こり始め、製造業・金融業・小売業・運送業など経済のほとんどすべての分野において縮小経営が行なわれた。

しかし、ステイクホルダーの関係は企業戦略に呼応して変化し、企業の責任や行動も再定義される。この新しい社会契約は管理者や企業がすべてのステイクホルダーとの関係を認識し、企業活動を通じて損害を最小限に抑え、積極的な貢献を実現する、「ステイクホルダー・マネジメント」（Stakeholder

Management）に従事することを意味する。米国の企業にみられるように，従業員は企業人であると同時に家族の一員であり，地域社会（コミュニティ）の住人であり，教会の信者であり，政党員であり，そして，野心・課題・希望・欲求を持った個人である。賢明な管理者は，従業員が生産者——人材——であると同時に感情的な存在であるということを理解している。

社会的評価が高く，すぐれた社会的業績を上げている企業には，多くの場合，社会における企業の役割を広範囲で展開しようとする経営首脳陣が存在している。彼らは，社会が抱えるさまざまな問題を解決するために企業も積極的に関与し，解決方策の提示に大いに貢献すべきだと考えている。また，彼らは短期的利益に焦点をあてるよりも，中・長期的な視野で企業活動を展開し，企業経営の中・長期計画において経済的目標（経済的利益）と同等に社会的目標（社会的利益）にも高い優先順位を設定することを自らの社会的任務としているのである。さらに，今後，ＣＳＲ論は営利組織としての企業の社会的役割の達成とともに，企業活動の範囲を越えた社会的活動をＮＰＯやＮＧＯなどの非営利組織と協働の形で社会的事業を遂行していくといったような，営利組織と非営利組織との有機的な連関による社会化を基盤とした経営理論としての，「ソーシャル・マネジメント論」（Social Management Theory＝社会的経営論）的視点を組み入れた，新しい「企業と社会」論へと展開していくことが求められることになるだろう。

（付記）3 ＣＳＲ論の方法論的方向性――文脈的アプローチと規範的アプローチと4 ＣＳＲ論と「経営学的な社会化」の二つの視点とその関係性――「能動的な社会化」と「受動的な社会化」に関して、筆者と福岡大学商学部教授の合力知工氏との共同論文「転換期における企業の社会的責任論」（『企業診断』九月号、同友館、二〇〇三年）および、「転換期の「企業の社会的責任論」と企業の〈社会性〉への今日的位置」『「企業の社会的責任論」の形成と展開』（松野弘他編著、ミネルヴァ書房、2006年、p. 19-34）の論考を加筆・修正したものであることを付記しておきたい。

注

（1）「企業と社会」論、ならびに、「企業と社会」関係論（The Theories of Business and Society/The Theories of the Relationship of Business to Society）とは、企業とその社会的環境との関係に存在している諸問題に関する研究において展開されている、企業と社会環境との関係を社会的利益の確保のためにより改善し、社会的課題事項を解決していくための方策を検討していく考え方や方法論を構築していくことを指している。一般的には、「企業と社会」論［The Theories of Business and Society］と表現されていることが多いが、基本的には、「企業と社会」の相互作用を基盤とした、企業の社会性の追求、ないし、企業行動の社会化のための思想（経営理念）・政策（経営政策）・戦略（経営戦略）を構築し、企業の正当性（ないし、正統性）を維持・発展させていくことが「企業と社会」論の基本的役割なので、「企業と社会」論と「企業と社会」関係論とはほぼ同義と考えてよいだろう。

米国では、ＣＳＲ（企業の社会的責任）に対する社会的期待への要請が増大化した、一九六〇年代に、従来の企業の社会的責任論をより社会化した課題事項（①社会的価値観・優先度などの変化に敏感な意識をもって業務を遂行する責任［環境保全・従業員の雇用条件や職場内関係・消費者関係の詳細な事項に関する配慮など］、②社会的環境の改善に対する積極的な取り組みを行なう責任［とくに、貧困・都市環境悪化など、社会問題の解決への協力］）に企業自身が対応していくために、「企業経営上の社会的課題事項」（Social Issues In Management/Social Issues Management：SIM）を企業経営活動に組み込んだ、「企業と社会」論を構築していく必要に迫られたのである。こうした企業経営を取り巻く質的変化を背景として、「企業と社会」論はＡ・Ｂ・キャロル、Ｋ・デイビス、Ｗ・Ｃ・フレデリック、Ｊ・Ｅ・ポストなどの研究者によって、「企業の社会的責任論」をベースとした上で、「企業倫理」（Business Ethics）、「ＣＳＰ〔企業の社会的業績〕」（Corporate Social Performance）、「ステイクホルダー・マネジメント」（Stakeholder Management）、「イッシュー・マネジメント」（Issues Management）、「コーポレート・ガバナンス」（Corporate Governance）などの多角的なアプローチを通じて、体系的に展開され、企業の社会性をより質的に高めていくための理論構築が今日まで、精力的に行なわれてきている（この辺の詳細な状況については、櫻井（2001b）や中村（2003）を参照されたい）。

（2）「社会的評価経営」の詳細については、松野・合力（2003a：84）を参照されたい。

（3）「トリプル・ボトムライン」とは、決算書の最終行（ボトムライン）に、経済面のみならず、社会面

（社会貢献活動や人権問題への対応等）や環境面（資源節約・環境汚染等の環境問題への対応等）に関する企業行動の評価を記載すべきである）とエルキントンが主張したものである。

（4）キャロル（Carroll, A. B.）［1999］によれば、「ＣＳＲ論」（Theories of Corporate Social Responsibility—CSR）に関する主な研究を年代順にあげると以下のようになる。まず、ＣＳＲの近代期と位置づけられる一九五〇年代にはボーエン（Bowen, H. R.）が登場し、事業家のＣＳＲを定義づけた。次いで一九六〇年代にはデービス（Davis, K）、フレデリック（Frederick, W. C.）、デービス＆ブロムストロム（Davis, K and Blomstrom, R. L）、フリードマン（Friedman, M.）などが登場したが、前三者が「社会的目的の必要性」、「公共の利益の重視」などを説いて、ＣＳＲの重要性を主張したのに対して、フリードマンは私的利益を追求することが唯一のＣＳＲであると主張した。一九七〇年代はCED（the Committee for Economic Development）、キャロルなどがＣＳＲの再定義を行ない、また、アボット＆モンセン（Abott, W. F. & Monsen, R. J.）などは実証研究によってＣＳＲの測定を行なうことにより、社会業績（Corporate Social Performance）の方向・範囲や社会業績の利潤への効果を示そうとした。一九八〇年代にはコクラン＆ウッド（Cochran, P. L. & Wood, R. A.）などのように、リサーチをもとに社会業績を測定する動きがみられる。また、フレデリックはＣＳＲを「Corporate Social Responsibility」（企業の社会的責任）、「Corporate Social Responsiveness」（企業の社会的即応性）、「Corporate Social Rectitude」（企業の社会的公正性）に分類し、それぞれをCSR1、CSR2、CSR3と呼んだ。CSR4については、注（6）を参照されたい。一九九〇年代には再び、キャロルがＣＳＲの体系化を試み、とくに、企業市民（corporate citizenship）の概念の重要性を強調した（以上の点については、［櫻井 2000：34-43］、［合力

1998：7-16]、を参考に作成した)。

(5) 森本は、企業の社会的責任論の変遷過程を義務性と自発性を基軸として、次のような三段階、①禁止的様相：社会的義務（Social Obligation)、②処方的様相：社会的責任（Social Responsibility)、③予想的・予防的様相：社会感応（Social Responsiveness)、に分類している（森本 1994：54-55)。また、S・P・セティは、企業が社会的ニーズに対応する場合の企業行動を三つに分類している。具体的には、①市場の圧力、ないし、法的規制に対応する企業行動としての「社会的義務」(Social Obligation)（禁止的)、②企業の社会的な応答行動を法的遵守だけではなく、さまざまな社会規範、社会的価値、社会的期待に対応するような水準の概念としての「社会的責任」(Social Responsibility)（処方的)、③企業が社会的圧力に対して、どのように対応すべきかということではなく、ダイナミックな社会システムの中で企業はどのように長期的な観点からその役割を果していくべきか、という意味での「社会的即応性」(Social Responsiveness)（予想的・予防的)、などである（S. P. Sethi, Dimensions of Corporate Social Performance: An analytical Framework, California Management Review (Spring 1975)：58-64)。

(6) フレデリック（Frederick, W. C.）は従来のCSRに代わる新しい概念として、CSR4（Cosmos［宇宙]、Science［科学]、Religion［宗教]）を提唱し、これまでの企業の社会的責任論を基盤とした、「企業と社会」概念（専門知）を超えた宇宙的世界観、エコロジー的概念などの（教養知）を有機的に統合化した、新しい社会性（社会知）を生み出し、今後の「企業と社会」論構築のための知的装置へと発展していく可能性を示唆していた（Frederick, W. C., Moving to CSR4, Business and Society, Vol. 37, No. 1, 1998：40-59；高岡 2005：6：9)。

(7) W・M・ダッガーは、米国において多元社会の崩壊とともに企業を核とする単元社会が形成され、したがって、企業のヘゲモニーの程度が増大し、それに伴い社会への責任も増大してきたと説いているが、この仮説が妥当であるならば、戦後、先進諸国に追いつくために「企業中心社会」を築いてきた日本においても、米国以上に企業の社会的責任は大きいと推論できるだろう(櫻井 2001：3)。

(8) 内部評価とは、社内監査にもとづくものや従業員の中の「内部告発者の声」(Whistle Blower)を基盤としてものもので、他方、外部評価とは株主、顧客、NPOを含む外部評価機関の評価などを指す。また、これらの一環として、欧米では、企業をとりまく環境主体[ステイクホルダー]を意識した「声価評価による経営」《Reputation Management》が注目を集めているが、これは企業の社会的責任を社会対応型に明確化していくための新しいアプローチとして重要視されつつあることを示している。

(9) なぜ、企業が受動的な社会化に陥りやすいか、ということに関しては、バーナード(1938)の道徳に関する分析が参考になるだろう。以下は、道徳についてのバーナードの指摘である。

「すべての人は、(道徳に関して) たとえ多くでないにしてもいくつかの私的準則を持ち、そのうちのある準則については責任的であり、他については責任的でないことがありうる。……私的道徳準則のなかには、多くの人々に共通と認められるものと、個々の人あるいは比較的少数の人々だけに限られる特殊のものとがある。準則がごく共通的である場合だけ、それが『道徳』すなわち『公的準則』として認められているようである。……我々は、漠然とではあるが、公的準則を遵守しさえすれば責任を果たしていると考えるようになり、また公的準則を遵守していないと認められれば、それは責任がない証拠だと信ずるようになる。……多くの道徳準則の対立から生ずるジレンマは、挫折感や優柔不断に始まる一般的な道徳低下、責任感の減退、対立を回避する能力の伸張、などをもたらす。要するに、責任感の弱い人、能力の限られた人はいずれも、いろいろな種類の多くの義務を同時的に果たすという重荷に耐えることができないのである。もし、このような人に『過重負担をかける』ならば、能力、責任、あるいは道徳性のいずれか、もしくはすべてが破壊されるであろう……」[Barnard 1938=1968：274-284]。

われわれは自らの行動において責任を果たそうとする際、公的準則の遵守することに重点を置くか、あるいは、道徳準則を減らすことによって準則同士の対立から生ずるジレンマを少なくし、その残された準則に対して「責任的」であろうとする。例えば、日本の企業では、家族に対する準則が減らされ、職務への準則が残される傾向がある。また、職務の中でも、従業員や一般社会に対する準則が減らされ、株主や顧客に対する準則が残される。われわれはこのようにして混乱を避け、企業目的を有効的に果たそうとしてきたが、これらの行為は受動的な社会化に他ならず、ここに問題が含まれていると考えられる。

第6章 「企業と社会」論の視点・方法・理論

1 CSR論から、「企業と社会」論への展開

(1) CSR論から、「企業と社会」論への進化

これまで述べてきたように、CSR論の必要性が要請されたのは、企業活動の経済的機能が過剰に増殖化することによって、その社会的機能が機能不全化し、「企業と社会」との社会的距離が拡大し、企業活動における違法行為等の反社会性が社会的批判の対象となったからに他ならない。このことはCSR論が論議の対象となった時点で、すでに指摘しておいたように、企業経営における「権力—責任均衡の原則」、さらに、「企業と環境（ないし、社会環境）」との関係のあり方の再検討という、「企業と社会」論（The Theories of Business and Society）、「企業と社会」関係論（The Theories of the Relationship of Business to Society）の基本的課題が提起されていたことを意味しているのである。

このように、本章では、「企業と社会」論をＣＳＲ論に対する論議を基盤として形成されてきたものであるという立場をとり、「企業と社会」論に関する論議として、①「企業と社会」に介在する社会的距離をいかに縮小し、「企業と社会」の関係をいかに良好に維持・発展させていくか、また、②企業に対する社会的期待にどのように応え、さらに、③経済的権力としての企業がさまざまな社会的争点の解決にどのような方法で寄与していくか、という事項に集約させていくことがすぐれて肝要である。ＣＳＲは企業経営の創造性や活力を要する領域であるので、企業は今後、これを消極的なコストとしてではなく、企業活動の「社会性」と「経済性」を有機的に統合化していくための新たなビジネス・チャンスと捉えるべきである、という「攻めのＣＳＲ」という表現の経営戦略プログラムが近年、みられるようになってきた。企業は、自社が社会の一部をなす存在であり、「統合的なサステナビリティ」（Integrated Sustainability—経済的持続可能性と環境的持続可能性の有機的統合化としての総合的持続可能性）理念に限界が生じた時、その成長（社会の経済発展と企業経営の発展）も停滞するということを念頭に置き、企業的利益と社会的利益が相反するのではなく、相互の利益がシナジー的効果を生み出すような経営戦略を策定する必要が求められているのである。企業行動（経営思想［理念］・経営政策・経営戦略）における経済的利益と社会的利益の最適化によって現代企業は「社会性」を質的・量的にもより進化させ、社会の発展とともに持続可能な成長を維持・進展させることが期待されるのである。

2　「企業と社会」論の視点と関係性

(1)「企業と社会」論の視点——ステイクホルダーへの対応

すでに何度も指摘してきたように、CSR論が欧米で社会的な議論になってきたのは、米国企業が巨大化し、経済的権力をもち始めた一九二〇年代とされている。その背景には、企業の巨大化に伴う、反社会的行動や反トラスト法違反に対する一般大衆の批判があり、企業の私的利益の極大化が企業所有者、企業経営者、株主等に有益に働くことはあっても、従業員・取引先・顧客等には利益をもたらすものではなかったことにある。

こうした社会批判に対応すべく登場してきたのが、企業が独自に行う社会政策、すなわち、「企業的社会政策」(Corporate Social Policy)で、企業経営者は年金制度、従業員の持株制度、生命保険制度、失業基金、住宅・教会・学校・図書館の建設、慈善事業などの福利厚生活動を行った(Mitchell, 1989＝2003：22-23)。その根底には、企業に対する一般大衆からの社会的期待への応答の必要性があり、その応答を支えていくための、企業的社会政策のための理念が要請された。こうした状況の中から、

「CSR＝企業の社会的責任」という考え方が登場し、「企業と社会」関係を企業における経営政策上の重要課題の一つとして捉えるようになってきたのである。

CSRはこれまでの「企業と社会」関係を企業と顧客（消費者）という一元的な関係として捉えるのではなく、多元的なステイクホルダー（利害関係者）の期待に応えるために、企業の経営政策を価値転換させていくという視点をもたらした。その価値転換となる要素が次の五つの理念である。[1] ①**「正義性」**（**Justice**）：企業は社会が求める正義に応答していくこと（法令遵守：Compliance）、②**「倫理性」**（**Ethics**）：企業の社会的な正当性を確保していくために、社会倫理の高い企業行動を採用していくこと（企業倫理：Business Ethics）、③**「市民性」**（**Citizenship**）：地域社会（コミュニティ）や国の一市民として、私的利益の獲得だけではなく、社会的な利益還元を企業の社会的使命とするような企業行動をとること（啓発的な自己利益：Enlightened Self-Interest）、④**「即応性」**（**Responsiveness**）：企業を取り巻くさまざまな社会的課題事項（Social Issues）に対して、予防的に迅速に対応していくこと（社会的即応性：Social Responsiveness）、⑤**「社会的業績性」**（**Social Performance**）：これまでのような利益の極大化をめざした経済的業績（私的利益）だけではなく、利益の社会還元（公共的利益）を企図した社会的業績性を経営政策の一つとして具現化していくことである。

（2）「企業と社会」論の枠組み――関係性と多元的次元

ＣＳＲ論のこれまでの理論的枠組みでは，企業を取り巻くさまざまな社会的課題事項に能動的に対応していくための分析手法，すなわち，「社会的即応性」（Socially Responsiveness）のための枠組みが課題事項ごとに用意されていた。具体的には，①**環境的次元**：環境問題に対するＣＳＲ論的視点からの対応，②**倫理的次元**：倫理問題への対応，③**ステイクホルダー的次元**：ステイクホルダーへの対応，④**パブリック・アフェアーズ的次元**：企業の社会的課題事項に対するマネジメントや社会経済的なマクロな分析視点からの対応，⑤**政府―企業関係次元**：公共政策や反トラスト法への対応，のように個別課題事項ごとへの一元的な対応が行われていた（Frederick et al. 1992：xxiv-xxvii）。

これに対して，「企業と社会」論では，「企業と社会」関係を有機的な相互作用システムと捉え，企業とそれを取り巻く社会環境主体の要素との相互連関性やそれぞれの要素のもつ価値的多元性を分析することによって，「企業と社会」関係を明らかにしようとする方向性へと転換していった。

すなわち，①**関係性**：要素間関係を相互作用的な社会システム（Interactive Social System）として捉えていくこと→システムズ・アプローチ，②**次元性**：要素を多元的な社会システム（Plurastic Social System）として捉えていくこと→ステイクホルダー・マネジメント（Stakeholder Management），の観点から，「企業と社会」関係を捉え直していくことになったのである。(2)

それまでのCSR論の議論は「企業─消費者」という商品の「需要─供給」関係に基づく一元的な関係であったが、一九八〇年代後半になり、R・フリードマンらが戦略的マネジメントにおけるステイクホルダー・アプローチを提唱するようになると、企業は多様な環境主体を包含した社会環境を多元的に捉えるようになる（Freedman：1984）。

具体的には、①**国際的な次元**（International Dimension）：国際的な競合性の増大化とそれへの対応、②**規制的な次元**（Regulatory Dimension）：連邦政府・州政府・地方行政府等の多角的な段階で実施される企業活動への規制とそれらへの対応、③**政治的次元**（Political Dimension）：政府の規制政策と関連する政治的リーダー、議員、役人に対する働きかけ（ロビー活動）、④**技術的次元**（Technological Demension）：企業活動の将来に大きな影響を与える技術革新への迅速な対応、⑤**価値的次元**（Value Dimension）：マイノリティ問題や環境問題等に対する社会的価値や倫理的指標、⑥**知識的次元**（Knowledge Dimension）：コンピュータを使用した情報の整理・加工など、情報化時代に対応した企業活動の情報化、という六つの社会環境的な要素が重要な指標となり、「企業─社会」の関係は多元的な段階となってくる（Frederick, 1988：5）。

一九九〇年代になると、「企業と社会」関係は企業を取り巻く社会環境主体の利害（stake）の観点から捉えられるようになり、企業を取り巻くステイクホルダー（利害関係者）への対応が企業経営の

図表6-1 「企業―政府―社会」関係に関する概念レベルの変化

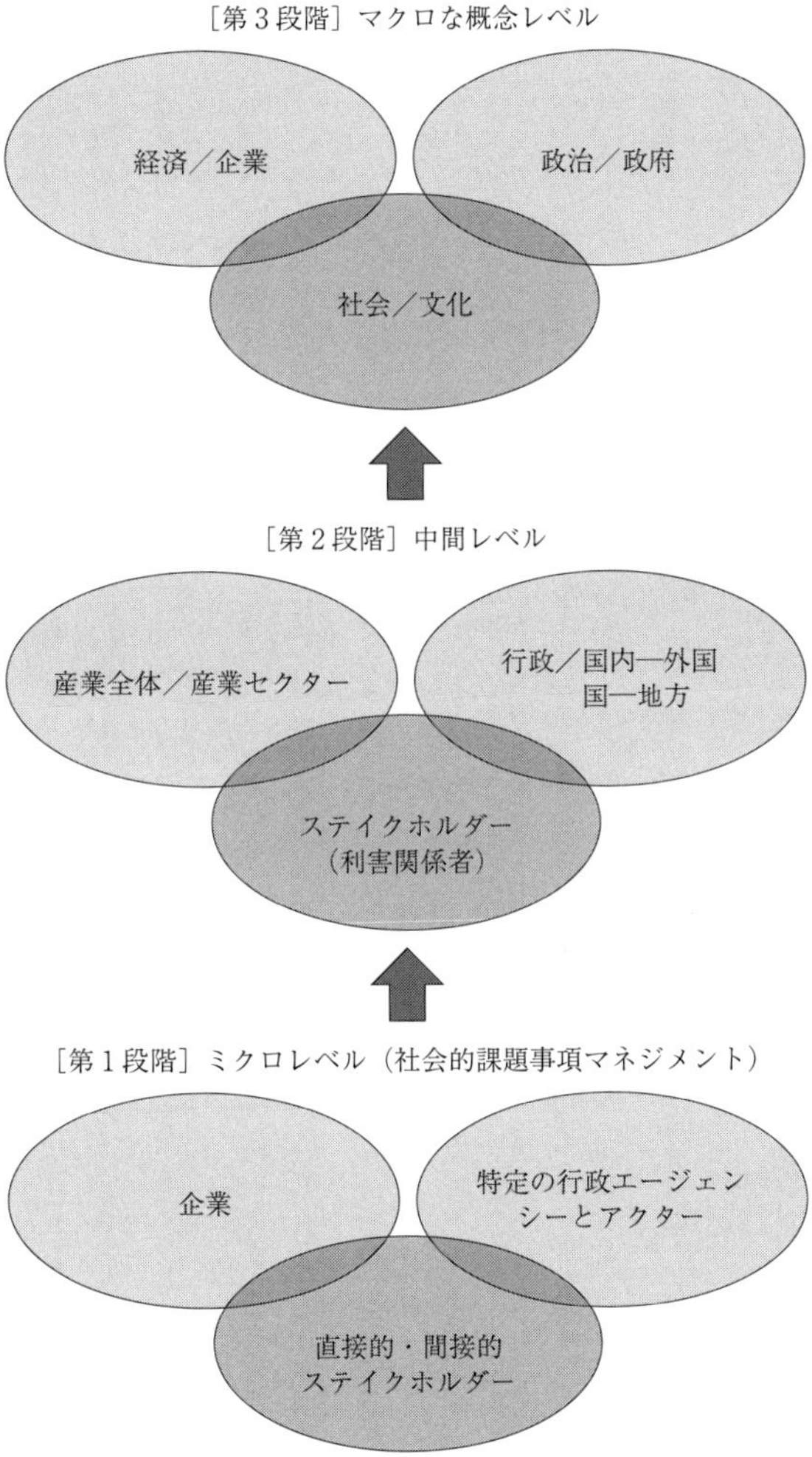

（出所） W. C. Frederick et al., (1992：6)＝(松野訳)

中心的な課題となってくる。図表6－1にみられるように、「企業と社会」関係が「企業―政府―社会」といった三次元の関係に変化してくる。

第一段階の「ミクロレベル」では、①各企業と一次的・二次的ステイクホルダーとの関係、②特定の行政のエージェンシー（代理人）・アクター（業務遂行者）との関係（ロビイスト、市民活動団体等）、における「企業と社会」関係であるが、第二段階の「中間的レベル」になると、①企業の連合体である各産業群とステイクホルダー連合との関係、②各行政体（国家・外国・州・地方）とステイクホルダーの関係へと進展していく。

さらに、第三段階の「マクロな概念レベル」になると、①経済活動や企業活動の総体と社会・文化との関係、②政治／政府と社会／文化との関係となり、企業活動の社会性が広範なレベルの段階で捉えられることになり、企業の社会的影響力が重要されるようになってくる。

こうして、「企業と社会」関係は相互作用的システム（Interactive System）となり、「企業と社会」は相互に影響を与えるような存在、すなわち、企業は社会の一部であり、社会的価値が企業活動に浸透するようになってくるのである（Frederick, 1988 : 5-7）。

このような相互作用システムの基礎理論となっているのが「システムズ・アプローチ」である。システムズ・アプローチとは、「ある現象、問題を分析しようとするとき、それを独立した個として捉えるのではなく、システムとして認識し把握しようとする接近方法」であり、システムとは、「何らかの共通の特性を持つ要素の集合体であり、それぞれの要素は相互に作用し合い、一つの要素はさらにいくつかの要素からなり、それゆえシステムはヒエラルキーを構成し、要素間および環境との間でインプット―アウトプットの関係が成り立つ」ものである（占部 1989：273–274）。

システムズ・アプローチが「企業と社会」関係において有効と考えられるのは、すべての企業はステイクホルダーからの相互作用や影響を受けているとともに、システムズ・アプローチは、企業がこのような変動的な状況に適応していくために有用であるからである。さらに、近代企業のような有機体にとって、システム的思考は、経営管理者が企業と他の社会環境との関係を理解していくのに役立つツールとなる（Fredrick et al., 1992：5）。

（3）「企業と社会」論とステイクホルダー間の相互作用

W・C・フレデリックは「企業と社会」関係における利害関係者、すなわち、ステイクホルダーの役割を重要視し、図表６‐２にみられるように、企業とステイクホルダーとの関係は企業活動の市場性と非市場性によって、明確化されてくることを示した。企業はこうしたステイクホルダーの利害や力に対する対応を企業経営の中心的な課題の一つ、すなわち、「ステイクホルダー・マネジメント」

に求めるようになってくる。

まず、「企業と社会」関係における一次的な相互作用（直接的ステイクホルダー）は、①**株主**（stockholders）、②**従業員**（employees）、③**債権者**（creditors）、④**供給業者**（suppliers）、⑤**卸売業者**（小売業者）（wholesalers；retailers）、⑥**顧客**（customers）、⑦**競合相手**（competitors）、という企業の生産・販売活動を起点とした関係になっている。

次に、二次的な相互作用（間接的ステイクホルダー）は、社会的影響力という非市場的な観点から捉えられる要素である。具体的には、①**地域社会**（コミュニティ）（Local Community）：国内・外国、②**連邦政府・州政府・地方の行政府**（Federal, State, and Local Governments）：行政機関の幹部、議会、裁判所、政党、③**外国政府**（Foreign Governments）：友好的な国・敵対的な国、④**社会的活動団体**（Social Activist Groups）：女性・マイノリティ・消費者・教会・環境主義者、⑤**メディア**（Media）：映画・テレビ／ラジオ・新聞・雑誌、⑥**一般大衆**（The General Public）：肯定的な意見・否定的な意見、⑦**企業支援組織**（Business Support Groups）：商工会議所・シンクタンク・業界団体、の七つの要素に分類される。フレデリックは企業に社会的影響を及ぼすような「企業と社会」関係間の相互作用アクターとしての、これらのステイクホルダーへの対応の重要性を指摘している。

このことは、「『企業と社会』の相互作用モデルは社会における企業活動の基本的な役割を明確に規

図表6-2　「企業と社会（ステイクホルダー）」関係の相互作用モデル

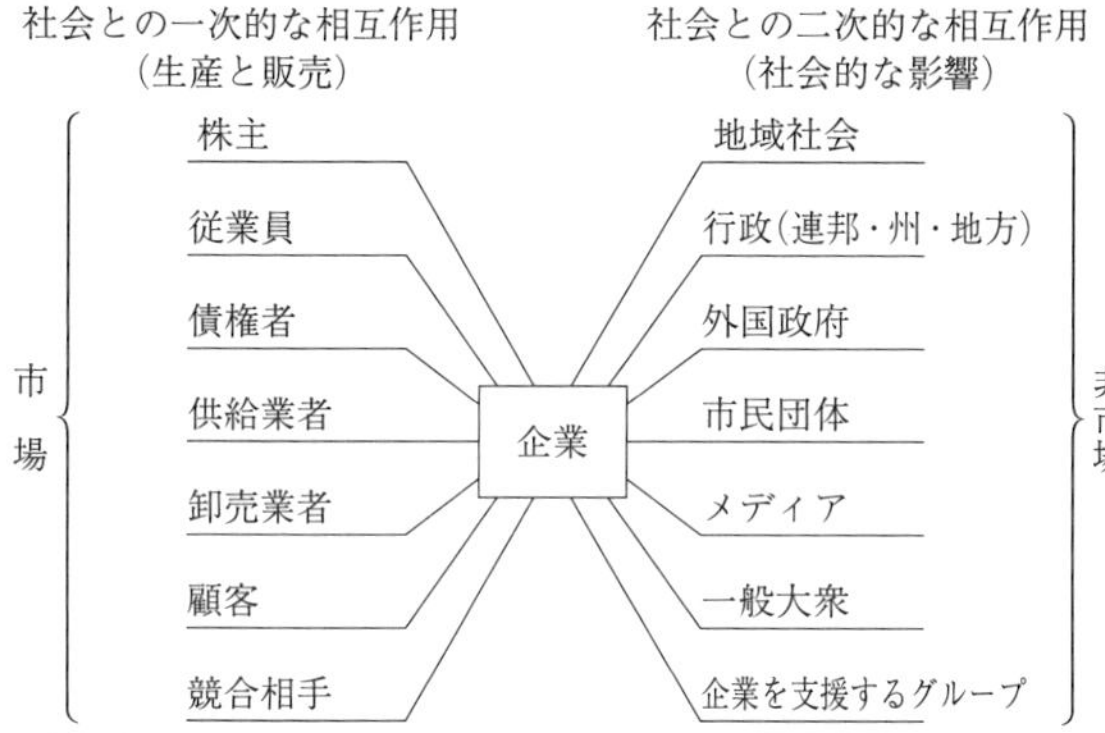

（出所）　W. C. Frederick et al., (1977：13)＝(松野訳)

定している。さらに、企業の意思決定者は企業の利益とともに、社会の福利を守り、改善させていくような企業行動を選択していくことの必然性を認識させるものである」ことを示している（Frederick, 1988：13）。

フレデリックが『企業と社会』（第七版、一九九二年）において、「企業と社会」関係を相互作用の主体としてのステイクホルダーの観点から明確化したことはその後の企業活動における「ステイクホルダー・マネジメント」の重要性を示唆したことになる。(3) また、この時代には、企業の独断専行的な社会的責任の遂行ではなく、社会的期待や社会的要請に対応した社会的責任活動の展開、すなわち、企業の広範なステイクホルダー（従業員・顧客・取引先等の直接的な利害関係者のみならず、地域社会、社会、世界等も含む）を対象とした上で、①企業に対して外的な社会的課題事項（例―貧困、麻薬禍、都市の荒廃等）、

②通常の経済活動の対外的影響（例―生産施設による汚染、工場閉鎖・工場設置の社会的影響等）、③企業内部に発生し、通常の経済活動と本質的に結びついている課題事項（例―雇用機会の平等、職場の健康・安全、労働の質の向上等）にみられるような企業経営における社会的課題事項に予測的（anticipatory）に、かつ、事前対応的（proactive）な企業行動を実施していくという意味での新たな社会的責任活動としての「企業の社会的即応性」（Corporate Social Responsiveness）が重視され、企業行動として具現化されることになるのである（中村他 1994：247-251）。

3 「企業と社会」論とは何か――視点と課題

米国では、それまでのＣＳＲ論の他に、一九六〇年代より、企業の社会性や社会的役割を包括的に理論化しようとする「企業と社会」論（The Theories of Business and Society）、ないし、「企業と社会」関係論（The Theories of the Relationship of Business to Society）が登場してきた。この「企業と社会」論は、これまでのＣＳＲ論（企業の社会的責任論）が企業不祥事などの企業自身の反社会的行動に対する、事後的・規範的対応であったのに対して、企業とステイクホルダー（株主・従業員・取引先・消費者・地域社会〔コミュニティ〕・政府・一般市民等）との相互作用的な関係を通じて、企業が直面する、あるいは、将来、直面する可能性のあると予測される社会的課題事項（Social Issues）を予測し、事前的・問題解決的な対応をしようとする意図のもとで考えられたものであった。つまり、「企業―株主・消費者」という一元的・自己利益的な関係から、企業を取り巻く社会環境という多元的・公共利益的な関係に視野を広げ、企業の社会性を見直していこうというものである。

日本では、CSRが社会的にも認知され、多くの企業がCSR関係の部署を設置しているにもかかわらず、「企業と社会」論に関する本格的な論議が研究者や企業経営者の間から提起されてきていないのはCSR論と「企業と社会」論との関係に対する経営学的な理解が十分になされていないことに原因があると思われる。[(4)]

(1)「企業と社会」論への視点――社会的責任論的な理念から、社会的即応性論的な理念へ

わが国では、社会的課題事項の解決に際しては、事後対応的な社会的責任論は各企業に依然として存在しているために、予防的・事前的に社会的課題事項に対応していくという社会的即応性論の現実的展開は未成熟な状態であるけれども、環境問題をはじめとする社会的課題事項の高度化・多様化の進展により、企業の社会的即応性論を経営戦略の一環として位置づけ、社会的期待・社会的要請に対応できるような企業経営体制の構築が今後、期待されるだろう。

こうした観点から、企業の社会的責任を現代的に捉えていくとすれば、「企業と社会」関係を重視していく社会環境論的視点から、企業業績（社会的業績・経済的業績）と企業に対する社会的期待（広範なステイクホルダーからの）とのマイナスの格差《ギャップ》を埋めてきたのが、「企業の社会的責任」（Corporate Social Responsibility）であり、社会的期待を超える企業業績をあげていくことが「企業の社会的即応性論」ということになる（第4章の図表4－9を参照のこと）。（注：CSRと区別するために、「企業の社会的即応性論」、ないし、「企業の社会的即応性」をCSR2としている（Corporate Social Responsiveness; CSR2））

そのためには、社会的課題事項に対して、企業が事後対応・結果責任的視点ではなく、事前対応・予測志向的視点から対応し、社会的期待に十分に耐えうる企業業績を組織的に達成していくための経営システムを構築していく必要がある。そのためにも、企業の社会性を価値基準とした、経営理念、経営政策、経営計画等を経営戦略の重要な柱として総合的視点から、具体化していくことが求められるだろう。

(2)「CSR論」の代替理論――「企業の社会的即応性論」の視点・考え方・戦略・展開

①「企業の社会的即応性」論の視点と考え方

すでに指摘したように、米国においては、消費者保護問題・環境問題・雇用問題等の企業を取り巻く社会環境の急激な変化が、「自由主義体制のルールを守って、フェアプレーの精神で最大限の利益追求をすることこそが社会的責任である」（徳重 1994：7）という伝統的な経済的利益重視型の社会責任観を変革していく要因となっている。

このことはさらに、企業の社会的責任論の根底に存在していた、株主に対する利益追求という考え方から、多種多様な社会的期待・社会的要請を求める、一般社会の人々を企業の利害関係者として捉えていく、新しい「企業と社会」関係のアプローチ（「企業と社会」関係の相互作用モデル）を生み出した（図表6－2を参照のこと）。

また、これまでのCSR論の受動的姿勢に対する批判に対応していくために、アッカーマン＝バウワー（Ackerman=Bauer）らが、「企業も、この時流にとらえられ、公衆の心情や立法・行政活動の圧力のもと、財貨・用役の営利的生産という伝統的役割を終えた社会的課題事項に対応すること（respond）を求められている」（中村他 1994：248）という能動的視点から、CSR2論（Theories of Corporate Social Responsiveness 2）という、従来の社会的責任論に代わる新しい理論を登場させたのである。

CSR論が、①一般社会に対する道徳的義務（倫理的義務）を基盤とした規範的な考え方、②企業行動が社会に対して及ぼした結果について責任を果たすこと、③経済的・社会的便益を社会にもたらしていくこと等を基盤としているのに対して、企業の社会的即応性は企業のステイクホルダー（広い

図表6－3　企業の社会的責任と社会的即応性との対照

	CSR1（企業の社会的責任）	CSR2（企業の社会的即応性）
起　源	1920年代	1960年代
基本原理	＊慈善原理と受託原理	＊多くの社会的利害関係者による要請
焦　点	＊一般社会に対する道徳的義務	＊企業の利害関係者に対する企業の実践的対応
行　動	＊フィランソロピー，公益の受託人	＊社会計画（社会プログラム）

（出所）　J. E. Post et al.,（1996：63）＝（松野訳）

意味での社会も含む）の社会的期待・社会的要請に対する「実践的」（Pragmatic）「行動志向的」（Action-oriented）「結果志向的」（Results-oriented）な要素を含んだ考え方となっている（Post et. al., 1996：677）。

社会的課題事項に対して分析的なアプローチを採用することによって、課題事項を明確にし、今後、企業にとって発生しうる課題事項を予測し、課題事項の解決のための対策を事前に準備するばかりでなく、社会的期待・社会的要請に対して、企業として十分に対応できるような経営政策を明確化し、企業行動として具体的に実行していくことが「ＣＳＲ２」なのである（図表6－3を参照のこと）。

②　「ＣＳＲ２」論の戦略的展開

企業がステイクホルダーからの「社会的課題事項」、「社会的期待」、「社会的要請」に経営戦略として対応していくためには、①企業が社会環境の変化に対応していくための戦略を明確化しておくことであり（社会的即応性への四つの戦略段階）、その上で、②社会的即応性戦略を組織戦略として定式化し（組織戦略としての社会的即応性）、さらに、③社会的即応性を戦略的に実行していくための方策を構築していくことになる（「企業の社会的即応性」の三段階モデル）。

企業の所与の環境からの社会的圧力に対して、どんな圧力があろうともそれらを無視して、自社の計画に固執する企業もあるだろうし、外部からの圧力によって企業行動を変更せざるをえない場合にのみ、企業自身を変えていく企業もあるだろう。また、自社に有利な方向へとその圧力を転換させていく企業もあるだろうし、環境の変化（社会的ニーズ、目標、社会的期待）に対応して、自社の目標も変化させていくような、事態対応型の企業もあるだろう。

この戦略は「組織（企業）と環境（組織）」関係の双方の変化に対応していくことによって、経営戦略を展開していくための社会的対応の指針を示したものである（Post et. al, 1996：63-66）（図表６－４を参照のこと）。

〔社会的即応性に関するの四つの戦略段階〕

〔第Ⅰ段階〕無対応戦略（An Inactive Strategy）

多くの経営者は自社に対する社会的圧力や社会的批判が増大化した場合にのみ、自社の経営政策を変更することによって、最初の反応を示す傾向がある。しかし、企業によっては企業行動の変更を拒

図表6－4　「社会的即応性」（Social Response）に関する四つの基本戦略

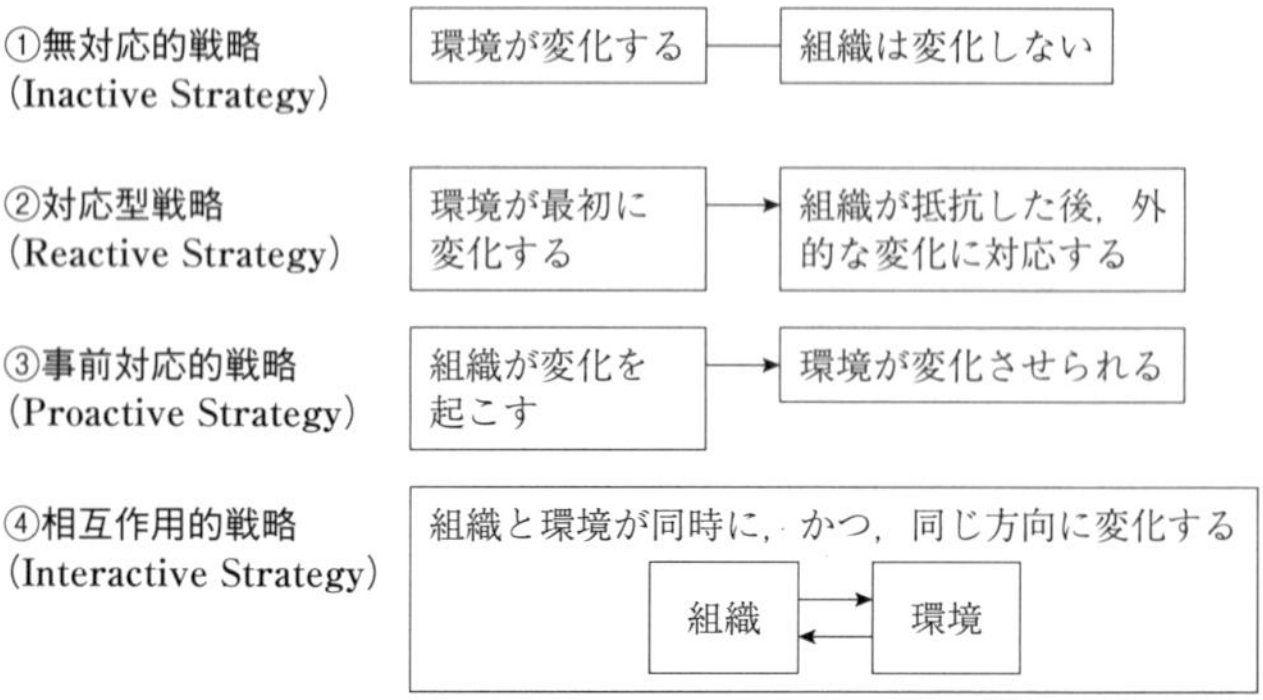

（出所）　J. E. Post et al.,（1996：74）＝（松野訳）

否することもある。

〔第二段階〕対応的戦略（A Reactive Strategy）

重要な変化が発生した後、この戦略を活用することによって、企業は企業環境に生じた予期せぬ変化に対処しようと努力する。企業は強い社会的圧力が加わった場合のみ、企業行動を変更することになる。

〔第三段階〕事前対応的戦略（A Proactive Strategy）

この戦略を採用している企業は自社の環境の中で生起している変化の先取りの必要性を理解しているので、ただ単に対応している（第二段階）企業よりも一歩進んでいる。

〔第四段階〕相互作用的戦略（An Interactive Strategy）

企業が環境の変化を予期し、自社の目標を一般大衆の目標に調和させることが可能な場合、この戦略を採用している。相互作用的戦略は一般大衆の期待と企業業績との間の格差《ギャップ》を減少させることによって、企業と一般大衆との調和的関係を促進する。「相互作用的戦略」は企業にとっては、環境の変化に対する十分な分析と予測、さらに、企業目標の柔軟な設定等の努力が必要とされるために、大半の企業は、「無対応戦略」、「対応的戦略」、「事前対応的戦略」等の採用によって、一時的・短期的な成功を収めることを求めている。

しかし、「企業と社会」関係が企業の存続・成長に大きな影響力を与えることの意味を考えると、どんなに大変な作業であっても長期的な観点からの「相互作用的戦略」が必要となってくる。また、こうした戦略が成功するか否かは、経営者が環境の変化を十分に理解した上で、それらの変化に対応した戦略的アプローチを実行していくかにかかっている。

右記の仮説は固定的なものではないので、現実的な環境変化の状況の中で、常時再検討し、状況に応じて柔軟に活用することによってはじめて経営戦略上の有効なツールとなる。

③ 社会的即応性戦略と組織戦略

企業行動として社会的即応性を具体化していくためには、「組織的関与」(Organizational Involvement)を機能的・段階的に実施していく必要がでてくる。そのためには、当該のレベル(経営幹部レベルから、実務者レベルまで)の役割・責任を明確にした上で、企業の経営資源(ヒト・モノ・カネ・ノウハウ・情報)をどのように効果的に配分し、成果を生み出していくかということが重要な要素となってくる。ここでは、構造・意思決定過程・インセンティヴにおける組織的革新をどのように遂行し

図表6－5　戦略と社会的即応性

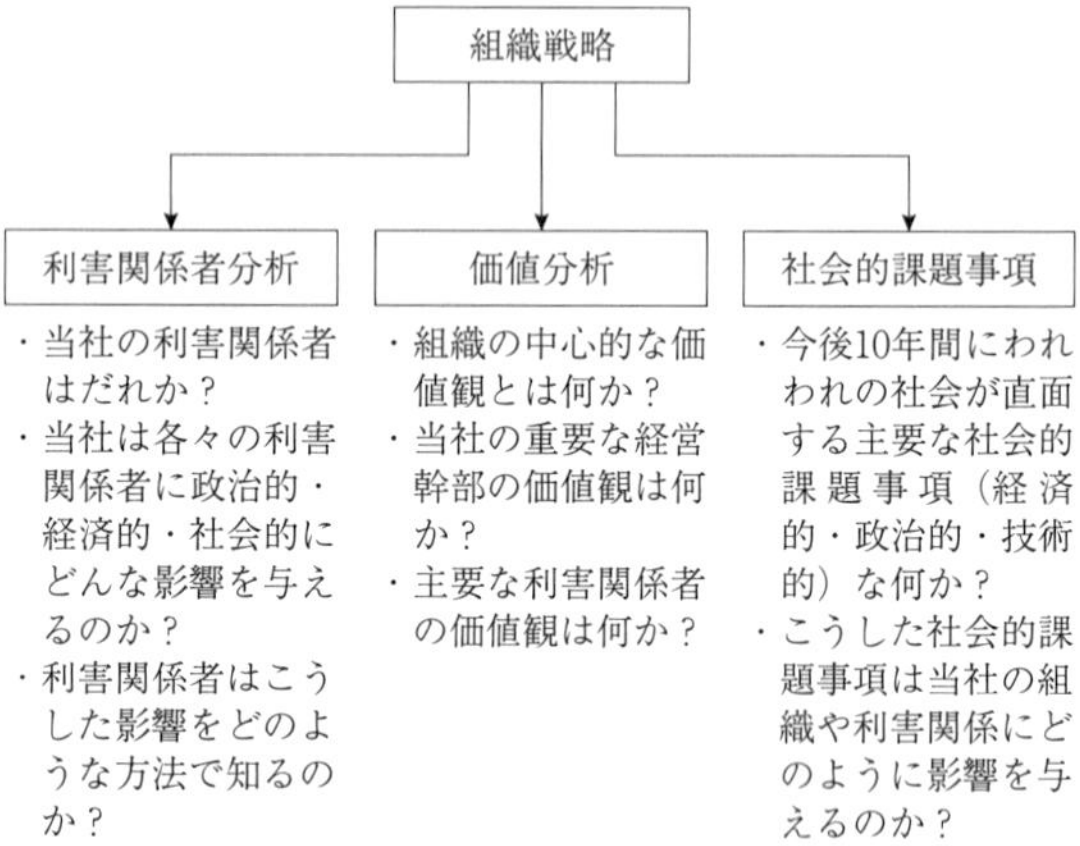

（出所）　W. C. Frederick et al.,（1992：107）=（松野訳）

ていくかということを検討していく（図表6－5／6－6を参照のこと）。

〔A．取締役会の役割〕

企業の基本的な経営政策や経営戦略の決定は取締役会（the Boards of Directors）を出発点としているので、取締役会自身が企業を取り巻く環境の現状、将来の動向について正確な情報を得ることがまず、重要となってくる。そのためには、取締役会により多くの社会情報を提供していく組織体制が必要となってくる。

一つの方法は専門的な社会知識をもっている「社外取締役」の増強であり、もう一つの方法は取締役会に「公共責任」（Public Responsibility）、あるいは、「公共政策」（Public Policy）に関する委員会を設置し、この委員会が社会環境を監視し、企業に影響を

図表6－6　企業の社会的即応性のための経営組織単位の行動

〔組織単位〕	〔必要とされる行動〕
■取締役会／トップ・マネジメント	＊環境との接点（インターフェイス），環境からの社会情報（インプット）の改善 ＊社会哲学，社会的関与，社会的戦略の開発 ＊社会的行動のための経営政策の開発と伝達 ＊パブリック・アフェアーズ部門のようなスタッフ的組織の設置 ＊経営資源の社会的行動への委託 ＊社会的業績に対する報酬のためのインセンティヴ・システムの改定 ＊企業の社会的業績の見直し作業
■スタッフ組織	＊よりよい社会情報を得るための社会環境調査 ＊社会政策担当の役員へのアドバイス ＊組織内の社会的業績の監視（モニタリング） ＊社会政策・社会的業績分野の変革者としての行動 ＊管理部門・企業全体の社会的業績のための適切な評価システムの開発と維持
■実務部門	＊環境との接点（インターフェイス）の実務作業の維持 ＊社会哲学・社会政策に適合するような実務的な手続きの改定 ＊社会政策の内容を従業員に伝えていくこと／その業績を管理すること ＊経営資源を社会的業績に活用すること ＊諸成果を評価して，経営幹部に伝えること

（出所） W. C. Frederick et al.,（1988：113）＝（松野訳）

与えるような社会的・政治的な課題事項を特定化し、さらに、企業として適切な行動のあり方を助言していく役割を果たしていくことである。

〔B．トップ・マネジメントの役割〕

取締役会やCEO（最高経営責任者）が企業に対する一般的な社会政策を策定するのに対して、トップ・マネジメントは右記の指針を実践的な計画やプログラムに転換させていく役割を担っている（図表6-6を参照のこと）。このような計画・プログラムの実施を担当していくのが「パブリック・アフエアーズ部門」（企業の社会環境対策活動部門―Public Affaires Department）である。

〔C．スタッフ部門の役割〕

この組織は、専門化された人員の集合体であり、「企業的社会政策」（Corporate Social Policy―社会的課題事項や社会問題に関する企業の目的・目標・プログラムを規定するような企業としての対外的な経営政策のこと）に関連した、支援的機能をもつ部門のことである。具体的には、この組織のスタッフはトップ・マネジメントに社会発展の状況についてアドバイスしたり、自社の社会的業績を内部から監視したり、さらに、自社が社会プログラムとしての目標をどのように達成しているか、について評価するのを支援していくことが任務となっている。

〔D．実務部門の役割〕

実施面で社会変化の最も大きな影響を受けるのがこの組織である。したがって，仕事の内容は新しいプログラムの導入に伴い，改善されていく必要がある。また，この業務は初期コストがかかるし，利益は長期的な視点からみていかなければならないので，企業としては，長期的視点からこの組織を支援していく体制を構築していく必要がある。

〔E．インセンティヴ・システム（誘因システム）〕

社会プログラムの成否は企業活動の通常の要素，例えば，①プログラムに対する資金配分，②配置人員の優秀性，③プログラムに対する支援・評価体制の適切性，④管理者や従業員が社会的即応性という事柄に対する動機づけの度合い等が十分に機能しているかが課題となってくる。そうしたことから，このようなインセンティヴ・システムの効果的な活用がプログラムの成功のカギを握ってくることになる。

〔F．社会的業績の評価〕

企業の社会的業績を評価するためには，企業は一定の専門化された「社会会計」（social accounting）や評価過程が必要となってくる。この目的に有効なツールが「社会監査」（social audit）であり，これは企業の経営政策や活動が企業の社会的環境に対してどのような影響を与えているか，さらに，企業の社会的業績の成果について評価機能をもっているものである。

こうした社会的監査は企業の社会的インパクトについての成果を経営者や外部の人々に情報として提供する役割を担っている。したがって、情報公開は重要な課題である。このような社会的業績の評価は、企業が社会的目的をどの程度、達成していくべきかについての経営政策や基準の設定にとって重要なデータを提供してくれるのである。

④ **企業の社会的即応性の実行**（企業の社会的即応性のモデル）

企業が社会的課題事項や社会的期待の現状、将来を分析し、企業行動として実施していくためには、企業がこうした課題事項を認知し、分析した上で、組織として実行していくための段階が必要となってくる。ここでは、「企業の社会的即応性の三段階モデル」を紹介することによって、具体的な戦略実行のための参考としておきたい（図表6－7を参照のこと）。

Ⅰ．「政策段階」（The Policy Stage）

CSR2（企業の社会的即応性）の最初の段階は、企業が企業環境の中のどの領域に対してどのような対応をすべきか、さらに、どのような行動をとるべきか、を認識する段階である。この段階には、①課題事項発見による「課題の明確化」（Identify Problem）、②課題事項解決のための「政策の策定」（Formulate Policy）という二つの作業がある。こうした企業の認識は利害関係者の期待に変化が生じ

図表6-7　CSR2の三段階モデル

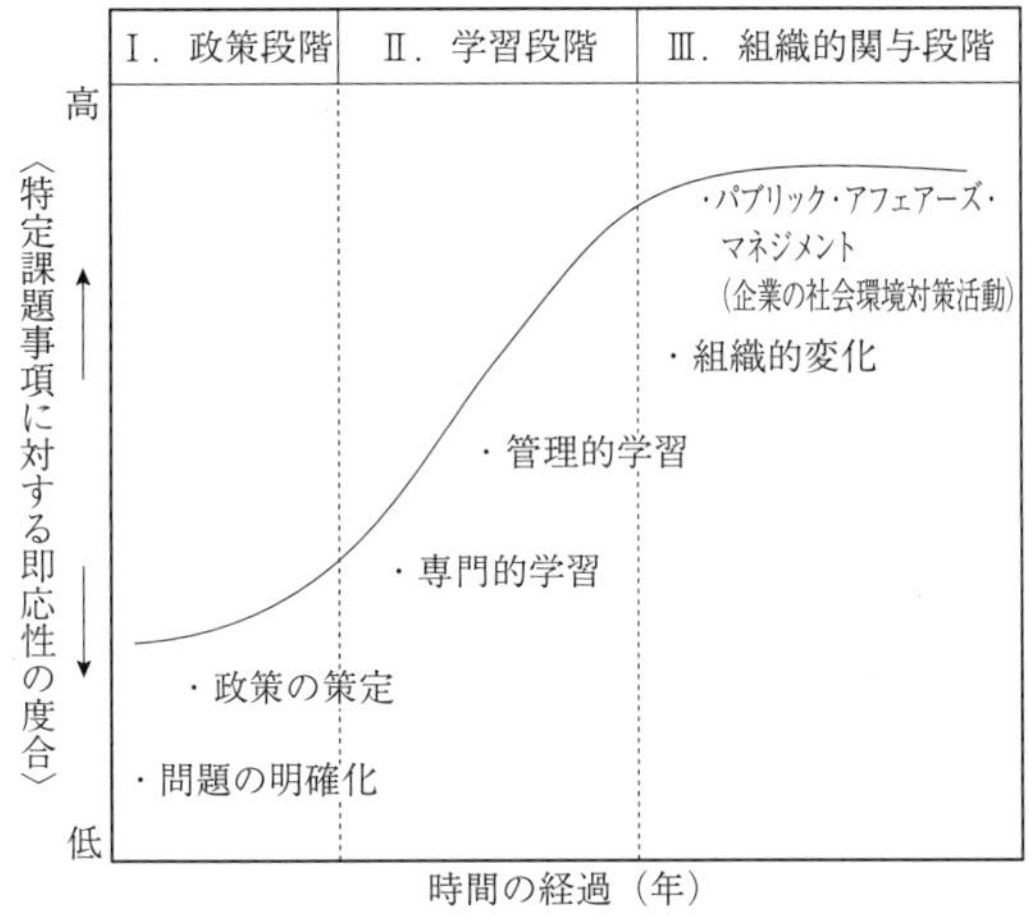

（出所）　J. E. Post et al.,（1996：74）=（松野訳）

た後に出てくるかもしれないし、体系的な環境分析の結果から出てくるかもしれない。社会的関心、社会的トレンドに対応した、環境認識が企業にとって必要なことなのである。

Ⅱ．「学習段階」（The Learning Stage）

社会的課題事項が明確化され、そのための政策が作成された後、企業はその問題に対してどのように取り組み、どのように新たな政策作業を行っていくか、について学習する必要が生じてくる。この段階では、①社会的・技術的な専門家が企業の実務担当者や管理者にアドバイスをする「専門的学習」（Specialized Learning）と、②企業の実務管理者や一般管理者が新しい課題事項、すなわち、社会問題に対処していくための日常的な作業としての「管理的学習」（Administrative Learning）とがある。ここでも、技術的な専門家が課題解決の最初の段階で支援していくことになる。社会的即応性はスタッフ組織の専門家だけでなく、ラインの管理者にも十分な協力と知識が必要とされる。

Ⅲ．「組織的関与段階」（The Organizational Commitment Stage）

この最終段階は企業の社会的即応性を達成していくために必要とされるものである。換言すれば、企業という組織が新しい企業的社会政策を制度化していくための必須の要件である。右記の二段階で学習された政策や日常作業が企業全体に受け入れられていくためには、努力と時間が必要とされるが、企業によっては、社会的課題事項（例—雇用の平等化の問題、環境汚染問題等）に対する組織体制の整備に、六〜八年（第一段階から第三段階まで）かかっている場合もある。課題によって、組織の構築にこれよりも時間がかからないこともあるが、重要なのは経営者の意思力による「内部要因」と課題に対するステイクホルダーの行動という「外部要因」との二つの要素の組み合わせが組織に対して効率的な変化をもたらすことである。

図表6-8 企業市民活動コンセプトの進化（CORPORATE CITIZENSHIP CONSEPTS）

第1段階：企業の社会的責任（corporate social responsibility） —義務・説明責任の重視 ↓ 第2段階：企業の社会的即応性（corporate social responsiveness） —行動・活動の重視 ↓ 第3段階：企業の社会的業績（corporate social performance） —成果・結果の重視

（出所） A. B. Carroll et al., (2002：31)＝(松野訳)

4 「企業と社会」論の系譜——歴史的考察

「企業と社会」論はCSR論の進化の過程で登場してきたものである。換言すれば，「企業—社会」関係が「企業—内部環境（従業員・取引先・顧客・株主）」（対内的関係）等にみられるような企業の一次的（直接的な）利害関係から，「企業—外部環境（消費者・地域社会（コミュニティ）・政府・メディア・市民団体等）」（対外的関係）などの二次的な（間接的な）利害関係へと開かれてきた成果の一つといえるだろう。

キャロルが企業の社会活動を「企業市民活動」（「企業市民性」—Corporate Citizenship）の役割として捉えることによって，社会的存在としての企業の役割を明確化しようとしたように，企業の社会的役割は強制的・受動的な「社会的責任段階」（第一段階）から，社会的課題事項への迅速な対応という「社会即応性段階」

（第二段階）へ、さらに、企業の社会的環境がステイクホルダーの視点から捉えられるような「社会的業績段階」（第三段階）へと発展していったことである[(5)]（Carroll（2003：31））（図表6－8を参照のこと）。

この「企業市民活動」という考え方は、「CSRをステイクホルダーとの協働、社会貢献、財務的業績と社会業績の統合化等を通じて実践する活動」といった形で理解されているのが一般的である（Lawrence et al. 2010：557）。

5　「企業と社会」論への現代的視点と課題
——J・E・ポスト等における「企業の社会性」の理論的・実践的な提言

一九九〇年代後半以降、CSR論を包括的に捉えていく理論的・実践的考え方として、「企業と社会」論について多角的なアプローチによる研究が精力的に進められてきているが、「企業と社会」論における米国の代表的テキストとして読まれている、J・E・ポストらの著作、『企業と社会——企業戦略・公共政策・倫理（一〇版）』（*Business and Society—Corporate Strategy, Public Policy, Ethics*）［Post, J. E. et al. 2002］では、現代社会の複雑な社会的争点や社会的課題事項に対して、社会における企業の役割、CSRの特質、企業倫理活動の現状、グローバルな経済社会における政府と企業の関係など、に関して多角的な視点から検討を加え、企業の社会性に企業経営にとってどのような意思決定を行なうべきかについて理論的・実践的な提言を提示している。ここでは、「企業と社会」論における現代的な課題について紹介し、その特質を明らかにしておきたい。

企業が置かれている複雑、かつ、多様な社会環境を背景として、J・E・ポストらは「企業と社会」の相互作用的な関係を形成する力として、①経済的競争―戦略的、かつ、社会的挑戦、②倫理的期待と公共的価値、③政府の役割と公共政策の変化、④環境と天然資源、⑤技術と新しい知識、の五つをあげ、これらが企業とそのステイクホルダーの関係に及ぼす影響に注目し、それらが企業経営にどのような示唆を与えているのかについて効果的な分析を行なっている。以下、それらの基本的な考え方と課題を提起しておきたい［Post, J. E. et al. 2002：15-25］。

(1) 経済的競争――戦略的、かつ、社会的挑戦

経済的競争は企業と社会における関係の変化に大きな影響を及ぼす。競争があるからこそ企業は顧客に対して効率的なサービスを提供しようとするし、ニーズを把握しようと努力する。そして、継続的に競争の仕方、および、それを展開する方向性についての見直しが行なわれるが、そうした戦略の見直しは戦術的な再構築をもたらし、戦術的な再構築によって、企業は製品やサービスの質、コスト削減の程度、および、顧客対応のスピードの改善、すなわち、事業の再構築［リエンジニアリング］

(reengineering）を行おうとするのである。

企業戦略の見直しはステイクホルダーに対する企業責任について、これまでの伝統的な考え方を変容させることにつながる可能性がある。というのは、そうした見直しによって、従業員と地域社会（コミュニティ）は重大な影響を受ける可能性があるからである。工場が閉鎖され、新しい製造ラインが導入されたり、新しい配送システムが整備されたりすると、従業員の仕事が削減され、彼らは職を失うかもしれないし、また、長年にわたって勤務してきた従業員も早期退職を促されたり、解雇されたりするかもしれない。

企業とステイクホルダーとの間には、しばしば暗黙の了解、言い換えれば、「社会契約」が形成される。「社会契約」は企業の戦略が変わると必然的に影響を受ける。重大な経済的な問題が発生すると、従業員に対する責任は変化し、地域社会への参加や慈善活動の機会が減少することもある。このような社会契約における変化は一九九〇年代に起こりはじめ、製造業・金融業・小売業・運送業など経済のほとんどすべての分野において縮小経営が行なわれた。しかし、ステイクホルダーの関係は企業戦略の変化とともに変わり、企業の責任や行動も再定義される。この新しい「社会契約」は管理者や企業がすべてのステイクホルダーとの関係を認識し、企業活動を通じて損害を最小限に抑え、積極的な貢献を実現する「ステイクホルダー・マネジメント」に関与することを意味する。従業員は企業人であると同時に家族の一員であり、地域社会の一住人であり、教会の信者であり、政党員であり、そして、野心・課題・希望・欲求をもった個人である。賢明な管理者は、従業員が生産者——人材——である、と同時に感情的な存在であるということを理解している。

社会的評価が高く、すぐれた社会的業績を上げている企業には、多くの場合、社会における企業の役割を広範囲で展開しようとする経営首脳陣が存在している。彼らは、社会が抱える問題を解決するために、企業が大いに貢献すべきだと考えている。また、彼らは短期的利益に焦点をあてるよりも、長期的な視野で企業活動を展開し、企業の長期計画において経済的目標と同等に社会的目標にも高い優先順位をつけている。

(2) 倫理的期待と公共的価値

倫理的期待は企業活動の重要な要素である。人々は企業に倫理的であることを期待し、経営管理者が経営上の意思決定を行なう際に、倫理的な哲学、すなわち、善と悪・公正と不公正・倫理的正当性を判断するガイドラインを適用することを望んでいる。

倫理的規範は社会によって異なる。しかし、異なる社会の人々の間に文化的相違があるからといって、共通の倫理が形成されないわけではない。例えば、二〇〇〇年のEU基本権憲章では、加盟国間

における共通の職権と人道的処遇の促進が謳われている。(6)

しかし、重要なのは、「企業は倫理的であるべきか」でもなく、また、「企業は経済的に効率的であるべきか」でもない。社会は企業に対して、同時にその双方の要件を満たすことを求めている。倫理的行動は企業の社会的業績（CSP）の重要な鍵となる。公的な支援を維持し、信用、すなわち、企業の正当性を維持するために、企業は高い経済的業績と高尚な倫理規範という二つの社会的要求を統合する方法を見出さなければならない。企業がステイクホルダーに対して、倫理的な行動をとる場合には、社会への貢献はよりよいものとなる。しかし、倫理的行動を怠ると、公的な支援を失うというリスクに直面することになる。

(3) 政府の役割と公共政策の変化

政府の役割は過去二〇年の間に米国や他の多くの国々で劇的に変化した。一九七〇年代後半から、経済的・政治的・社会的な諸制度が変わりはじめ、権力構造は一般大衆へと分散していった。政治的指導者への信頼は次第に失われ、人々は政府主導の政策を超える別の力を求めた。過度の権力が社会の中枢部分に一極集中していたために、人々は民主的な改革――政策の権限委譲――を望んでいたのである。

米国において、企業へのこうした政治的変化の影響は「規制緩和」と「民営化」という形であらわれた。同様に、旧ソ連においては「グラスノスチ」(開放)と「ペレストロイカ」(変革)という形で、また、中国では、「さらなる市場化」「さらなる経済制度の分散化」という形で現われた。過去一〇年の間に、東欧、ラテン・アメリカ、アジアの多くの国々でも同様の変化が起こっている。つまり、現代社会における政府と企業の役割の再定義が行なわれたのである。世界規模の政府の変革は企業にとって何を意味するか。それは第一に、より自由なビジネス・チャンスの創出である。例えば、欧州や日本や米国の企業は一九九〇年代の中国に集中投資を行なった。しかし、彼らは、政府が企業の意思決定を超えて中央集権的な権力をみせはじめると、慎重になっていった。改革は企業に対して、機会と同時にリスクももたらす。東欧諸国で政府の管理が緩和され、西欧諸国との経済連携が進められた際、多くの東欧企業が利益獲得の機会を求めて西欧市場に参入した。しかし、企業のリスクは非常に多くあり、中には不安定な通貨、贈収賄、文化的複雑性などにより大きな損失を被った企業も多数あった。東欧諸国では、経済的、および、政治的制度に変化が起こったために、政府はインフレ、失業、国民所得の減少などに直面することとなった。

中央集権政治から、民主主義と自由への移行は企業にプラスとマイナスの両方の効果をもたらす。企業はしばしば大規模で不確実なリスクに直面してきた。政治力やイデオロギーが不安定であることは世界経済に重要なリスクをもたらす。したがって、企業と経営管理者はそれらを無視することはできない。政治的事象を企業戦略に反映させる際、その統合の仕方を習得することが企業や経営管理者の基本的な必要条件になってきたのである。「ステイクホルダー・マネジメント」はそれを実践するための一つの重要な手段であるといえる。

これまでの一〇年の間で、米国における政府の役割は大きく変容した。政府は旧体制の大部分——かつて、航空業、運送業、通信産業分野を統治していた「抑制と統制」による規制など——から脱却してきた。しかし、州政府や地方の政府が人々のニーズに応える形で努力を進める一方で、連邦政府は反トラスト法など、規制の手を緩めないのが現状である。

(4) 環境と天然資源

最も重要な社会的挑戦の一つは経済活動と環境的に持続可能な活動との間のバランスを保つことである。農業経営、鉱業経営、製造業においては、その財・サービスの創出に伴い廃棄物が発生する。それらの廃棄物は増加する人口、都市化、より便利な財・サービスの代償としての副産物に他ならない。米国・日本・ドイツ・ロシア・韓国などの産業社会では、高度の経済活動の副産物として多大な廃棄物を排出している。また、急激な成長を遂げている第三世界の発展途上国も産業化が進むにつれ、環境問題が深刻化している。

消費者は自動車や冷蔵庫、エアコン、コンピュータといった、公害に関連する商品を求め、購入し、使用するので、廃棄物に関して大いに責任がある。環境問題は国境を越えて広がっている。例えば、オゾン層の破壊は世界の人々の健康を脅かしているし、チェルノブイリの原発事故は東欧諸国にまで危険な放射能の被害を広めた。また、タンカーの原油流出事故は海水を汚染し、多くの国々の海岸に被害を及ぼしたが、熱帯雨林地域の森林伐採は世界の気候に影響を及ぼした。

現在、公害抑制、廃棄物の削減、天然資源の保護といった環境保全政策はすべての国家において政策上の優先事項として取り扱われるようになりつつある。政府や産業界の指導者は、これがまさに、天然資源の使用を求める経済活動と天然資源の保護を求めるグローバルな環境保全活動との間の持続的なバランスを保つために行なわれるべき基本的な要件であると認識している。本社から地方の支社まで、企業活動に携わっているすべての経営者と管理者はその意思決定において、環境経営的な思考を導入することが求められている。

公害や廃棄物の創出を完全になくすことは困難であるが、製造計画の見直しやリサイクルを通じて、それらの量を減らすことは可能である。新しい科学技術の登場によって、環境問題は回避することはできるだろうし、排除していくことも精力的に追求することが可能となる。

(5) 技術と新しい知識

科学技術は企業と社会に影響を及ぼす最も劇的、かつ、効果の高い力の一つである。科学技術は、企業がより速いスピード、より低いコストで、また、廃棄物を一層、抑制するような商品製造システムを実現している。また、科学技術は異なった知識分野に新しい問題解決方法や新しい業務遂行方法の創出をもたらす。例えば、遠距離通信において、音声・画像・動画という三つの情報伝達のタイプは、一つブロードバンド受信装置で可能になっている。ワイヤレスの伝達装置が人々にあらゆる情報を、どこででもアクセスすることを可能にしているのである。

しかし、同時に、新しい科学技術は人々にマイナスの影響も及ぼすことがある。例えば、仮に新型のスキャナーが一般的になると、インク型の印刷システムはすたれてしまい、インクパッドの製造業者やインクパッド会社の従業員たちはコストがかかりすぎるものとみなされてしまうであろう。とはいえ、やはり社会全体としてみれば、新技術は非常に効率的であり、また、生産的である。新技術は今日の企業に対して、新しい知識とその適応を理解し反応するようプレッシャーを与える。多くの技術革新は競争の効果と同様に、社会に大きなインパクトを与える。新技術が利用可能になると、倫理的意思決定はより複雑になる。例えば、実験的に一旦死んだとみなされた胎児の細胞を再生させることは可能である。病院の医療スタッフは中絶される胎児の組織を発作を起こした人、脊髄に損傷を負った人、いったん治る見込みがないとみなされた健康上の問題を抱えている人に利用できるかどうかの決定に悩まされる。いずれにしろ、科学技術は企業と社会の両方において、変革の主要な牽引力になることは確かである。

6 「企業と社会」論への今後の展望

J・E・ポストらの著作『企業と社会（第10版）』では、企業と社会を取り巻く環境の多角化によって、企業とステイクホルダーの関係に影響を及ぼすと思われる五つの社会的課題事項、すなわち、①経済的競争、②倫理的期待と公共的価値、③政府への役割と公共政策の変化、④環境と天然資源、⑤技術と新しい知識、を取り上げて、これからの「企業と社会」関係にどのような変化をもたらすかを検討してきた。「企業と社会」関係の基本的価値である、「企業の社会性」が今後、どのような進化をみせていくのかについて、われわれは「ソーシャル・マネジメント」（社会的経営）の観点から検討を加えていくことにしている。換言すれば、二〇世紀型の経済的利益優先型の企業経営から、経済的利益と社会的利益を最適化していく二一世紀の新しい企業経営のあり方、ならびに、「企業と社会」関係について、次章では、「ソーシャル・マネジメント」論の観点から考察していくことにしている。

また、これまで、「企業と社会」論は営利組織としての企業と社会環境との関係を基盤として、企業の社会的使命や社会的役割のあり方を検討してきたが、営利組織と非営利組織の活動がボーダレス化し、ソーシャルビジネスが社会の大きな潮流となりつつある現状では、「社会性」という観点から、新しい経営スタイルの組織を具現化していくことが課題であり、ソーシャルビジネス等を一般化してくための組織的な枠組みの構築が求められている。

その意味で、これからの「企業と社会」論は、企業の私的利益追求を目的とする企業的公共性ではなく、社会的利益（社会性）と経済的利益（市場性）を有機的に統合していくという社会的目的を追求する、企業市民的公共性を基盤とした企業経営組織を構築していかなければならない。

営利組織（企業）の社会化と非営利組織（NPO・NGO）の事業化を有機的に統合していくための理論的・実践的装置としての「ソーシャル・マネジメント」論（社会的経営論）が今後の「企業と社会」論を進化させるための出発点となるだろう。

注

（1）これは、CSR論から、「企業と社会」論への進化の過程を価値理念で示したもので、企業が一般大衆やステイクホルダーから要請されている社会的課題事項への応答に対する基本的立場を示したものである。

(2) 従来のCSR論が、多元的であってもスタティック(静態的)であったのに対して、社会的課題事項に迅速、かつ、柔軟に対応できるような枠組みとして、「関係性」(相互作用)と「次元性」(多元性)という二つの要素を提示している。この考え方は、米国の「企業と社会」論では、重要な要素となっている。

(3) W・C・フレデリック他著の『企業と社会―企業戦略・公共政策・倫理(第七版)』(一九九二年)では、ステイクホルダー概念の導入前に「相互作用」(interaction)という概念が使用され、その後の版では、この概念が「ステイクホルダー」(stakeholder)に変更されている。

(4) 経営学では、CSR論と「企業と社会」論の接点が明確化されていなかったために、「企業と社会」論に関する理解が十分ではなかった。そのために、今回は、CSRの進化によって、「企業と社会」論が「関係性」(相互作用)と「次元性」(多元性)という新しい枠組みによって出現してきたことを提起している。

(5) A・B・キャロルのこの「企業市民活動」(Corporate Citizenship)は、「企業市民」、ないし、「企業市民性」とも訳されるが、基本は企業行動の社会化を意図した、「企業の市民的活動」としての「企業市民活動」という意味である。

(6) 一九六一年に採択された「欧州社会憲章」では、労働権と社会保障の権利に関して詳細に規定されている(第1条 労働権、第2条 公正な労働の権利、第4条 公平な賃金の権利、第5条 労働組合に関する権利等)。この基本的な考え方が二〇〇〇年の欧州連合(EU)の「欧州連合基本権憲章」に受け継がれ、第4編の「労働」に関する規定では、労働条件・不当解雇からの保護・社会保障・医療等に関して、労働者の権利と社会的権利の確保を明確にしている。

第7章　「企業と社会」論の現代的展開
――「ソーシャル・マネジメント論」の可能性

これまで述べてきたように、企業の巨大化による経済権力の保持、それに伴うさまざまな企業の不祥事に対する方策として、CSR論は二〇世紀初等の米国で、企業内の企業的社会政策、企業外では、社会貢献活動の遂行状況等を通じて、社会的存在としての企業のあり方を追求してきた。CSR論が企業不祥事に対する受動的対応策から、企業を取り巻く社会的課題事項の解決をめざしていく能動的な対応策へと転換していったが、これはあくまでも企業防衛の段階で止まっていた。こうた状況を打破すべく、米国では、一九六〇年代から、CSR論の進化段階としての「企業と社会」論（The Theories of Business and Society）の研究が盛んとなり、社会的課題事項に対するCSR2（企業の社会的即応性活動）を通じて、企業の社会活動と社会的期待のギャップを埋め、社会的課題事項の解決に向けて企業が役割を果たしていくための研究が活発化し、企業倫理、企業の社会貢献活動、環境経営やステイクホルダー・マネジメント等の「企業の社会性」に関する新しいマネジメント理論によるCS

R論の進化的展開がみられた。

「企業の社会性」に関する経営学的な理論研究は第一段階の「CSR論」、第二段階の「『企業と社会』論」、第三段階の「ソーシャル・マネジメント論」という展開になる。第一段階と第二段階では、営利組織としての「企業と社会」関係を論究していたのに対して、第三段階では、営利組織としての企業と非営利組織としてのNPO・NGOという二つの組織がさまざまな社会的課題事項の解決のための理論的・実践的な経営学理論（マネジメント論）・社会学理論（組織論）へと進展していったことである。

1　ソーシャル・マネジメント論の基礎的考察

現代の組織は社会と関係の深い開放的なシステムであり、その存続性は組織内の共通目的、協働意思、コミュニケーションの持続的確保（内的均衡）、および、当該組織と外部環境[1]との適応関係（外的均衡）に依存している（Barnard, 1938：82-94）。短期的には、組織はその内的均衡を図ることによって維持されるが、組織諸要素のバランスは外部事情とともに変化するので、長期的に組織を存続させようとするならば、その存続はシステムとそれに外的な全体状況の均衡に依存している。外的均衡の第

図表7-1　誘因（Inducement）と貢献（Contribution）の交換

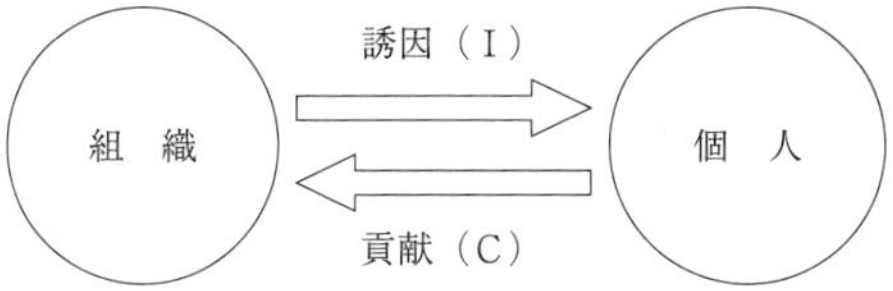

「I＞C」の場合　個人は組織に対し，積極的に努力を提供する
「I＝C」の場合　個人は組織に対し，消極的ではあるが，努力を提供し続ける
「I＜C」の場合　個人は組織に対し，努力の提供を停止する

（出所）合力 2004：44-46

一条件は組織の有効性であり、組織を取り巻く環境状況に対する組織目的の適切性の問題である。環境を無視するような組織目的は有効ではないので、永続する組織は環境に応じて目的を変更したり、新しい目的を採用したりする必要がある。第二の条件は組織の能率であり、組織と個人の「誘因と貢献の交換」の問題（図表7-1を参照のこと）、つまり、メンバーの個人的動機を充足させて、組織に対する個人の協働意思を確保するという、個人的意思決定レベルの問題である。組織の生命はその目的達成に必要なエネルギーとしての個人の協働意思を確保する能力にかかっている。したがって、組織の能率とは、そのシステムの均衡を維持するに足るだけの有効な誘因を提供する組織の能力である（合力 2004：44-46）。

組織はまず、すべてのステイクホルダーとの間に、前述の誘因と貢献の交換を行っているということを認識する必要がある。営利組織の場合、例えば、顧客満足を重視する企業は多いが、それと同様に株主満足、従業員満足、地域社会（コミュニティ）満足などを充足させるべく、適切な目的を設定し、それを達成しなければならない。非営利組織の場合も同様であり、専門分野に特化された人々の満足だけでなく、それ以外のステイクホルダー満足を充足させるような適切な社会的使命（ソーシャル・ミッション）を戦略的に達成する必要がある。

ここで対象とする現代の組織は営利組織、および、並びに、非営利組織である。営利組織とは、営利活動をその主たる目的として行う企業などを指し（以下、営利組織を「企業」と記す）、非営利組織とは営利活動を目的としない、特殊法人・社団法人・財団法人・宗教法人、および、ＮＧＯ・ＮＰＯ等の特定非営利法人などを指すが、ここでは社会貢献活動や慈善活動を行うＮＧＯ・ＮＰＯを考察の主たる対象とする。

次に、企業、および、非営利組織の「社会性」について考えてみたい。企業、非営利組織はともに社会の中に存在している「開放的なシステム」である。したがって、両者ともに社会的存在であること、すなわち、「社会的課題事項」（social issues）や「社会的期待」（social expectations）を事前対応的に予期し、「社会的要請」（social demands）に対応することを社会から求められている。

企業の社会的課題事項・社会的期待とは、例えば、製品の品質や安全性の確保、環境対策、公正な人事制度の施行、情報公開、マイノリティへの対応、社会貢献活動、および、社会的事業(2)などにより社会的利益を創出させることを指すが、重要なのはこれらを経営理念・経営政策・経営戦略の中核に組み込み、企業全体の中心的、かつ、重要な経営活動として検討するということである。これらを経営中枢的な組織の所管ではなく、総務・広報、あるいは、「CSR推進本部」などのある一部の部門で行っても、一過性のものとしてブームの終焉とともに忘れ去られてしまう懸念が残される。

非営利組織の社会的課題事項や社会的期待に関しては、たんなるボランティア団体という意識ではなく、例えば、当該領域についての専門的な知識やネットワークの保有、マネジメント・システムの充実、ソーシャル・アントレプレナーシップ（社会的起業家精神）、すなわち、企業の製品・サービスの社会的価値（社会的目的）の向上と経済的な価値（経済的目的）の拡大とともに実現しようとするマーケティング手法としての、ソーシャル・アントレプレナーシップ的手法の保持などがあげられる（谷本 2006：214-215）。非営利組織においても、企業と同様、その社会的使命は経営戦略的見地から果たされることが重要であり、その積極的導入によりステイクホルダー満足を充足させていく必要がある。

以上、営利組織（企業）と非営利組織の社会性について概観したが、社会的課題事項や社会的期待に対応するような社会的目的（Cause［大義］）のもとで、企業と非営利組織が連携するという形、例えば、「コーズ・リレイティッド・マーケティング」（社会貢献志向型のマーケティング）（CRM：Cause-Related Management）[3]、なども当然ありうる。

さて、われわれはここで、営利組織、非営利組織、それらの連携したものを問わず、組織の「社会性」を「経済性」と区別するために概念上の分類は行っているけれども、それと対立、あるいは、並列させないように留意すべきである。

一般に、社会的目的といえば、経済的目的に対立するものと捉えられがちであり、別々のものとして位置づけられる。しかし、このような捉え方をすると、環境に応じてどちらかが優先されたり、されなかったりして、企業の場合、景気が回復してくると、時間の経過とともに社会的目的は等閑視されてしまったり、非営利組織であれば、社会的使命達成のために経済的要素が度外視されることが多いということをわれわれは経験的に認識している。

社会的目的とは、企業の場合、経営理念・経営政策・経営戦略の中核に組み込まれるべきものであり、組織横断的に企業の経営活動の中に存在するものでなければならない。また、非営利組織の場合、公共的特徴を保有しながらも、その達成において経営戦略の策定、すなわち、事業性を伴う必要がある。

(1) 営利組織(企業)における「社会性」の捉え方

前節でみてきたように、企業が存続するためには、それを取り巻く環境に対する企業目的を適切に設定する必要がある。ここでは、現代における企業の「社会性」という観点から社会的目的について考察していく。企業は独自の経営目的をもち、その目的を達成することでステイクホルダーの期待に応え、企業活動における「誘因と貢献の均衡」を調整しながら、ステイクホルダー満足を充足させていかなければならない。そして、この経営目的に社会性を反映させたものが社会的目的に他ならないが、これらはCSR戦略として実践に移されることになる。

CSR戦略を実践化する際に、森本は「経営理念を明確にし、経営目標の体系にCSRの内容を取り込み、経営戦略の一環として社会戦略を策定し、適切な執行体制を通じてそれを現実化すること」が重要であるとし、社会戦略の留意点を以下のように示している（森本 1994：336）。「①現代企業のCSRは、本業と無関係な「陰徳」としてではなく、本業そのものについて、あるいは本業でなくともそれと一体の理念のもとに実践されなければならない。②法的責任や経済的責任を閑却した社会貢献は、企業としては無意味であり、現実に永続しない。③自己の資源の強み弱みを十分に吟味し、正当性の維持・高揚に即した資源の動員を図らなければならない。④自発性の高い責任については、経営理念との整合性に配慮し、主体性の発揮に努めなければならない。独自性の希薄な社会貢献は環境主体の期待充足効果を低いものにする」ということである。これまでの企業は私的利益の追求という経済的目的が主で、公共的利益の追求という社会的利益が従という経済目的優先主義をとっていたために、企業目的としての社会的目的の明確化を回避してきた（松野 1999：236）。

企業目的としての「社会性」（社会的目的）は、従来、経済的目的とは別個の形で論じられることが一般的であった。企業目的としての「社会性」とは、社会のためだけでなく、企業のためでもあることを熟慮した「社会性」であり、企業は収益性・成長性という観点から社会的目的を戦略的に策定していく必要がある。

現代の企業を取り巻く複雑な社会環境の中で、企業が経済的目的に限定した経営活動を行っていくことはもはや困難である。公害問題や環境問題を契機として展開されている「環境との共生」や高齢化社会に対応した、医療・福祉分野における「新しい事業領域」（ドメイン）の構築、社会貢献活動や社会的事業の推進などの課題は企業が社会性の高い経営活動を遂行していくことの必要性を明示するものであり、企業は「製品―市場戦略」の事業領域に「社会性」を反映させる必要がある（松野 1999：239）。

これまで、企業の社会的活動は非市場的領域での活動ということもあり、多くの場合、企業の当該事業領域とは分離した形で扱われてきている。しかし、われわれは、営利志向ではあるけれども、「社会性」の高い企業活動としての新しい社会的活動、すなわち、従来、利益面では無視されてきた、環境・医療・福祉などの分野の製品・サービスの開発・提供を「社会的事業領域」（社会的ドメイン）

として具現化していくことの必要性を示唆するとともに，企業が経済的利益至上主義型（利益の極大化）の経営活動から，社会的利益重視型の経営活動としての社会的行動（社会的利益の追求）を今後の経営活動のもう一つの側面として明確化し，戦略的に経営資源を投入していくことの必要性を提示している（松野 1999：241-242）。

(2)　非営利組織における「社会性」の捉え方

非営利組織の場合，企業の設定する社会的目的以上に，その性格上，適切な社会的使命（社会的目的）が必要であるのは周知のごとくである。そもそも非営利組織とは，「社会性」を目的の中に本来的に有している機関である。従来では，その社会的使命自体の良し悪しで非営利組織は評価された。しかし，現代社会では，どのような社会的事業を目標としてめざし，どのような成果を実際に獲得していくかを明確に示す必要がある。

P・F・ドラッカーは非営利組織においては，「自己評価」のプロセスにおいて「われわれの使命は何か」，「われわれの顧客は誰か」，「顧客は何を価値あるものと考えるか」，「われわれの成果は何か」，「われわれの計画は何か」という五つの問題に答えを出すことの重要性を説いている。ステイクホルダーは，非営利組織が「何を達成しつつあり，どれだけ投資に値する信頼性を保有し，その活動によって、社会・地域社会・個人の生活がどれだけ向上するのか」を問うのである。有効的、かつ、能率的な非営利組織は使命の意義、それを果たすための効果的なマーケティング戦略、人材や資金などの経営資源の管理などを説明することが可能なのである（Drucker, 2000：xiii）。

その社会的目的達成のプロセスにおいて、過度に専門的見地からアプローチすることにより効率性を伴わないのであれば、それは真に「社会性がある」とはいえず、それを「有効的」、かつ、「能率的」に達成するために、経営的視点を導入すること、すなわち、「非営利組織の経営化」を行ってはじめて、非営利組織は真の社会性を有することになると考える。

ところで、非営利組織の特徴とはいかなるものであるか。ここで、その特徴を確認しておこう。非営利組織の特徴としては、例えば、以下の五つがあげられている（龍・佐々木 2002：2）。

①利潤を分配しないこと。利潤は、その組織が目指すミッション（使命）のために再投資されなければならない。

②政府（公共組織）およびその一部分ではないということ。ただし、政府からの資金援助を受けてはいけないということではない。

③正式な組織であること。日常的・業務的・戦略的意思決定を行い、保有資源の適正配分を行わな

ければならない。

④自己統治しているということ。他の組織に支配されるのではなく、独立的に運営されていなければならない。

⑤自発的（ボランタリー）な要素があること。目的（ミッション）が営利ではなく、労働力や資金などに関して関係者のボランタリーな精神が、全体的にせよ部分的にせよ存在しなければならない。

非営利組織がその使命を経営戦略的に果たしていく上で重要なのが、「その使命を果たすために必要と思われるプロセスの仮説を立て、いろいろな可能性を探りながらその検証を行っていくこと（環境分析、自組織能力分析、選択肢の列挙月であり、最後に、列挙された選択肢について、社会的利益の観点から評価し、最良のものを選択する［選択肢の評価、選択肢の中から選択］）というプロセスをたどることである。

経営戦略の策定にあたって、根幹部分に相当するのが環境分析（機会・脅威分析）と自組織能力分析（強み・弱み分析）である。この二つの分析を体系的に行うというものが「ＳＷＯＴ分析」であり、具体的には「強み」（S：strengths）、「弱み」（W：weaknesses）、「機会」（O：opportunities）、「脅威」（T：threats）の四つの切り口から捉える(4)。

非営利組織が戦略を策定するには、まず、外部環境であるクライアント（市場）、スポンサー、他の非営利組織、企業、一般社会など、自組織に影響を及ぼすと考えられる環境に関しての「機会」と「脅威」を把握する必要がある。当然のことであるが、「機会」と「脅威」は初めから分けられているわけではない。ある外部環境が自組織にとって「機会」となるか、「脅威」となるかは、その捉え方次第である。

外部環境の変化の中で、自組織にとって魅力ある「機会」であると思われるものをいち早く発見し、そこに積極的に資源を投入して市場のシェアを拡大するか、他社が未開拓のニッチ領域（製品・サービス）を見出して差別化を図るかなどを決定する必要がある。また、外部環境の中で、自組織にとって脅威であると思われるものには注意が必要である。「機会」に対しての取組みは万一逃したとしても、痛手はさほど大きくない（別の「機会」を模索する可能性が残っている）が、「脅威」に対しての取組みは失敗すると命とりである。

また、戦略策定にとって、「機会・脅威分析」と同等に重要であるのが自組織の「強み・弱み分析」である。「強み」は自組織のコア・コンピタンスとなる経営資源であり、他方、「弱み」は他組織に比べて劣っている経営資源である。戦略方向としては、事業成長の阻害要因である弱み（競合相手につけ込まれそうな分野）を補強しながら、成長を牽引する「強み」（競争優位性の高い分野）を強化していくのが望ましい。どちらをどのように補強し強化するかは「機会」と「脅威」との関連で決定すべきであろう。

「機会・脅威分析」の対象となる外部環境としては、「社会・文化環境」、「経済環境」、「法・制度環境」、「立地環境」、「調達環境」、「競争環境」、「技術環境」、「市場環境」、「国際環境」などが挙げられ、「強み・弱み分析」の対象となる自組織能力としては、「物的資源」、「人的資源」、「財務的資源」のほかに「見えざる資源[5]」も重要な能力として考えられる。

2　「企業と社会」論の新しい視点と方向性
――「ソーシャル・マネジメント論」の可能性

ここでは、CSR論の進化の形態としての「企業と社会」論をさらに進化させた「ソーシャル・マネジメント論」(Theory of Social Management) の可能性を検討することによって、二一世紀の新しいCSR論としての「ソーシャル・マネジメント論」の視点・考え方・方法等を理論面から検討することにしている。

(1) 「市場主義」から「社会的市場主義」へ

経営活動の観点からこれまでの「企業と社会」論を検証した場合、「営利組織」としての企業の視点からの「企業が利益を上げながら、どのような社会的行動をとればよいか」という啓発的自己利益的な倫理の視点は脱却したものの、「企業はその社会性を利益との関連からどのように高めればよいか」といった段階で、常に「企業」が主体であり、その主体たる企業に「何ができるか」ということを考察するものであったことは否めない。また、経営活動は企業のみが行うものではなく、「非営利組織」としてのＮＰＯ・ＮＧＯ等の市民活動にとっても必要なものである。従来の「企業と社会」論では、非営利組織の社会貢献的側面は重視していたものの、そこに経営活動を導入するという視点（事業性）は相対的に軽視されていたと思われる。

ここで重要なのは、営利組織としての企業と非営利組織としてのＮＰＯ・ＮＧＯの経営活動に関し、社会的な視点（社会的課題事項への対応と解決方策の提示）から経営理念・経営政策・経営戦略を全体的に把握し、両者の協働（交差）によるシナジー効果（相乗効果）の創出を確認することである。つまり、社会的目的を達成するためにそのシナジーを創出する経営活動の基本理念は「ソーシャル・マネジメント」（Social Management―社会的経営）なのである。社会的目的は企業の場合、経営理念・経営政策・経営戦略の中核に組み込まれるべきものであり、組織横断的に企業の経営活動の中に存在するものでなければならないし、非営利組織の場合、公共性・公益性を保有しながらも、その達成において組織としての経営戦略の策定と事業性を伴う必要がある。

これまでの企業は私的利益の追求という経済的目的が主で，公共的利益の追求という社会的利益を従とする経済目的優先主義をとっていたために，企業目的としての社会的目的の明確化を回避してきた（松野・小阪編 1999：236）。また，私的利益と社会的利益の相互創出を意図する企業の場合も，主役はあくまで「企業」であり，「社会」は脇役であった。企業目的としての社会性は従来，経済的目的とは別個の形で論じられることが一般的で，「レギュラー」ではなく，「ゲスト」として位置づけられ，必要な場合だけの特別な存在として，流行時にはレギュラー以上に脚光を浴びたが，流行の終焉とともに縮小されていった。企業目的としての「社会性」とは，社会のためだけでなく，企業のためでもあることを熟慮した「社会性」ではあるが，出発点は「社会」であり，企業は私的利益の極大化を目的とした「市場主義」ではなく，私的利益と公的利益の最適化（もしくは，均衡化）を企図した「社会的市場主義」ともいうべき視点から経営理念・経営政策・経営戦略を策定し，収益性・成長性を社会的目的に関連づけさせて確保していく必要がある。

⑵「ソーシャル・マネジメント論」の可能性

⑴「カオス」としての「ソーシャル・マネジメント論」

本来，「ソーシャル・マネジメント論」は企業マネジメント（企業経営）に「社会性」の視点を組み込むことの必要性からでてきたものであって、出自的には、「企業の社会的責任論」をその源泉とするのが妥当であろう。

しかしながら、現在、大学やビジネスの世界で流布している「ソーシャル・マネジメント論」はおおよそ、次のような系譜から論じられていることが多いようである。

① **ＣＳＲ論からの系譜**～ＣＳＲ論（企業の社会的責任論）」における「企業の社会性」を組み込んだ進化形態としての「ソーシャル・マネジメント論」で、ガバナンス論・経営組織論・非営利組織論等、経営学的な理論から出自したものであり、これが理論的にも実践的にも中心となりつつあるものと思われる。

② **ソーシャルビジネス論からの系譜**（ＣＳＲ論＋ＮＰＯ・ＮＧＯ論の連携型）～ＣＳＲ論の社会貢献論（企業フィランソロピー論）やＮＰＯ・ＮＧＯ論おける「社会性」と「事業性」を進化させ、「事業性」を強化させることによって、社会貢献型のビジネスを普及・推進していこうとする立場である。経済産業省は地域活性化や地域経済促進のための政策手段として、ソーシャルビジネスやコミュニティビジネスを「地域社会においては、環境保護、高齢者・障がい者の介護・福祉から、子育て支援、まちづくり、観光等に至るまで、多種多様な社会課題が顕在化しつつあります。このような地域社会の課題解決に向けて、住民、ＮＰＯ、企業など、様々な主体が協力しながらビジネスの手法を活用し

て取り組むのが、ソーシャルビジネス（ＳＢ）／コミュニティビジネス（ＣＢ）です。」と位置づけている（経済産業省「ソーシャルビジネス」〈www.meti.go.jp/policy/local_economy/sbcb/index.html〉（二〇一八年四月二四日））。（注：ここでは、経済産業省のソーシャルビジネスという用語に従っているので、ソーシャル・ビジネスという形で表記していない）

③　**ＮＰＯ・ＮＧＯ論からの系譜**～ＮＰＯ・ＮＧＯ等の非営利組織の財政基盤を安定化させる目的で、非営利組織の経営活動を促進していくための手段として、ソーシャル・マネジメント手法を活用しようとする考え方である。ソーシャルビジネス論系譜と異なり、福祉・介護・医療・教育等の社会保障系の分野を対象としていることが多い。

④　**協同組合論からの系譜**～資本主義的な企業経営が公害問題・環境問題・企業不祥事等のさまざまな社会問題を引き起こしているのに対して、市民参加による公共的利益の確保を前提として、非資本主義的な論理による社会共生型の組織論として論じられているのがこの考え方である。重本直利は『社会経営学序説―企業経営学から市民経営学へ』（晃洋書房、二〇〇二年）を通じて、社会経営学を「社会合理性を、企業の視点からの社会合理性（企業中心社会の合理性）として捉えるのではなく、市民の視点からの社会合理性（市民中心社会の合理性）として捉えることを目的としている」といったように位置づけている。「協同組合のアイデンティティに関するＩＣＡ（国際協同組合同盟）声明」によ

れば、協同組合の定義は「協同組合は、共同で所有し民主的に管理する事業体を通じ、共通の経済的・社会的・文化的ニーズと願いを満たすために自発的に手を結んだ人々の自治的な組織である」となっており、資本主義社会内での営利目的の企業活動とは異なる、非営利事業活動であって、資本主義社会内でのソーシャルビジネス論とは異なる価値観をもったものといえよう。

(2) 「企業と社会」論と「ソーシャル・マネジメント」論の関係

営利組織（企業）や非営利組織（NPO・NGO）は社会的目的を達成するために、社会的課題事項（Social Issues）や社会的期待（Social Expectations）を事前対応的に予期し、社会的要請に対応した企業行動をとっていく必要がある。

企業の社会的課題事項や社会的期待とは、例えば、製品の品質や安全性の確保、環境対策、公正な人事制度の施行、情報公開、マイノリティへの対応、ダイバーシティ問題への対応、社会貢献活動、および、社会的事業などにより社会的利益を創出させることを指すが、重要なのはこれらを経営理念・経営政策・経営戦略の中核に組み込み、企業全体の重要な経営活動として具現化するということである。これらを経営中枢的な組織の所管ではなく、専門的にある一部のセクションで行っても、それは全社的な取組みのレベルにまでは浸透しないであろう。

非営利組織の社会的課題事項や社会的期待に関しては、たんなるボランティア団体という意識レベルではなく、例えば、当該領域についての専門的な知識やネットワークを保有したり、マネジメント・システムを充実させたり、ソーシャル・アントレプレナーシップ（社会的起業家精神）をもつことなどがあげられる（谷本 2006：214-215）。非営利組織においても、企業と同様、その使命は経営戦略的見地から果たされることが重要であり、その積極的導入によりステイクホルダー満足を充足させていく必要がある。

非営利組織がその社会的目的達成のプロセスにおいて、過度に専門的見地からアプローチすることにより効率性を伴わないのであれば、それは真に「社会性がある」とはいえず、それを「有効」的、かつ、「能率」的に達成するために、経営的視点を導入すること、すなわち、「非営利組織の事業化＝経営化」を行ってはじめて、効果的な社会性を獲得することになるのである。企業が独自の経営目的を有し、戦略的にその目的を達成することを通じてステイクホルダーの期待に応え、「誘因と貢献の均衡」を調整しながら、ステイクホルダー満足を充足させていくのと同様に、非営利組織も経営戦略を策定することによって、社会的使命を達成し、市場的・非市場的なステイクホルダー満足を充足させていく必要がある。

これまで、組織における社会性や社会的役割は営利組織（企業）と非営利組織（NPO・NGO等）が個別に論じられてきたために、組織としての社会的志向性＝社会的使命と市場性の両立可能性に関する議論がされることはほとんどなかった。また、それが議論されるとしても、あくまで「企業」の視点からの社会性や非営利組織との連携であり、「社会」の視点から出発する「社会的市場主義」という見方が欠如していた。今日のように、営利組織と非営利組織の活動がボーダレス化しつつある現状では、「社会的市場主義」の観点から「社会的志向性」と「市場性」という二つの要素を包摂するような、組織の新しい経営スタイルを構築していくことが焦眉の課題である。そうした観点から、「社会的志向性」が高く、かつ、「市場性」の高い、ソシオビジネス型の組織を構築していくことが求められる。そこに、二〇世紀型の私的利益極大化の企業像から、社会的目的を達成するために社会的利益（社会的志向性）と経済的利益（市場性）を有機的に統合化していく、二一世紀の社会的経営のための理論装置としての「ソーシャル・マネジメント論」（Theory of Social Management）の必要性が提起されるのである（松野・合力 2008：128-134）。

企業活動の社会化や非営利活動の事業化＝経営化を個別に論じる限定的な役割論ではなく、営利組織（企業）と非営利組織（ＮＰＯ・ＮＧＯ）の活動の統合的な社会性をそれぞれの立場から維持し、発展させていくという方向性が二一世紀の社会的な経営活動の中核になるとわれわれは考えている。

（3）ソーシャル・マネジメント論への可能性――「新しい社会性」と企業経営の変革

近年の企業によるさまざまな不祥事は営利組織としての企業の社会的機能や社会的役割の重要性を認識させたばかりでなく、企業の要件に対する二〇世紀型の経営システム・レジーム（私的利益の極大化の追求）の根本的な変革を迫っているといえるだろう。

他方、企業の社会貢献活動、企業メセナ活動、ＣＳＲ活動等にみられるような企業の対外的な社会活動の広がりは、企業の社会性を企業活動の枠からだけではなく、生活者としての市民や市民団体等による非営利組織（ＮＰＯ・ＮＧＯ等）との協働による、「企業の社会性」の新しい方向性を模索している証ともいえるだろう。換言すれば、営利組織としての企業の社会化と非営利組織としての市民活動（および、事業活動）の社会化の有機的な結合による、「新しい社会性」が求められているということになろう。

ここでは、最初に、営利組織としての企業の社会活動と非営利組織としての市民団体等の社会活動とを包摂する経営組織概念としての、「ソーシャル・マネジメント論」の視点・考え方についての基礎的な枠組みを提示し、さらに、営利組織（企業）と非営利組織（ＮＰＯ・ＮＧＯ等）における社会性を有機的に統合化し、二つの組織における「統合的な社会性」がさまざまな社会的課題事項を解決していくための知的装置として機能する可能性を検討していく。

3　ソーシャル・マネジメント論の視点・方法・考え方

さて、組織における経営活動に関してのこれまでの多くの議論を振り返ってみると、それは「営利組織としての企業」の視点から、「企業が利益を上げるために何をすればよいか」、「企業はその社会性を利益との関連からどのように高めればよいか」といったものであり、常に「企業」が主体であり、主体たる企業に「何ができるか」を考察するものであった。

ここでは、現代組織における経営活動は企業のみが行うものではなく、それは、「非営利組織」としてのＮＰＯ・ＮＧＯ等による市民活動の運営（マネジメント）にとっても重要なものであることを示した。図表７－２は、営利組織（企業）と非営利組織（ＮＰＯ・ＮＧＯ等）が交差する経営活動を経営理念・経営政策・経営戦略の「統合的な社会性」という視点から示したものである。

また、右記の視点からソーシャル・マネジメント論の基本要件を抽出すると、①「社会性」の重視（社会的使命理念の存在）、②「事業性」の重視（コスト意識の存在と収益性の具現化）、③ニッチ市場の重視（新しい社会的価値の創出のための市場開拓）という見方ができる（合力 2008：22）。

まず一つ目の、「社会性」の重視（社会的使命理念の存在）とは、組織存立の目的において「社会性

図表7-2 営利組織と非営利組織における「ソーシャル・マネジメント論」の要素

	営利組織	非営利組織
社会的経営理念	・社会的課題の解決を念頭に置いた経営目的・ビジョン，など	・マネジメント意識を導入した社会的使命（ソーシャル・ミッション），ソーシャル・アントレプレナーシップ，など
社会的経営政策	・ステイクホルダー・エンゲージメントに基づく社会貢献活動，社会的事業の推進 ・非営利組織との連携による社会的事業，など	・ステイクホルダー・エンゲージメントに基づく社会貢献活動，社会的事業の推進 ・営利組織との連携による社会的事業，など
社会的経営戦略	・ソーシャル・マーケティング ・グリーン・マーケティング／エコ・マーケティング ・CRM（Cause-Relajed-Management），など	・専門領域分野でのスペシャリスト化，ネットワーク化 ・CRM（Cause-Related-Marketing），など

（出所） 合力 2008：22

を重視」していることであり、それは、たんなる目的ではなく、社会的課題事項を解決しようとする高邁な社会的使命を保有していなければならない。

二つ目の、「事業性」の重視（コスト意識の存在と収益性の具体化）とは、活動資金を（依存的）寄付などに頼るのではなく、企業活動やそれに準ずる活動によりコストを意識して組織を維持できるだけの事業収益を上げ、自己増殖を行うこと（NPO法人の形態もあるし、企業の形態もある）である。取り組む企業活動自体が社会的課題事項を解決するようなものである場合と一般的な企業活動を通じて社会的課題事項を解決するという場合がある。また、構成メンバーは無償ボランティアではなく、有償ボランティアなのか、従業員なのか、のいずれかである（有給であり、能力に応じて、給与格差が生じる場合もある）。

三つ目の、ニッチ市場の重視（新しい社会的価値の創出のための市場開拓）とは、行政や一般企業などがこれまで参入不可能であった、未知の潜在的な成長可能性のある市場分野を見出し、そこに新しいマネジメント・システムを創り出すことである。

次に、営利組織と非営利組織におけるソーシャル・マネジメント活動の領域について検討していくことにしている。前述のように、非営利組織の典型はＮＰＯ法人である。社会福祉法人などの形態による社会的事業も含まれる。ただし、すべてのＮＰＯ法人の活動がソーシャル・マネジメント活動の領域に含まれるわけではない。ＮＰＯ法人の型としては、①**慈善型ＮＰＯ**：寄付やボランティアをベースに、チャリティとして社会的課題事項に取り組むこと、②**監視・批判型**（**アドボカシー型**）**ＮＰＯ**：企業や政府・国際機関などの活動を監視・批判したり、アドボカシー活動をしたりするスタイルで社会的課題に取り組むこと、③**事業型ＮＰＯ**：有料・有償による社会的サービスの提供、コンサルティング活動を通じて社会的課題事項に取り組むこと、などがある（合力 2008：23）。

これらのうち、慈善型ＮＰＯ、監視・批判型ＮＰＯの活動は一部、ソーシャル・マネジメント活動

図表７－３　各事業体の位置づけとソーシャル・マネジメント活動の領域

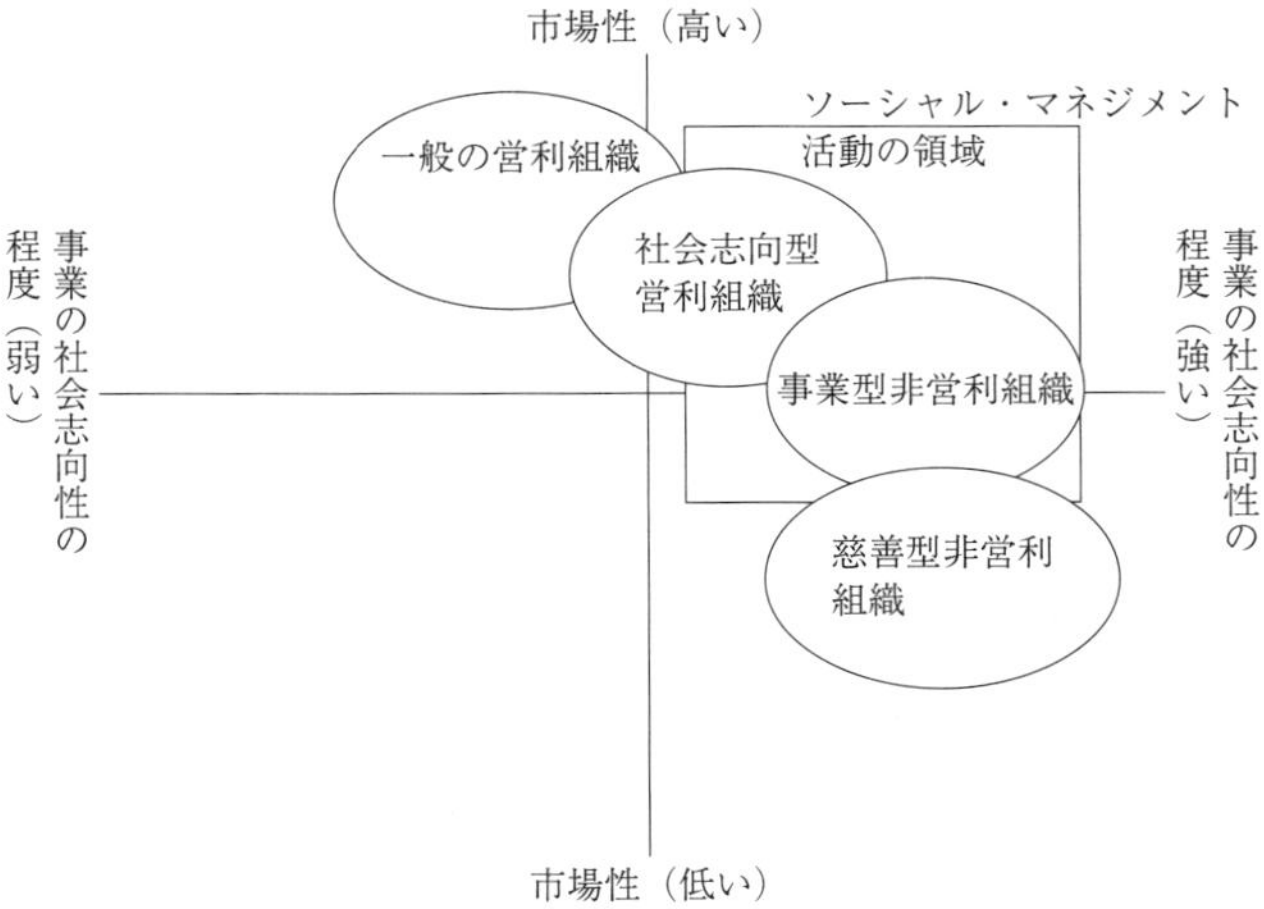

（注）□の部分がソーシャル・マネジメント活動の領域
（出所）谷本（2007：15）を参考に作成

に含まれない部分もあるが、社会的課題事項に取り組むＮＰＯの中でも、実際に商品やサービスを提供する事業型ＮＰＯはまさに社会的事業を担う一つのビジネスとして理解され、その活動はソーシャル・マネジメント活動の典型的なタイプとして位置づけられる。

営利組織としては、①**社会志向型企業**：当初から企業として設立される場合もあるし、ＮＰＯからスタートして企業に変わる場合もある、②**一般企業の社会的事業への取り組み**：コンプライアンスなど消極的な取り組みにとどまらず、企業が積極的に社会的事業に取り組む（社会的責任遂行企業）、などがあり、①②の行う活動ともにソーシャル・マネジメント活動の領域に含めることができると考えられる。

以上を踏まえて、各事業体を位置づけると図表7－3のようになる。

これまで、組織における社会性や社会的役割は営利組織（企業）と非営利組織（NPO・NGO等）が個別に論じられてきたために、組織としての社会的志向性（社会的使命）と市場性の両立可能性に関する議論がされることはほとんどみられなかった。今日のように、営利組織と非営利組織の活動がボーダレス化しつつある状況では、社会的志向性と市場性という二つの要素を包摂するような、組織の新しい経営スタイルを構築していくことが喫緊の課題のように思われる。

こうした考え方をもとに、われわれは「社会的利益」と「経済的利益」の最適化による新しい経営スタイルとしての、「ソーシャル・マネジメント論」（社会的経営論）の必要性をすでに提起している。「ソーシャル・マネジメント論」はこれまでのような企業活動の社会化に関する部分的な役割論ではなく、企業活動の統合的な社会性を企業活動の経済的役割を維持しながら追求していくことにある。

ＣＳＲ活動が環境経営論とのリンクで相対的に論じられている今日的な状況では、企業活動の統合的な社会化を企業活動の中枢的な課題としていくことが社会から要請されていると考えても過言ではないだろう。他方、企業活動に比べて、「社会性」の高い非営利組織（NPO・NGO）の場合、組織としての事業性・収益性を高めていくための戦略をどのように具現化していくかということが求められている。われわれの「ソーシャル・マネジメント論」に関する視点・考え方・方法の提起はこうした企業活動のトータルな社会化への出発点であることを最後に確認しておきたい。

（付記）本章は筆者が共同執筆者（福岡大学商学部教授の合力知工氏）の同意を得た上で、「ソーシャルマネジメント序説（1）」（『企業診断』五月号、同友館、二〇〇八年）の論考に加筆修正してまとめたものである。

注

（1）「外部環境」とは、相対概念として捉えられたい。必ずしも「組織の外部」という意味ではない。視点の置き方によって、組織の「内部」にも外部環境は存在することになる。たとえば、従業員は組織の内部で活動しているが、労働問題を考える場合、経営者にとってそれは「外部環境」とも捉えられる。後述の「誘因と貢献の交換」関係を参照されたい。

（2）「社会貢献活動」とは「営利組織の経営資源を活用したコミュニティへの貢献活動（金銭的寄付による社会貢献、施設・人材などを活用した非金銭的な社会貢献、本業の技術などを活用した社会貢献など）」を指し、「社会的事業」とは「寄付行為ではなく、社会的課題を解決するためにひとつのビジネスとして関わっているもの（新しい社会的商品・サービス・事業スタイルの開発など）」を指す（谷本 2006：201）。

(3) 「コーズ」(Cause) とは「主義・大義」を意味し、「コーズ・リレイティッド・マーケティング」(Cause-Related Marketing) とは、企業が社会的課題事項の解決のためにNGO・NPOなどと協働して、企業が保有しているマーケティングの力を活かし、売り上げやブランドの向上も同時に図る手法である。例えば、特定の商品の売り上げに応じて寄付をしたり、NGO・NPOのロゴを商品に記し、その使用料を支払ったりする方法などがある (谷本 2006:217-218)。

(4) 「SWOT分析」に関しての記述は合力 (2004:34-37) を参照されたい。

(5) 伊丹は「見えざる資産」(ここでの「見えざる資源」はこれと同義である) の重要性を説いている。彼は、物理的に不可欠という色彩をもつものが多いヒト、モノ、カネという経営資源を組み合わせて、成果の上がる事業活動をもたらしてくれる源泉となるのが「見えざる資産」であり、それが単にカネでは手に入らないものであり、蓄積にも時間を要する分、競争相手との差別の源泉になりやすく、それゆえに顧客の支持を得るための、つまり、競争力の真の源泉となると主張している (伊丹 1984)。

第8章　事例研究編――「ソーシャル・マネジメント」の実践的展開と課題

前章では、ソーシャル・マネジメント論の基礎的考察を行い、その理論的有効性について論じた。そこで、ここでは、ソーシャル・マネジメント活動を実践している事例を参考にしながら、ソーシャル・マネジメント論が社会的企業や社会的事業を生み出すための実践的で、かつ、有効なツールであることを検証していくことにしている。

1　社会的企業・社会的事業とは何か

現代の企業が直面している、さまざまな「経営上の社会的課題事項」（Social Issues in Management：SIM）を解決していく際に、企業の事業活動を通じて革新的に解決する事業体としての、社会的企業に関して、日本においても理論的研究と実践活動の両面で最近、関心が高まってきている。例えば、左記に示されているような現象から、その動向を窺い知ることができる。社会的企業（起業）と称される組織が各地で次々と誕生して、多様なメディアに取り上げられ、さまざまな事例を紹介した出版物も数多く登場している。また、全国各地で開かれているビジネスプラン・コンテストの中でも、社会的起業ビジネスプラン（「社会的事業プラン」）や、ソーシャル・アントレプレナーにテーマを絞ったビジネスプラン・コンテストが実施されるようになってきている。

（1）社会的企業・社会的事業への社会的関心の増大

このように、「社会的企業」（Social Enterprise）、「社会的事業」（ソーシャルビジネス）（Social Business）といった概念はさまざまな分野で注目されている。「社会的企業」とは、「社会的課題事項の解決を志向している組織体」であり、「社会的事業」とは、「社会的課題事項の解決を志向している事業」のことを意味している。

ここでは、社会的企業や社会的事業に求められる経営のことを「ソーシャル・マネジメント」（Social Management）と位置づける。さらに、「ソーシャル・マネジメント」とは、「営利組織と非営利組織の双方が私的利益と社会的利益の最適化をめざす理論的・実践的な知的装置である」。また、営利組織と非営利組織が協働によるシナジー効果を生み出して、効果的な「ソーシャル・マネジメント」

を遂行していくことが社会的に求められているのである（松野・合力 2008）。

以下では，「社会的企業」，「社会的事業」という現代社会において注目されている概念を整理することで，「ソーシャル・マネジメント」において要請される諸条件を見出し，事例研究を通じて，「ソーシャル・マネジメント」の具体的な展開の成果と課題を検討していくことにしている。

（2）社会的企業・社会的事業と「ソーシャル・マネジメント」

現代社会において，あらゆる組織に突きつけられている課題は組織体の「持続可能な成長」（Sustainable Growth）を追求するということである。そのためには，これらの組織が組織活動において，経済・環境・社会の三つの側面のボトムライン，すなわち，「トリプル・ボトムライン」（triple bottom line）を常に意識して，それらの有機的連関性を可能にし，可能であればシナジー効果を生み出すような社会志向性のある経営（ソーシャル・マネジメント）をめざしていく必要がある。その意味では，今日では，「ソーシャル・マネジメント」はあらゆる組織に求められているものである。

当然，想定する組織体のタイプや事業の種類，目的によって，必要とされるソーシャル・マネジメントは異なるが，「ソーシャル・マネジメント」に求められる基本的な条件は存在する。その基本的な条件を検討する上で，「社会的企業」や「社会的事業」の概念を整理しておきたい。

「社会的企業」・「社会的事業」とは、組織体としての社会性を十全に維持しつつ、社会的課題事項の解決を第一目標に置き、収益性を生み出すようなビジネスモデルを創造する企業・事業を意味する概念であり、その経営活動には、「ソーシャル・マネジメント」の本質、すなわち、経済的利益と社会的利益の有機的な最適化による組織としての社会的目的の遂行が中枢的役割とされているのである。では、「社会的企業」とは何かについていくつかの定義を検討していくことにする。

J・ディーズ他（Dees, et al.）（2001）では、「社会的企業」の特徴について、営利企業との比較から、①社会的目的を持っている、②社会的な方法と商業的な方法とを調和させるの二点に集約している。このJ・ディーズ他（2001）を始め、五つの先行研究の検討を通して、塚本は社会的企業の特徴を以下の三つに整理している（塚本 2006：237-258）。

①企業家精神やビジネス志向（持続性の高い事業・組織であるために）、②組織の目的・所有・ガバナンスにおける社会性：組織の目的が社会的課題の解決など社会的価値の向上にあること、と所有やガバナンスの構造が参加的・社会的であることを意味する、③ハイブリッドな組織性：営利的側面（経済的価値＝ビジネス活動）と非営利的側面（社会的価値＝CSR、社会貢献活動等）を融和するために、組織が活用する資源の多様性、多様なステイクホルダーの影響力を反映した意思決定構造や組織目的などを意味する。

谷本（2006）は社会的課題事項の解決にさまざまなスタイルで取り組む事業体を「ソーシャル・エンタープライズ」（社会的企業）と定義して、その特徴を、①社会性（社会的ミッション［使命］を持つ）、②事業性（社会的ミッションに基づいて継続的に事業活動を進める社会的事業体）、③革新性（社会的商品・サービスやそれらを提供する新しい仕組みの創出）としている。その形態は、大きく分けると非営利組織形態によるものと、営利組織形態によるものがあり、さらに①事業型ＮＰＯ、②社会指向型企業、③中間形態の事業体、④一般企業の社会的事業（ＣＳＲ）の四つに区別している。

（３）社会的事業とＣＳＲ戦略

右記でみてきたように、谷本（2006）は社会的課題事項の解決に取り組む事業体（社会的企業）の特徴を、①社会性、②事業性、③革新性の三つで表現したが、この三つの特徴は社会的課題事項の解決に取り組む事業（社会的事業）にも当然当てはまる。つまり、①社会性、②事業性、③革新性をめざした事業とは、「ソーシャル・マネジメント」が必要な「社会的事業領域」（社会的ドメイン）として考えることができる。

「社会的企業」という主体に急速に注目が集まったのは一九九〇年代以降であるが、社会的事業の考え方はそれ以前から存在しており、ＣＳＲ戦略、社会的戦略という「企業の社会性」の枠組みの中で、あるいは、NPOの事業戦略の文脈の中で実質的には論じられてきた(1)。

占部(1975)は「社会的経営計画」という言葉を用いて、「社会のニーズの解決に向けて革新的方法やシステムを開発することによって、企業の採算にのるマーケットを形成すること」といった、企業の社会戦略のあり方を提案している。

ステイクホルダーからの社会的課題事項、社会的期待、社会的要請に対して経営戦略として対応していく枠組みを提示して、社会性と収益性(事業性)を両立させていく必要性について論じている。

社会的製品・社会的サービス(社会性に対応した企業の新しい事業活動)については、第4章(図表4-7 社会的製品・社会的サービスの内容例)において取り上げている。

2 「ソーシャル・マネジメント」の戦略的視点
――ユニバーサルデザインからの商品開発と経営戦略

右記の検討からも、社会的事業の意味するところは広い。谷本(2006)の区分から考えてみても、①事業型NPO、②社会指向型企業、③中間形態の事業体、④一般企業の社会的事業(CSR)というような企業と非営利組織の双方に関する事業である。そして、①社会性、②事業性、③革新性を持つ事業が、社会的事業として考えられる。

ここでは、社会的事業における「マネジメント」（ソーシャル・マネジメント）を実践的にみていく上で、①社会性、②事業性、③革新性を追求する方法の一つとして、企業が他組織と協働した事例を検討していくことにしている。

ここで取り上げる事例は、第4章の図表4‐7で整理されているような社会的製品・社会的サービスの開発内容例の一つの事例である。「ユニバーサルデザイン」（Universal Design＝UD）の商品開発という社会性の高い製品開発を行う上で、企業が単独で行うのではなく、NPOと手を組んで実施した事例を取り上げる。

企業とNPOの協働によるUD製品開発事例をもとに、社会的事業のマネジメントについて考察したい。新しいUD商品を開発していくという意味で、①社会性、②事業性、③革新性のすべてが意識されてスタートした事業であるが、この三要素はどのように追求され、さらに、達成されたのかについて考えてみたい。

3　ユニバーサルデザインの製品開発事例②

（1）協働によるＵＤ製品開発

アルミサッシ最大手で、総合建材メーカーのトステム株式会社[3]（以下「トステム」）と生活者が主体となり、「クオリティ・オブ・ライフ」（Quality of Life＝生活の質的充実）が向上していくような社会づくりをめざしている、ＮＰＯ法人ユニバーサルデザイン生活者ネットワーク（以下「ＵＤ生活者ネット」）が二〇〇三年四月から二〇〇四年六月にかけて、パートナーシップを組み、ＵＤを徹底的に追求した製品を開発している。生活者の声を反映した「共創型商品開発」であり、トステムの玄関ドア「ピクシア」という商品である。

トステムでは、一九九六年に「トータル・バリアフリーによるものづくり」という方向性を打ち出している。二〇〇〇年に入ると、「ユニバーサル設計」（universal design）という概念が各事業部に浸透するようになる。二〇〇二年には、事業横断的なＵＤチームが組織され、「ユニバーサルデザイン六原則」を制定する。①より安全である、②操作がしやすい、③動作がスムーズ、④直感的にわかる、⑤使い心地がいい、⑥意外性がある、という六指標をレーダーチャートにまとめて、商品のＵＤ度合いを一目でわかるようにしている。

このような中で、ＵＤチーム担当者は、ＵＤの本質と生活者のＵＤニーズに関して、より客観的な形で追求していくために、ＵＤについて真剣に考えているパートナー組織を探しはじめる。パートナー組織を探す中で、ＵＤ生活者ネットの存在に気づく。

ＵＤ生活者ネットはＵＤに関して多くの情報を発信していた。また、消費生活アドバイザーが中心になって運営している団体であった。つまり、生活者の声を吸い上げる技能をもった専門家が存在する組織であった。

トステムからの一本の電話がトステムとＵＤ生活者ネットの協働の契機となる。トステム側は生活者の本当の声を聞いてものづくりをしたいという強い意識があり、単なる使いやすさやデザインだけでなく、真に生活者の視点に根づいた「感動価値のあるものをつくっていきたい」という考えを伝える。ＵＤ生活者ネットも同じことを考えて活動してきており、企業側が変わらなければ生活者を取り巻く生活は何も変わらないと共感するのである。

トステムとＵＤ生活者ネットの考え方が互いに共感できるものであったために、「一緒にＵＤを考えて、できれば商品化を」ということで、協働がスタートする。当初は、具体的な共同開発を考えていたわけではなかったが、生活者の困りごと調査から開始する。それが話し合いを重ねるうちに「ピクシア」の共同開発につながっていく。

(2) UD製品の協働プロセス

トステムとUD生活者ネットの協働プロセスは図表8-1で表すことができる。UD生活者ネットは生活者の声を集約・分析して、住空間に関する生活者のニーズを「UDチェックシート」という形にまとめた。「UDチェックシート」とは、玄関ドアの製品評価をするツールとして使用されたもので、玄関空間に対する生活者の要望が六四項目にまとめられている。

「UDチェックシート」をつくるための調査とは、生活者八七人への記述式アンケート「困りごと調査」、二〇人への「訪問聞き取り調査」、戸建と集合住宅住民への「グループ・インタビュー」である。こうして集められた生活者の声について、客観的な視点から分析するために、専門家による検討会、「UDチェックシート」六四項目の重要度調査を併行して実施している。UD生活者ネットとトステムは、両者のもつUD指標に基づいて、企画段階において何度も意見交換を行っている。玄関ドアの開発段階では、「UDチェックシート」を使用した製品評価を行い、改良を重ねた。試作品段階から「UDチェックシート」にもとづいたモニター調査が実施された。このモニター調査は四回実施され、計一四九人(うちトステム社内モニター一二〇人)の生活者の方に参加してもらっている。

図表8-1　社会的製品・社会的サービスの内容例

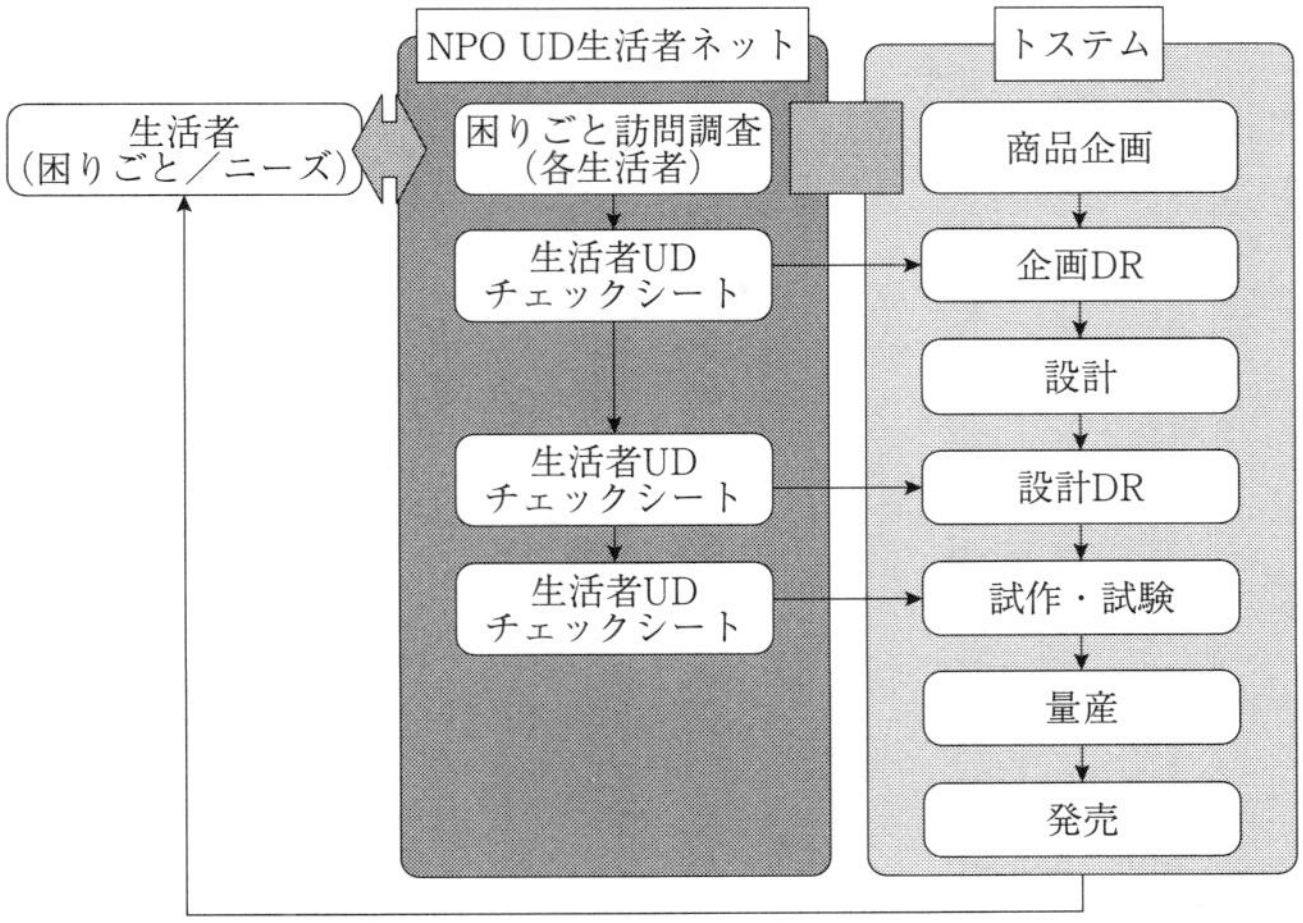

（出所）　横山（2006：66-81）

この一四九人の生活者モニターには、さまざまな立場の人が選ばれている。妊婦の方、乳幼児を連れた主婦の方、車椅子の方、高齢者の方、身体の不自由な方など多様な立場の方々である。一人のモニターには、必ずUD生活者ネットのスタッフが一名つき、チェックシートを用いて、玄関ドアの試作品に対する声を収集している。この生活者モニターの声が試作品の改良に反映された。例えば、子どものための使用法など、想定外の使い方があり、改良を繰り返すことになった。

このようにして、生活者の声がさまざまな形で集められ、製品に反映されることになったが、最終的にこの協働事業に関わった生活者の数は七〇〇人を超えた。

（3）協働の成功要因

トステムとＵＤ生活者ネットの双方にとって、このような協働は初めての試みであったが、成功した理由は以下のように考えられる。

①両者がＵＤの追求に対して、熱意をもっていたこと、②トステムが独自にＵＤに関するビジョンを構築していたこと、その上で、③ＵＤの視点をさらに深めようと互いを理解して協働事業を展開したこと、④対等性を強く意識して、その仕組みをつくったこと、⑤担当者間の信頼関係が築けたこと、⑥この協働事業においてＮＰＯ内部でも合議制を徹底してＵＤに関して考え続けたこと、⑦トステムの内部組織においても通常のやり方とは違う点に関して、関連部署を説得して、実行に移して行ったこと、また、⑧事業部横断的な連携を実現させることで、ＮＰＯとの共同開発を進めたことなど、いくつかの成功要因が考えられる。

（4）トステムのＵＤ開発事業（社会的事業）の意義と課題

この協働事業を通して、トステムにはどのような変化が生じたのか。「ＵＤ」という社会性の高い製品開発において、ＮＰＯとの協働という方法で実行した意義は何だったのだろうか。

第一に、ＮＰＯと連携したことにより、生活者の声を徹底的に聴取する努力をして、そのノウハウを得たことがあげられる。これまでの企業内の調査では、生活者は本当のことをいってくれているのか、あるいは、生活者の声の真意を汲み取れているのかという疑問がどこかにあったという。それが今回、消費生活アドバイザーという、生活者の声を汲み取る専門家が存在し、かつ、ＵＤを真剣に追求しているＮＰＯの人々と協働することによって、可能な限り、徹底的に生活者としてのユーザーの声を真摯に追求したという自負が生じている。何度もミーティングを重ね、モニター現場で立ち会うことで、ＮＰＯの生活者に対する観察の仕方、商品に対する見方や考え方を学ぶとともに、商品開発における企業側の立場や考え方も伝えることができ、企業とＮＰＯがともにＵＤや生活者を真剣にとらえようとする場ができた協働であったという。すなわち、ＵＤや生活者を徹底的に追求するという点で、きわめて「社会性」の高い事業を遂行することができたといえよう。

第二に、トステムの企業内部にもいろいろな影響を及ぼしている。特に、商品の開発現場に生活者の生の声が届いたことが大きい。「ＵＤチェックリスト」を用いたモニター調査には、開発現場の方々も参加している。生活者が直接声を出す場に立ち会っている。

通常の方法では、生活者の生の声は企業の開発者のところまで正確には届かない。生活者の要望に対して工務店、販売店、営業社員の段階で対応できてしまい、生活者の要望や改善といった真の声が開発者まで流れないケースや途中の判断により開発者まであがらない情報が出てくる。このように、生活者＝ユーザーの声の背景にある真のニーズが開発者に伝わりにくいという現状がある。その意味では、商品開発者が商品開発プロセスにおいて、多様な生活者の声を何度も聞くことができたことは、大きな意味がある。

さらに、こうした協働活動はトステムのさまざまな部署の社員を巻き込んでいる。企画本部、開発事業部に加えて、モニター調査に参加した社員や広報部に至るまで、さまざまな社員が参加した。UDの製品開発という協働において、NPO、生活者と企業がさまざまな局面で交流したといえる。

第三に、今回の協働がトステムと社会との接点を広げたことがあげられる。先にあげたNPO、生活者との深い交流だけではない。福祉機器やユニバーサルデザインの展示会などさまざまな形で、「ピクシア」は公開されたが、今までにない扉のコンセプトであることから大きな反響を呼び、多くの対話が生まれた。開く・引くでもない扉であり、人を包み込むように動く扉である。UDを徹底的に追求した結果、思わず会話が生まれるような、斬新なデザインの商品になった。そこから、生活者はじめ福祉関係者や大学・研究所といったUDに関心をもつ人々との多くの対話が生まれた。

また、その後、今回の協働の取り組みがメディアをはじめ広く社会からの注目を集め、担当者はフォーラムや講演会で話をする機会に恵まれた。協働したことによっていろいろな形で広がった人々とのネットワークやこのようにチャレンジして取り組んだ実績、他の人々・組織と柔軟に結びつく方法といったものは担当者やトステムにとって大きな財産になっている。

玄関ドアの共同開発という協働事業は一旦終了し、トステム内では「ピクシア」の商品化が進められた。しかし、商品化していく上で、今までにない開閉形態と電動という二つの大きな壁にあたる。数十年もの間、開き扉と引戸に慣れてきた生活者にとって、この二つを容易に受け入れてもらえるだろうか。特に、来訪者には予測できない電動による開閉の動きになるために、各種センサーの装備など試行が続いている。

こういった製品上の課題とコストや価格に関する検討が残されており、現在もトステムでは、これらの課題を克服すべく、生活者ニーズに対応した製品化に向けての検討が続いている。

（5）「ソーシャル・マネジメント論」の実践的展開と課題

右記のＵＤ開発事例について、①社会性、②事業性、③革新性の点から考察したい。
②事業性という部分については、この商品を商業ベースに乗せて市場投入していく上では、まだ、課題が残されている。ただし、早い段階での実現をめざしているために、検討段階にある。
「①社会性」に関しては、ＵＤという社会性にこだわり、追求し続ける上で、その「社会性」（この場合では、ＵＤ）に関する専門家で、かつ、生活者の立場を代表する組織との協働という手段を採用

した。そのことで、UDに関して思いや疑問をぶつけ合い、深く考え、対話することが可能となり、「UD」（社会性）について徹底的に追求することができた。

また、「③革新性」という点でも、UD商品開発という新商品開発を行った点だけでなく、それ以外にも、NPOとの協働という開発方法を選択したことにより、開発方法・プロセスともに革新的な形で実行している。その中から、あるテーマを追求する上での考え方や方法、企業内部の変化、多様な社会とのネットワークといった多くの好ましい成果を得ることができた。

以上から、「ソーシャル・マネジメント」の条件について考えたい。

営利組織（企業）において、社会的課題事項を徹底的に追求していくためには、その方法、プロセス、具体的な最終目的といったあらゆる点で、従来の組織の論理とは異なるものが求められている。つまり、①社会性を追求する上では、革新的な取組み（「③革新性」）を導入していく必要があることを前もって強く意識して、実行する必要がある。また、その際に、一方では、②事業性をもターゲットとした取り組みを行わなければ、成果として評価されない。「②事業性」を果たすために、「③革新的なビジネスモデル」が必要になることもあるだろう。また、①社会性、②事業性、③革新性、三つの要素のバランスを考える必要もある。

したがって、今後、「ソーシャル・マネジメント」の現実的な展開においては、①社会性（社会的使命〔ソーシャル・ミッション〕を保有していること）、②事業性（〔社会的使命〕に基づいて継続的に事業活動を進めること）、③革新性（社会的製品・社会的サービスやそれらを提供する新しい仕組みの創出）の三つがその実現に不可欠な条件であること、さらに、三つの条件が相互に密接に関係していることに留意して、従来の組織論理とは異なるマネジメントを実践していく意識と行動が求められるのである。

今回は、トステムという、生活者ニーズに対応した営利組織（企業）とそれに対応した非営利組織（ＮＰＯ）を実験的に分析対象としたが、今後は社会性のある多様な事業領域に参入している組織体を比較分析することを通じて、営利組織と非営利組織の協働の可能性についてさらに検討を加え、「ソーシャル・マネジメント論」の実践的展開の可能性に論及したいと考えている。

（付記）本章は、⑴「ソーシャル・マネジメント論序説⑴――社会的経営論の基本的視点・考え方・方法」（松野弘・合力知工）『企業診断』六月号（同友館、二〇〇八年）、⑵「ソーシャル・マネジメント論序説⑵――ソーシャル・マネジメントの実践的展開と課題――ユニバーサルデザインの商品開発（社会的事業）における社会性と革新性」（松野弘・横山恵子）『企業診断』五月号（同友館、二〇〇八年）の論考を共著者（福岡大学商学部教授合力知工氏／関西大学商学部教授横山恵子氏）の同意を得た上で、筆者が加筆修正してまとめたものである。

注

（1）その他のＣＳＲ戦略（社会的戦略）を論じたものとして、横山（2003）、伊吹（2005）などがある。

（2）この事例は、横山（2006）を中心にまとめられ、その後の経緯はトステム㈱ドア引戸事業部亀下氏へのヒアリング（二〇〇七年八月二一日）により補足した。

（3）トステム株式会社はアルミサッシの製造では、かつては、日本国内シェア一位であった。二〇〇一年にＩＮＡＸと経営統合し、株式会社ＩＮＡＸトステム・ホールディングスに社名変更した。さらに、二〇一一年にトステム、ＩＮＡＸ、新日軽、東洋エクステリアと合併し、株式会社 ＬＩＸＩＬに商号変更し、ＬＩＸＩＬグループを形成した。

あとがきにかえて――企業の「社会性」とCSR論の現代的展開

〈はじめに〉

「はごろもフーズのマカロニ製品二八種類の自主回収（ポリウレタン樹脂の破片混入）（五月）、「森永乳業による最大一二万人のカード情報や個人情報の流出」、「神戸製鋼の製品データ改竄事件」「日産自動車の無資格従業員による完成品検査が原因で、自動車一二〇万台のリコール問題」等、近年の企業不祥事は減少するどころか、ますます増大化傾向にある。この背景には、企業間のグローバル競争、アベノミクス成長戦略の停滞状況等があると思われるが、基本的な問題は企業が「社会的存在」として、ステイクホルダーの期待に応えるべく、社会的責任を果たすための経営理念・経営政策・経営戦略を「実質化」していないことにある。現代企業のCSR活動は企業の対外的PRのためであり、社会から信頼される製品やサービスを提供していくという「企業の社会性」が欠如しているために、たとえCSR部門を設置していても、自らの利益至上主義のみを追求して、社会的利益を考慮した企業経営を行っていないことの結果が企業不祥事の増大化傾向の要因と考えられる。

(1) 近代産業社会とCSR思想の萌芽

これまで、一八世紀後半の英国の産業革命以降、世界の経済発展を支えてきた近代産業社会の起動力(産業主義思想)や近代企業における収益性と社会性についていえば、その過程において、近代企業の基本理念である「私的利益の極大化」(profit maximizatiom)が企業の経済的権力の巨大化を創出し、さらに、経済的権力を基盤とした政治的権力を獲得し、企業と政治の癒着がさまざまな企業不祥事や反社会的な企業行動をもたらしてきたのである。こうした企業の反企業倫理的、あるいは、反社会的な企業行動に対する一般大衆からの批判が今日のCSR論(Theory of Corporate Social Responsibility=「企業の社会的責任論」)を生み出したのである。このことは、企業が社会的存在であり、企業を取り巻く社会環境の主体=ステイクホルダーを無視しては、企業経営が成り立たなくなることを企業側に認識させ、企業の社会的責任を経営理念・経営政策・経営戦略に反映させた企業経営活動の必要性を企業側に認識させたのである。今日、世界の大半の企業はCSR部門を設置し、社会的課題事項の解決や社会的期待に応えるために、その企業行動の社会化を具現化しているが、こうした企業行動の変容には近代産業社会がもたらした負荷現象(公害・環境問題・都市問題等の社会的課題への対応)

からの教訓が活かされているといってもよいだろう。

（2）CSR論の登場と「企業の社会性」

私が「企業の社会性」について経済界の人たちに最初に講演したのは、経済団体連合会・社会貢献部会の一九九五年の定例会議の席であった（一九九五年五月「現代企業の社会性―企業の社会的責任論の今日的視点と課題」（経済団体連合会・社会貢献部会・研究セミナー）。当時は、バブル経済崩壊後、日本経済の復活をめざしながら、企業の社会貢献活動をどのように進めていくかという議論が中心であった。この時代は、日本の企業では、企業不祥事に対する事後的な対応策としての「企業の社会的責任論」が中心で、米国型の事前的・予防的な方策としてのCSR論や「企業と社会」論に対する認識は未成熟であった。企業が自社の不祥事のみならず、社会的課題事項の解決に寄与するような社会的活動としてのCSRに対する理解やそのための企業行動がまだみられない状況であった。日本の企業に米国型の企業における「経営上の社会的課題事項」（Social Issues in Management: SIM）に対する理解を深めていただくべく、かつ、そのための啓蒙的な活動をすべく、この時期に、米国のW・C・フレデリック（ピッツバーグ大学名誉教授）やA・B・キャロル（ジョージア大学名誉教授）のCSR論の進化形態としての「企業と社会」論（The Theories of Business and Society）、「企業と社会」関係論（The Theories of the Relationship of Business to Society）の研究成果を日本に紹介し、「企業の社会性」と経営戦略との関係について論考を発表した。米国では、すでに、一九六六年に、ケイス・デービス（Keith Davis）とロバート・ブロムストロム（Robert L. Blomstrom）によって、『企業と環境』（*Business and its environment*）というタイトルで刊行され、さらに、この第二版（一九七一年）が『企業と社会』（*Business and Society*）に名称変更して刊行された。これが、米国の経営学会（Academy of Management）において、「企業と社会」論のCSR論の新しい方向性を示す研究成果の一つとして刊行されたものと考えられるだろう。他方、日本では、企業行動論や企業の社会的責任論を研究している研究者の一群、例えば、一九八一年に、小林俊治氏（早稲田大学）が宮川公男編『経営学』（青林書院新社）の所収論文として、「企業と社会」を、櫻井克彦氏（長崎大学）が日本経営学会の『経営学論集 第三六集』に「現代経営環境論とその周辺」を発表しているが、これが日本における「企業と社会」論研究のスタートラインといえるだろう。小林氏は一九九〇年に、『経営環境論の研究』（成文堂）を、また、櫻井氏（名古屋大学）は一九九一年に、『現代の企業と社会』（千倉書房）からそれぞれ、「企業と社会」論に関する単著を世に問うている。これからの二冊の著作は「企業の社会的責任論」の学説を検討の上、米国の「企業と社会」論の理論的動向を整理・紹介し、「企業と社会」のあり方を示唆したものである。

(3) 本書の意図と構成

本書は八章構成となっており、CSR論の萌芽時期から、現代的な展開期まで、その視点・方法・考え方について歴史的・理論的・実践的に考察を行っている。具体的には以下のようである。産業革命以降の近代産業社会が生み出した「大量生産―大量消費」型の産業システムが産業や企業を巨大化させ、産業界や企業に過度な経済権力をもたらしたことがさまざまな不祥事をもたらしたのである。その社会的批判として、CSR論(企業の社会的責任論)が登場したのであるが、本書では、第一に、CSR思想の源泉とアダム・スミスの経済・倫理思想からの教訓の関係を考察している(「序章 CSR論の思想的源泉と現代的展開」)。第二に、産業革命によって出現した近代産業社会の背景要因やその推進イデオロギーとしての産業主義思想の要素と歴史的発展について分析している(「第1章 近代産業社会の形成と産業主義思想の発展」)。CSR論の価値的要素である経営理念について、日本における経営理念の歴史的過程を考察した上で、CSR論における日本と米国の歴史的変化について検討している(「第2章 経営理念の変遷と「企業の社会性」の基盤/第3章 CSR論の登場と経営理念の転換」)。第三に、巨大化した企業が不祥事を起こしてきた背景を考察し、さらに、なぜ、「企業の社会性」が社会から要請されたのかとともに、「企業の社会性」の基本的視点と構成要素を明らかにしている(「第4章「企業の社会性」とは何か」)。次章では、CSR理論の歴史的潮流を概観しながら、CSR理論の基本的要素である、W・C・フレデリックとA・B・キャロルの理論の紹介と比較考察を行った上で、これらの理論が「企業と社会」論へとどのように変容していったかについて検討している（「第5章　CSR論の視点・考え方・進化」）。これまでのCSRが「法令遵守」（compliance）や「説明責任」（accountability）といった言葉に象徴されるように、企業不祥事が発生した際のあくまでも事後対応であったのに対して、「企業と社会」論は企業としての社会的存在理由を明確にした上で、企業不祥事が発生する前の予防的措置、雇用問題・過労死問題・貧困問題・環境問題等のさまざまな社会的課題事項に対して、事前的・予防的に対応していくための経営理念・経営政策・経営戦略であることを本章では理論的に例証している。第六章の章末では、米国の大学やビジネススクールで最も読まれている「企業と社会」シリーズの一〇版『企業と社会——企業戦略・公共政策・倫理』（J. E. Post 他、拙監訳、ミネルヴァ書房、二〇一四年）の内容を詳細に説明し、「企業と社会」論が企業の実践活動としてどのように行われているかを明らかにしている（「第6章　「企業と社会」論の視点・方法・理論」）。第7章では、CSR論の現代的展開として、二〇世紀型の私的利益追求型の企業像（営利組織）と企業の「社会性」を基盤としたCSR志向型の企業像を有機的に組み合わせることで、企業の経済的利益と社会的利益を最適化し、社会的期待に応えられる二一世紀の企業のあり方、さらに、社会的利益を追求しながら、経済的利益も確保していく非営利組織のあり方（NPOやNGO等）の双方の組織像を構築するための理論装置として、さらに、「ソーシャル・マネジメント論」（社会的経営論＝Theory of Social Management）の視点・方法・考え方を提示している（［第7章　「企業と社会」論の現代的展開］）。このソーシャル・マネジメント論の根底には、価値理念としての「社会性」、事業政策としての「収益性」、事業活動としての「収益的な社会性」（社会的利益と経済的利益の最適化）、等の要素が盛り込まれているのである。今日、地球環境問題の深刻化・拡散化によって、いかに「持続可能な社会」を構築していくかが重要な政策課題となっているが、本書においても、社会と共生する現代組織（営利組織と非営利組織）のための新手・方法・考え方を明示している。本書の最後の章では、［事例研究編］として、ソーシャル・マネジメント論における企業の実践的事例を取り上げている（［第8章　事例研究編――「ソーシャル・マネジメント」の実践的展開と課題］）。

今後、社会貢献型の製品・サービスを開発し、社会に提供する組織が増えてくることによって、「持続可能な人間性が尊重される組織（営利組織・非営利組織）を支える社会」が実現できるものと期待したい。なお、ソーシャル・マネジメント論についていえば、二〇〇二年に重本直利氏（龍谷大学）が『社会経営学序説――企業経営学から市民経営学へ』（晃洋書房）を刊行されているが、彼の社会的経営論は資本主義的な企業中心の合理性を批判することから生まれたもので、どちらかといえば、経営学的視点というよりも、協同組合論的な社会政策的な基盤に立っているものと思われる。

最後に、ご多忙の中、本書の刊行に際して、推薦の言葉を寄稿していただいた、日本経営学会理事長の百田義治先生（駒澤大学経済学部・教授）、アジア経営学会会長の小阪隆秀先生（日本大学商学部・教授）ならびに、佐々木利廣（京都産業大学経営学部ソーシャル・マネジメント学科・教授）に心より感謝の意を表したい。また、本書の企画に賛同していただいた、（株）ミネルヴァ書房の杉田啓三社長、ならびに、本書のベースとなっている多くの論考を適切に編集し、一冊の本として集約していただいた担当編集者の本田康広氏に心より御礼申し上げたい。本書は筆者のこれまでのＣＳＲ論・「企業と社会」論の研究の中間成果であり、今後、絶えざる理論的革新によって、ソーシャル・マネジメント論の体系化をめざし、二一世紀における人と環境にやさしい持続可能な企業像を構築していきたいと思っている。

二〇一八年九月

松野　弘

「企業と社会」論とは何か
——CSR論の進化と現代的展開——

2019年1月10日　初版第1刷発行　〈検印省略〉

定価はカバーに
表示しています

著　者　松　野　　弘
発行者　杉　田　啓　三
印刷者　江　戸　孝　典

発行所　株式会社　ミネルヴァ書房
607-8494 京都市山科区日ノ岡堤谷町1
電話代表（075）581-5191
振替口座 01020-0-8076

共同印刷工業・新生製本

ISBN978-4-623-07589-8
Printed in Japan

《著者紹介》

松野　弘（まつの・ひろし）

岡山県生まれ。早稲田大学第一文学部社会学専攻卒業。現在，千葉大学客員教授（予防医学センター）。博士（人間科学）。早稲田大学スポーツビジネス研究所・スポーツ CSR 研究会会長。日本学術会議第20期・第21期（連携会員・環境学委員会）。

これまで，山梨学院大学経営情報学部助教授，日本大学文理学部教授・大学院文学研究科教授／大学院総合社会情報研究科教授，千葉大学大学院人文社会科学研究科教授，千葉商科大学人間社会学部教授を歴任。早稲田大学大学院情報生産システム研究科客員教授，東京農業大学客員教授，千葉商科大学大学院政策情報学研究科客員教授，新潟産業大学客員教授，早稲田大学商学部講師，明治学院大学社会学部講師，山梨学院大学経営情報学部講師，放送大学教養学部講師，専修大学大学院経済学研究科・「社会人学び直し」コース特別講師等を務める。

1990年代より，英国の産業革命や近代産業社会における産業主義思想の研究を行ってきた。近代産業社会を環境問題と企業の社会的責任論（CSR 論）の両面から研究し，21世紀の企業像として，社会的利益と経済的利益を最適化した「ソーシャル・マネジメント論」を提唱し，論考も発表してきた。経営学と社会学の両面から，産業社会論や企業論の研究を行っている。

専門領域は，環境思想論／環境社会論，産業社会論／CSR 論・「企業と社会」論，地域社会論／まちづくり論。

日本社会学会，環境経済政策学会，環境思想研究会，ソーシャル・マネジメント研究会，日本経営学会，「企業と社会フォーラム」（学会），ISA（The International Sociological Association—Life Member），ASA（The American Sociological Association-Regular Member）等の学会所属。

［主要著訳書］

『現代社会論』（編著，ミネルヴァ書房，2017年）
『現代環境思想論』（単著，ミネルヴァ書房，2014年）
『大学教授の資格』（単著，NTT 出版，2010年）
『大学生のための知的勉強術』（単著，講談社現代新書，講談社，2010年）
『環境思想と何か』（単著，ちくま新書，筑摩書房，2009年）
『現代地域問題の研究』（編著，ミネルヴァ書房，2009年）
『「企業の社会的責任論」の形成と展開』（編著，ミネルヴァ書房，2006年）
『環境思想キーワード』（共著，青木書店，2005年）
『地域社会形成の思想と論理』（単著，ミネルヴァ書房，2004年）
『入門 企業社会学』（M. Joseph，監訳，ミネルヴァ書房，2015年）
『産業文明の死』（J. J. Kassiola，監訳，ミネルヴァ書房，2014年）
『企業と社会——企業戦略・公共政策・倫理（上下）』（J. E. Post 他，監訳，ミネルヴァ書房，2012年）
『ユートピア政治の終焉——グローバル・デモクラシーという神話』（J. Gray，監訳，岩波書店，2011年）
『緑の国家論』（R. Eckersley，監訳，岩波書店，2010年）
『新しいリベラリズム——台頭する市民活動パワー』（J. Berry，監訳，ミネルヴァ書房，2009年）他多数。

人名索引

ア 行

カ 行

サ 行

タ 行

ナ 行

ハ 行

マ　行

ラ・ワ行

事項索引

サ　行

タ　行

ナ　行

ハ　行

マ・ヤ行

ラ・ワ行

欧　文

引用・参考文献

〔邦語文献〕

青沼吉松（1969）『産業社会の展開』，日本放送出版協会。

浅野俊光（1991）『日本の近代化と経営理念』，日本経済評論社。

新睦人（1995）『現代社会の理論構造――ポストモダンへの傾斜』，恒星社厚生閣。

アバークロンビー，N. 他（1994＝1996）丸山哲央監訳・編集『新しい世紀の社会学中辞典』，ミネルヴァ書房（The Penguin dictionary of sociology. 3rd ed）。

アロン，R（1962＝1970）長塚隆二訳『レイモン・アロン選集第二 変貌する産業社会』，荒地出版社（Dix-huit lecons sur la societe industrielle）。

安藤喜久雄他（1992）『産業社会学』，学文社。

伊丹敬之（1984）『新・経営戦略の論理――見えざる資産のダイナミズム』，日本経済新聞社。

市井三郎（1971）『歴史の進歩とはなにか』（岩波新書），岩波新書。

伊藤長正（1964）「新しい経営者倫理の確立」『生産性』12月号，日本生産性本部。

井原久光（1999）『テキスト経営学――「現代社会」と「組織」を考える』，ミネルヴァ書房。

伊吹英子（2005）『CSR 経営戦略――「社会的責任」で競争力を高める』，東洋経済新報社。

今井賢一（1984）『情報ネットワーク社会』（岩波新書），岩波書店。

今西錦司編（1979）『世界の名著50　ダーウィン』（中公バックス），中央公論社。

ウェーバー，M.（1987）阿閉吉男他訳『官僚制』，恒星社厚生閣。

ウェーバー，M.（1968）松井秀親他訳『宗教・社会論集』，恒星社厚生閣。

植田和弘（1998）『環境経済学への招待』（丸善ライブラリー），丸善。

梅津光弘（2000）『企業倫理の経営学』ミネルヴァ書房。

占部都美（1975）『改訂　経営管理論』，白桃書房。

占部都美編（1980）『経営学辞典』，中央経済社。

エンゲルス，F.（1845＝1990）一條和生他訳『イギリスにおける労働者階級の状態――19世紀のロンドンとマンチェスター（上・下）』（岩波文庫），岩波書店（Die Lage der arbeitenden Klasse in England）。

大石裕（1992）『地域情報化――理論と戦略』，世界思想社。

岡本大輔（1994）「企業目的としての“社会性”――企業評価の視点から」『組織科学』28(1)，白桃書房。

奥村悳一（1994）『現代企業を動かす経営理念』，有斐閣。

奥村宏（1997）『21世紀の企業像』（同時代ライブラリー），岩波書店。

カー，C. 他（1960＝1963）川田寿訳『インダストリアリズム――工業化における経営者と労働』，東洋経済新報社（Industrialism and industrial man）。

加賀田和弘（2006）「企業の社会的責任（CSR）――その歴史的展開と今日的課題」『KGPS review: Kwansei Gakuin policy studies review』７，関西学院大学総合政策学部。

加藤尚武（1996）『技術と人間の倫理』（NHK ライブラリー），日本放送出版協会。

樺山紘一（1998）『世界歴史22　産業と革新――資本主義の発展と変容』岩波書店。

川村雅彦（2013），「CSV は CSRK 進行形だろうか？」『基礎研究レポート　2013-04-13』ニッセイ基礎研究所。

環境省（2004）「環境会計の現状と課題」。

環境庁　環境会計システムの確立に関する検討会（2000）「環境会計システムの確立に向けて（2000年報告）」。

北川隆吉編（1992）『時代の比較社会学』，青木書店。

京都産業大学ソーシャル・マネジメント教育研究会編（2009）『ケースに学ぶ ソーシャル・マネジメント』，文眞堂。

車戸實編（1987）『新版　経営管理の思想家たち』，早稲田大学出版部。

経済同友会編（2003）『企業白書第15回 「市場の進化」と社会的責任経営――企業の信頼構築と持続的な価値創造に向けて』，経済同

友会。

河野大機（1986）『ドラッカー経営論の体系』，三嶺書房。

合力知工（1992）「M&A における文化の衝突――日米両企業に関する文化的考察」『上智経済論集』第37巻第1・2号合併号，上智大学経済学会。

合力知工（2004）『現代経営戦略の論理と展開――持続的成長のための経営戦略』，同友館。

合力知工（1998）「現代における企業の社会的責任」商学論叢編集委員会編『福岡大學商學論叢』第43巻第1号，福岡大学。

合力知工（2004）『現代経営戦略の論理と展開――持続的成長のための経営戦略』，同友館。

合力知工（2008）「CSR 戦略の新しい潮流――ソーシャル・エンタープライズの可能性」商学論叢編集委員会編『福岡大學商學論叢』52(3・4)，福岡大学。

小林俊治（1990）『経営環境論の研究』（商業学・経営学叢書），成文堂。

小林俊治・百田義治編（2004），『社会から信頼される企業――企業倫理の確立に向けて』中央経済社。

コンドルセ，M. J. A.（1795＝1951）渡辺誠訳『人間精神進歩史（第1部・第2部）』（岩波文庫），岩波書店（Esquisse d'un tableau historique des progrès de l'esprit humain）。

斎藤修編（1998）「産業革命――工業化の開始とその普及」樺山紘一他編『岩波講座世界歴史22　産業と革新――資本主義の発展と変容』，岩波書店。

サイモン，H. A.（1947＝1965）松田武彦他訳『経営行動』（経営名著シリーズ），ダイヤモンド社（Administrative behavior: a study of decision-making process in administrative organization）。

坂本慶一他編（1980）『世界の名著42　オウエン，サン・シモン，フーリエ』（中公バックス），中央公論社。

作田啓一他編（1968）『社会学のすすめ』（学問のすすめ），筑摩書房。

佐久間信夫編（1998）『現代経営学』，学文社。

櫻井克彦（2000）「企業社会責任研究の生成・発展・分化とその今日的課題」名古屋大学大学院経済学研究科編『經濟科學』47(4)，

名古屋大学経済学研究科。

櫻井克彦（1999）「コーポレート・ガバナンスに関する一考察——企業の社会的責任との関連を中心に」名古屋大学大学院経済学研究科編『經濟科學』46(4)，名古屋大学経済学研究科。

櫻井克彦（2002）「社会環境の転換期における経営学研究の展望と課題——企業経営とステークホルダー・アプローチ」『経済科学』72(0)，名古屋大学経済学研究科。

櫻井克彦（1976）『現代企業の社会的責任』，千倉書房。

佐々木利釜・大宮悦賀編（2015）『入門 企業と社会』中央経済社
佐藤慶幸（1991）『新版官僚制の社会学』，文眞堂。

塩原勉他（1990）『社会学の基礎知識』，有斐閣。

塩見治人他（1986）『アメリカ・ビッグビジネス成立史——産業的フロンティアの消滅と寡占体制』，東洋経済新報社。

重本直利（2002）『社会経営学序説——企業経営学から市民経営学へ』，晃洋書房。

清水幾太郎編（1970）『世界の名著36　コント，スペンサー』，中央公論社。

シュンペーター，J. A.（1912＝1977）塩谷野裕一他訳『経済発展の理論——企業者利潤・資本・信用・利子および景気の回転に関する一研究』，岩波書店（Theorie der wirtschaftlichen Entwicklung）。

スミス，A.（1776＝1959）大内兵衛他訳『諸国民の富　第１』（岩波文庫），岩波書店（An inquiry into the nature and causes of the wealth of nations）。

鈴木幸毅・百田義治編著（2008），『企業社会責任の研究』中央経済社。

染谷孝太郎（1976）『産業革命序説』，白桃書房。

染谷孝太郎（1998）『イギリス大工業化——前提諸条件と諸結果』，白桃書房。

ダーレンドルフ，R.（1959＝1964）富永健一訳『産業社会における階級および階級闘争』，ダイヤモンド社（Class and class conflict in industrial society）。

高橋徹他（1965）『社会心理学の形成』，培風館。

竹中靖一・宮本又次監修（1979）『経営理念の系譜——その国際比較』，東洋文化社。

谷本寛治（2002）『企業社会のリコンストラクション』，千倉書房。

谷本寛治（2006）『CSR――企業と社会を考える』（NTT 出版ライブラリーレゾナント），NTT 出版。

谷本寛治・唐木宏一・SIJ 編著（2007）『ソーシャル・アントレプレナーシップ――想いが社会を変える―』，NTT 出版。

谷本寛治編著（2006）『ソーシャル・エンタープライズ――社会的企業の台頭』，中央経済社。

塚本一郎（2006）「第13章　社会的企業――「営利」と「非営利」のハイブリッド」原田勝広・塚本一郎編著『ボーダレス化するCSR』，同文舘出版。

土屋喬雄（2002）『日本経営理念史』，麗澤大学出版会。

土屋守章（1979）「企業と社会」諸井勝之助他編『企業と社会』（東京大学産業経済研究叢書），東京大学出版会。

角野信夫（1993）「企業の社会的責任」現代経営学研究編『現代経営学の基本問題』，文眞堂。

角山栄他（1992）『生活の世界歴史10　産業革命と民衆』（河出文庫），河出書房新社。

テイラー，F. W.（1911＝1969）上野陽一訳『科学的管理法』，産業能率短期大学出版局（The principles of scientific management）。

デュルケム，E. 井伊玄太郎訳（1989）『社会分業論（上・下）』（講談社学術文庫），講談社。

堂目卓生（2008）『アダム・スミス――『道徳感情論』と『国富論』の世界』（中公新書），中央公論新社。

堂目卓生（2010）「経済と倫理――アダム・スミスから学ぶ」『畑田家住宅活用保存会年報 No. 9』。

徳重宏一郎（1994）『経営管理要論』，同友館。

十時嚴周（1992）『現代の社会変動――世界のなかの日本社会』，慶応通信。

トフラー，A.（1980）徳山二郎監訳『第三の波』，日本放送出版協会（Creating a new civilization）。

富永健一（1965）『社会変動の理論――経済社会学的研究』，岩波書店。

富永健一（1973）『産業社会の動態』，東洋経済新報社。

富永健一（1986）『社会学原理』，岩波書店。

富永健一（1993）『現代の社会科学者――現代社会科学における実証主義と理念主義』（講談社学術文庫），講談社。

富永健一（1995）『社会学講義――人と社会の学』（中公新書），中央公論社。

富永健一（1996）『近代化の理論』（講談社学術文庫），講談社。

友枝敏雄（1981）『基礎社会学第5巻　社会変動』，東洋経済新報社。

ドラッカー，P. F.（1954＝1987）現代経営研究会訳『現代の経営（上）』，ダイヤモンド社（The practice of management）。

トレーヌ，A.（1969＝1970）寿里茂他訳『脱工業化の社会』，河出書房新社（La société post-industrielle）。

トレーヌ，A.（1980＝1982）平田清明他訳『ポスト社会主義』，新泉社（L'après socialisme）。

中川敬一郎編著（1972）『経営理念』，ダイヤモンド社。

中瀬寿一（1967）『戦後日本の経営理念史』，法律文化社。

永田正臣（1972）「イギリス産業革命の時期について」『駒澤大学経済学部研究紀要 No. 30 3月号』。

中谷哲郎・川端久夫・原田実編著（1979）『経営理念と企業責任』，ミネルヴァ書房。

中西寅雄・鍋島達編著（1965）『現代における経営の理念と特質』，日本生産性本部。

中村瑞穂他編（1994）『現代の企業経営』（Basic books），ミネルヴァ書房。

ナッシュ，R. F.（1989＝1999）松野弘訳『自然の権利――環境倫理の文明史』（ちくま学芸文庫），筑摩書房（The rights of nature: a history of environmental ethics）。

日本生産性本部産業教育委員会編（1979）『これからの経営理念と産業人の価値観――企業市民社会を中心に』。

ネルソン，D.（1989＝1991）小林康助他訳『科学的管理の生成』，同文館（Frederick W. Taylor and the rise of scientific management）。

バーナード，C. I.（1938＝1968）山本安次郎他訳『新訳経営者の役割』，ダイヤモンド社（The functions of the executive）。

間宏（1964）『日本労務管理史研究――経営家族主義の形成と展開』，

ダイヤモンド社。

長谷川公一（1993）「産業化」金子勇他著『マクロ社会学――社会変動と時代診断の科学』，新曜社。

バッチェラー R.（1994＝1998）楠井敏朗他訳『フォーディズム――大量生産と20世紀の産業・文化』，日本経済評論社（Henry Ford: mass production, modernism and design）。

花田眞理子（2011）『ISO26000が「企業の社会的責任に与える影響」』『サスティナブル・マネジメント11-1』環境経営学会。

ハムフェリー，C. R. 他（1982＝1991）満田久義他訳『環境・エネルギー・社会――環境社会学を求めて』，ミネルヴァ書房（Environment, energy, and society）。

百田義治（2006），『経営学基礎』中央経済社。

フォード，H.（1926＝1968）稲葉襄監訳『フォード経営』，東洋経済新報社（Today and tomorrow）。

藤田弘夫（1993）『都市の論理――権力はなぜ都市を必要とするか』（中公新書），中央公論社。

ベル，D.（1973＝1975）内田忠夫他訳『脱工業社会の到来――社会予測の一つの試み（上・下）』，ダイヤモンド社（The coming of post-industrial society）。

星野彰男他（1977）『スミス国富論入門』（有斐閣新書），有斐閣。

ホブズボーム，E. J.（1962＝1968）安川悦子他訳『市民革命と産業革命――二重革命の時代』，岩波書店（The age of revolution: Europe 1789-1848）。

マーチ，J. G.＝サイモン，H. A.（1958＝1977）土屋守章訳『オーガニゼーションズ』，ダイヤモンド社（Organizations）。

正村公宏（1986）『産業主義を越えて』，中央経済社。

松下幸之助（1978）『実践経営哲学』（PHP 文庫），PHP 研究所。

松野弘（1999）「企業行動の社会化とその戦略展開の可能性―企業の社会性への現代的視点と新しい企業行動としての社会的責任の方向性―」松野弘・小阪隆秀編著『現代企業の構図と戦略――転換期の産業社会と企業活動の革新』，中央経済社。

松野弘・野村千佳子（2005）「企業倫理と企業の社会的責任の位置――企業倫理論の限界と有効性」『企業診断11月号』，同友館。

松野弘・合力知子（2005）「転換期における企業の社会的責任論——企業行動の社会化への視点と社会的評価経営への方向性」『企業診断 9月号』，同友館。

松野弘・合力知工（2008）「ソーシャル・マネジメント論序説(1)——社会的経営論の基本的視点・考え方・方法」『企業診断 5月号』，同友館。

松野弘・様山恵子（2008）「ソーシャル・マネジメント序説(2)——「ソーシャル・マネジメント」の実践的展開と訴訟」『企業診断 6月号』，同友館。

松野弘・小阪隆秀編著（1999）『現代企業の構図と戦略——転換期の産業社会と企業活動の革新』，中央経済社。

松野弘他編著（2006）『「企業の社会的責任論」の形成と展開』，ミネルヴァ書房。

松行康夫他（1997）『経営思想の発展——経営管理を中心として』，勁草書房。

マルクス，K.＝エンゲルス，F.（1956-1968）大内兵衛他訳『マルクス・エンゲルス全集（第1巻〜第41巻)』，大月書店。

マルサス，T. R.（1798＝1973）永井義雄訳『人口論』（中公文庫），中央公論社（An essay on the principle of population, as it affects the future improvement of society）。

水田洋（1997）『アダム・スミス——自由主義とは何か』（講談社学術文庫），講談社。

水谷内徹也（1992）『日本企業の経営理念——〈社会貢献〉志向の経営ビジョン』，同文舘。

ミッチェル，N. J.（1989＝2003）松野弘・小阪隆秀監訳『社会にやさしい企業——経営思想の革新と企業的社会政策の展開』，同友館（The generous corporation: a political analysis of economic power）。

武笠俊一（1990）「時計の統合と近代社会の形成」『社会学評論』第41巻第3号，日本社会学会。

邑井操（1983）「明治実業界三傑の精神」『経営者』第37巻第3号，日本経営者団体連盟出版部。

村上泰亮（1975）『産業社会の病理』（中公叢書），中央公論社。

メイヨー，E.（1933＝1967）村本栄一訳『新訳版　産業文明における人間問題――ホーソン実験とその展開』，日本能率協会（The human problems of an industrial civilization）。

森岡清美他編（1993）『新社会学辞典』，有斐閣。

盛田昭夫（1992）「『日本型経営』が危ない」『文藝春秋』第70巻第2号，文藝春秋。

森本三男（1994）『企業社会責任の経営学的研究』，白桃書房。

森本三男（1995）『経営学入門』三訂版（経営学入門シリーズ），同文舘。

森本三男（1994）『企業社会責任の経営学的研究』，白桃書房。

八杉竜一（1969）『進化論の歴史』（岩波新書），岩波書店。

安田三郎他編（1981）『基礎社会学Ⅴ　社会変動』，東洋経済新報社。

山城章編（1969）『現代の経営理念　理論編』，白桃書房。

山本雅勇（1992）『ヨーロッパ「近代」の終焉』（講談社現代新書），講談社。

横山恵子（2003）『企業の社会戦略とNPO――社会的価値創造にむけての協働型パートナーシップ』，白桃書房。

横山恵子（2006）「Case2　生活者の声を反映した協創型商品開発事業」岸田眞代編著『企業とNPOのパートナーシップ――CSR報告書100社分析』，同文舘出版。

吉森賢（1993）『EC企業の研究――その発想と行動』，日本経済新聞社。

吉森賢（1996）『日本の経営・欧米の経営――比較経営への招待』，放送大学教育振興会。

『読売新聞』（1997）「アルビン・トフラーに聞く　上」11月19日
ライアン，D.（1988＝1990）小松崎清介監訳『新・情報化社会論――いま何が問われているか』，コンピュータ・エージ社（The information society: issues and illusions）。

龍慶昭・佐々木亮（2002）『戦略策定の理論と技法――公共・非営利組織の戦略マネジメントのために』，多賀出版。

レスリスバーガー，F. J.（1941＝1954）野田一夫他訳『経営と勤労意欲』，ダイヤモンド社（Management and morale）。

ロストウ，W. W.（1960＝1974）木村健康他訳『経済成長の諸段階

――一つの非共産主義宣言』，ダイヤモンド社（The stages of economic growth: a non-communist manifesto)。

〔英語文献〕

Brumer, J. J. (1991) *Corporate Responsibility and Legitimacy,* Greenwood Press.

Caroll, A. B. and Buchholtz A. K. (2002) *Business & Society: Ethics and Stakeholder Management [5th edition],* South Western Thomson.

Carroll, A. B. and Buchholts A. K. (2000) *Business and Society: Ethics and Stakeholder Management [4th edition],* SouthWestern College Publising.

Carroll, A. B. (1996) *Business and Society: Ethics and Stakeholder Management [3th edition],* SouthWestern College Publising.

Carroll, A. B. (1991) *The Pyramid of Corporate Social Resoponsibility: Towards the Moral Management of Organization Stakeholders,* Business Horizon.

Crane A. et al (2008) *The Oxford Handbook of Corporate Social Responsibility,* Oxford University Press.

Davis, K and BlomstromR. L. (1966) *Business and Its Environment,* McGrawHill.

Davis, K and BlomstromR. L. blomstrom (1971) *Business, society, and environment: Social power and social response,* McGraw-Hill.

Dees, J. Gregory Emerson Jed and Economy Peter. (2001) *Enterprising Nonprofits: A Toolkit for Social Entrepreneurs,* John Wiley & Sons Inc.

Dugger, W. M. (1989) *Corporate Hegemony,* Greenwood Press.

Elkington, J. (1997) *Cannibals with Forks: Triple Bottom Line of 21st Century Business,* Capstone/john Wiley.

Frederick, W. C. (2008) *Corporate Social ResponsibilityDefinitions Flourishing Growth Promising Future The Oxford Handbook of Corporate Social Responsibility,* Oxford University Press.

Frederick, W. C. Corporation. (2006) *Be Good! The Story of Corporate Social Responsibility Indianapolis,* Dog Ear Publishing, LLC.

Frederick, W. C. (1994) "From CSR1 to CSR2: The Maturing of Business-and-Society Thought"*Business and Society* Vol. 33 No. 2 August 1994 : 150164, University of Pittsburgh.

Frederick, W. C. et al. (1992) *Business and Society* [*7th edition*], McGrawHill.

Frederick, W. C. et al. (1988) *Business and Society* [*6th edition*], McGrawHill.

Frederick, W. C. (1986) "Towards CSR3: Why Ethical Analysis Is Indispensable and Unavoidable in Corporate Affaires" *California Management Review* Winter 1986 : 131, the regents of the university of california.

Frederick, W. C. et al. (1977) *Business and Society* [*8th edition*], McGrawHill.

Lawrence, A. T. et al. (2011) *Business and Society Stakeholders Ethics Public Policy,* McGrawHill.

Lawrence, A. T. et al. (2010) *Business and Society* [*12th edition*], McGrawHill.

Mitchell, N. J. (1989) *The Generous Corporation: A Political Analysis of Economic Power,* Yale University Press.＝［邦訳］井関利明監修・松野弘・小阪隆秀監訳『社会にやさしい企業』同友館。

Nash Laura L. (1990＝1992) *Good intentions aside: a manager's guide to resolving ethical problems,* Harvard Business School Press.＝［邦訳］小林俊治・山口義昭訳『アメリカの企業倫理——企業行動基準の再構築』日本生産性本部。

Paine, L. S. (1996＝1999) *Cases In Leadership, Ethics and Organizational Integrity,* McGraw-Hill.＝［邦訳］梅津光弘・紫柳英二『ハーバードのケースで学ぶ企業倫理——組織の誠実さを求めて』慶応義塾大学出版会。

Porter, M. E. & Krammer, M. R. (2011＝2011) "Creating Shared

Value" *Harvard Business Review* Vol. 89, April., Harvard Business Publishing.＝［邦訳］編集部訳「共通価値の戦略」『DIAMOND ハーバード・ビジネス・レビュー』６月号ダイヤモンド社。

Post, J. E. et al.（2002）*Business & Society*［*10th edition*］, McGrawHill.＝［邦訳］松野弘・小阪隆秀・谷本寛治監訳『企業と社会——企業戦略・公共政策・倫理（上・下)』ミネルヴァ書房，2012年。

Post, J. E. et al.（1996）*Business and Society Corporate Strategy Public Policy Ethics 8th edition,* McGrawHill.

Price, J.（1965）*Organization Effectiveness : An Inventory of Propositions,* Ricjard D. Irvin.

Smith, A.（1759＝2003）*The Theory of Moral Sentiments,* A. Millar.＝［邦訳］水田洋訳『道徳感情論（上・下)』岩波文庫，岩波書店。

Smith, A.（1776＝2000–2001）*An Inquiry into the Nature and Causes of the Wealth of Nations,* W. Strahan and T. Cadel.＝［邦訳］水田洋監訳『国富論（１～４)』岩波文庫，岩波書店。

Stern Gary J.; introduction by Peter F. Drucker（1999＝2000）*The Drucker Foundation Self-Assessment Tool : Process Guide,* Jossey-Bass.＝［邦訳］田中弥生監訳『非営利組織の成果重視マネジメント——NPO・行政・公益法人のための「自己評価手法」』ダイヤモンド社。